Tamara Hawas

Für
Philipp und Lena,
Kerstin und Holger

Klaus Jacobs

Jugend- was sonst?

überarbeitet von Gabriele Belker

Verlag Michael Weyand

Impressum:

www.weyand.de; info@weyand.de

Umschlaggestaltung: Dieter Jacobs
Satz: Verlag Michael Weyand, Trier
Herstellung: Birgit Herberg
Druck und Bindung: Clausen & Bosse, Leck
ISBN-3-935 281-01-3

2001

Vorwort des Herausgebers

Die Beweggründe der deutschen Jugend, in den Zweiten Weltkrieg zu ziehen, sind bisher fast ausschließlich kollektiv betrachtet und bewertet worden. Das Trauma der Heimkehrer wurde weitgehend tabuisiert. Die Überlebenden, die von damals erzählen könnten, werden immer weniger.

Als Kind der 50er Jahre bin ich, wie viele "Soldaten"-Kinder, mit diesem Tabu – auch in der Familie – groß geworden. Die Lektüre der Lebensgeschichte von Klaus Jacobs hat mir erst jetzt als Erwachsener den Zugang zu den Erlebnissen unserer Väter-Generation ermöglicht. Auch die Fotos aus dem Nachlass meines Vaters, die ich zum Teil zur Illustration verwendet habe, bekamen nun eine Bedeutung.

Beim ersten Lesen des Manuskriptes habe ich eine kritische Auseinandersetzung vermisst und mir die Frage gestellt, ob hier nicht unreflektiert die Geschichte eines Menschen aufgeschrieben wurde, der »nichts dazugelernt» hat. Die Beschäftigung mit dem Autor selbst räumte diese Zweifel aus.

Für Klaus Jacobs war die Schilderung seiner Erlebnisse während des Krieges und in der anschließenden Gefangenschaft in erster Linie der Versuch, Zugang zu seiner persönlichen Geschichte zu finden. Nach Meinung seines behandelnden Arztes lag die Ursache für seine nach der Rückkehr aus der Kriegsgefangenschaft auftretenden massiven und viele Jahre währenden gesundheitlichen Probleme (Lähmung eines Armes) in Jacobs Blockade, sich mit der Vergangenheit auseinander zu setzen. Für Klaus Jacobs war es sicher eine sehr beschwerliche Aufgabe, die Vergangenheit wieder aufleben zu lassen und mühsam auf über 400 Seiten zu Papier zu bringen. Eine gleichzeitige kritische Aufarbeitung des Geschehenen war ihm nicht möglich.

Mit der Herausgabe dieses Buches möchte ich denen, deren Väter und Angehörige nicht mehr leben, ein Stück Antwort auf nie gestellte Fragen ermöglichen.

Trier, im September 2001
Michael Weyand

I. Teil

1939

Das Telefon läutete. Ich malte gerade an einem Reklameschild. Meine Hände waren mit Farbe beschmiert und ich lief zum Waschbecken, um sie oberflächlich zu säubern. Hastig griff ich zum Hörer: »Ja, hier Dekoration.«

»Warum melden Sie sich denn nicht?«, schnauzte mich eine weibliche Stimme an. »Sie sollen sofort zum Chef kommen.«

»Moment mal, Fräulein Strater, erstens hatte ich nasse Hände und zweitens...«

»Nun machen Sie schon!«

»Welcher Chef will mich sprechen, eins oder zwei? – Ja, ja, bin schon unterwegs.«

Ich sollte zu Herrn Moritz, einem der beiden Chefs der Firma Moritz & Senger.

Im Vorzimmer empfing mich hinter einem mächtigen Schreibtisch Fräulein Strater, die Sekretärin.

»Dicke Luft, Herr Jacobs, er hat schon mehrmals nach Ihnen gefragt.«

Während des Anklopfens überlegte ich kurz, was ich falsch gemacht haben könnte. Es fiel mir nichts ein.

»Guten Tag, Herr Moritz.«

Mein Chef saß an einem dunklen Eichenschreibtisch, den Kopf tief über die aufgeschlagene Zeitung gebeugt. Er sah nicht auf, als ich eintrat.

»Nehmen Sie Platz!«, bellte er. »Haben Sie heute schon die Zeitung gelesen?«

»Nein«, antwortete ich etwas kleinlaut und setzte mich auf die Kante eines rot-braunen Besuchersessels.

»Dann wird es aber Zeit.« Er schlug mit der flachen Hand auf die vor ihm liegende Seite. »Hier werden fünfzehn Trierer Firmen lobend erwähnt, die zu Führers Geburtstag die schönsten Fenster dekoriert

haben. Nur wir, als größtes Haus, sind nicht dabei, dafür aber die Konkurrenz nebenan. Das können wir uns nicht leisten.«
»Herr Moritz«, versuchte ich mich zu wehren, »ich habe drei Skizzen gemacht und sie Herrn Senger vorgelegt. Alle drei wurden als zu teuer abgelehnt, mich trifft keine Schuld.«
Sein Gesicht lief rot an: »I c h bestimme hier über die Kosten. Sie haben sich mit solchen Dingen an mich zu wenden!«
In diesem Moment sah ich die Gelegenheit gekommen, den Chef über mein schon länger geplantes Vorhaben zu unterrichten. »Sie wissen genau, dass ich erst im zweiten Lehrjahr bin«, entgegnete ich, »dass drei Dekorateure und ein Plakatmaler eingezogen wurden und ich ganz allein als Lehrling dastehe, und das bei vier großen Schaufenstern. Es wird mir einfach alles zuviel. Ich werde mich freiwillig als Soldat melden und mache meine Lehre zu Ende, wenn der Krieg vorbei ist.«
Kurz bevor mein Chef explodierte, klingelte das Telefon und er wedelte mit der Hand zur Tür, was hieß, dass ich gehen solle.
Fräulein Strater grinste: »War es schlimm?«
Ich ging wortlos an ihr vorbei. Mein Entschluss stand fest.

Endlich hatte ich meinen freien Tag. Schon früh morgens verließ ich die Wohnung. Das Wehrbereichskommando – ein großes Gebäude mit unzähligen Büros – lag gegenüber unserem Haus am Konstantinplatz. Im zweiten Stock las ich auf einem Schild «Meldestelle für Freiwillige der Wehrmacht«. Ich klopfte an und hörte von drinnen ein barsches »Herein«.
Ich machte meinen Rücken gerade und betrat mit einem forschen »Heil Hitler« das Zimmer. Ein älterer Herr mit grauem Haar musterte mich eingehend: »Ja?«
»Ich möchte mich freiwillig melden.«
»Soso, freiwillig, und wie alt bist du?«
»Fünfzehn Jahre. Bald werde ich sechzehn.«
Er sah seinen Mitarbeiter an: »Jetzt machen die schon die Kinder verrückt. Ausgelernt hast du natürlich auch noch nicht.«

»Nein.«
»Siehst du, mein Sohn, wir hätten dich ja gerne genommen, aber erst musst du deine Lehre beenden. Das dauert wohl noch eine Zeit. Mach' dir nichts daraus«, lachte er, als er mein enttäuschtes Gesicht sah, »du kommst auch noch dran.«
Was sollte ich jetzt tun? Was würde mein Chef sagen? Ich sah schon sein hämisches Grinsen. Ich versuchte es anschließend noch bei der Luftwaffenstelle und der Marine. Alle fragten, ob ich meine Lehre beendet hätte.

Schon seit 1932, als Hitleranhänger begannen, die deutsche Jugend zu organisieren, war ich dabei. Mit acht Leuten bildeten wir die »Ortsgruppe Mitte« und trafen uns, damals noch heimlich – in einem Hinterzimmer in der Glockenstraße. Ständig liefen wir Gefahr, von Kommunisten verprügelt zu werden. Die Weberbach, ein ausgesprochenes Arbeiterviertel in unmittelbarer Nähe unseres Hauses, war die Hochburg der Trierer Kommunisten. 1932 lieferten sie sich des öfteren Schlägereien mit der SA (Sturmabteilung) und der Polizei. Ab Februar 1933 war es damit vorbei, denn Hitler war vom Reichspräsidenten Paul von Hindenburg zum Reichskanzler ernannt worden. Die Kommunisten gingen in den Untergrund. Wir brauchten uns nicht mehr zu verstecken. Stolz trugen wir unsere neuen braunen Uniformen mit dem schwarzen Halstuch.

Inzwischen, im Jahr 1939, gehörte ich der Marine-Hitlerjugend an. Zweimal in der Woche ruderten wir auf der Mosel. In meiner Freizeit las ich viel. Außerdem war das Kino meine große Leidenschaft. Meine Tanten, beide hießen Helene, arbeiteten im Kino. Die eine im Palast-, die andere im Germania-Kino. So ergatterte ich des öfteren eine Freikarte. Die Wochenschauen zeigten Deutschland im Siegestaumel. Polen war in kurzer Zeit erobert worden. Überall hieß es »Werde auch du Soldat, melde dich freiwillig!«
Ich kam wieder einmal aus dem Kino und hatte noch die Bilder der

strahlenden Soldaten vor Augen, als mir Friedhelm, ein ehemaliger Klassenkamerad, über den Weg lief. »Du, Klaus, ich werde Soldat. Ich habe mich heute zur Waffen-SS gemeldet«, erzählte er begeistert.
»Zur SS?«, fragte ich erstaunt. »Das ist doch eine Elite-Einheit.«
»Ja eben, wenn schon, denn schon!«
»Das verstehe ich nicht«, sagte ich und erzählte ihm von meinen Schwierigkeiten.
»Bei der SS fragt dich keiner, geh' doch mal hin. Vielleicht werden wir zusammen eingezogen. Das wär' doch prima.«

Eine Woche später stand ich vor dem SS-Musterungsbüro. Auf dem Gang warteten schon etliche Männer. Große, starke Kerle waren dabei, die einen kräftigeren Eindruck machten als ich. Meine Zuversicht schwand. Die für die SS geforderte Mindestgröße von 1,78 Meter hatte ich zwar, aber ich war mager und blass. Als Kind war ich häufig krank gewesen. Von den acht Schuljahren hatte ich fast zwei Jahre den Unterricht versäumt, trotzdem schaffte ich mein Pensum Jahr für Jahr.
Nach langem Warten wurde ich aufgerufen. Ich grüßte mit »Heil Hitler!« Man drückte mir einen Fragebogen in die Hand: »Ausfüllen, vom Vater unterschreiben lassen und morgen wiederkommen!«
Ich sagte wieder: »Heil Hitler!« und war draußen. Jetzt brauchte ich nur noch die Unterschrift meines Vaters. Ganz so einfach war die Sache allerdings nicht. Meine Eltern ahnten noch nichts von meinen Plänen.

Im Haus am Konstantinplatz 4, in dem ich mit meinen Eltern und meiner Schwester Trudel wohnte, waren früher ein Theater, ein Kino und ein Hotel untergebracht. Später wurde das Gebäude zu Wohnungen umgebaut. Es gab lange Korridore, an deren Enden die Toiletten lagen. Sie waren meistens besetzt. Unsere Wohnung befand sich auf der ersten Etage. Die Zimmer waren hoch und sehr geräumig. Zur Straßenseite hatten wir einen Balkon mit Blick auf den Konstantinplatz und die Basilika. Ganz in der Nähe stand das Kurfürstliche Palais mit dem Palastplatz, wo die Aufmärsche stattfanden, die ich mit großer Be-

»Ganz in der Nähe unseres Hauses fanden die Aufmärsche statt, die ich mit großer Begeisterung verfolgte.«

»Eine Woche später stand ich vor dem SS-Musterungsbüro in Trier.«

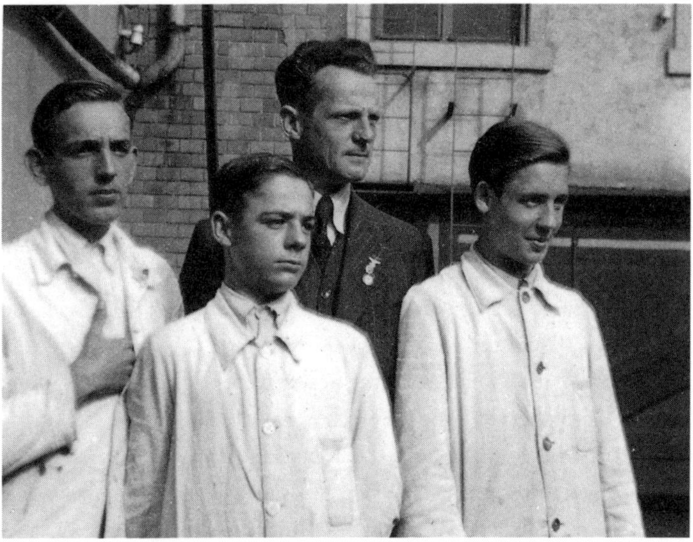

»Als Lehrling (rechts) bei Moritz und Senger mit den Kollegen Monz, Zöllner und Krames.«

»1940 mit meinem Vater.«

geisterung verfolgte. Die halbe Verwandtschaft weilte zu solchen Anlässen in unserer Wohnung und sicherte sich einen guten Fensterplatz. Vor unserem Haus schlug auch hin und wieder ein Zirkus seine Zelte auf. Ich konnte mich also nicht beschweren. Es gab immer etwas zu sehen.

Als ich mit dem Fragebogen in der Hand unsere Wohnung betrat, hörte ich Gelächter aus dem Wohnzimmer. Mein Vater arbeitete zur Zeit als Kellner. Er hatte wohl wieder etwas zuviel getrunken. Ehe ich zu ihm hineinging, fragte ich meine Mutter, die in der Küche das Essen zubereitete, was los sei.

»Dein Vater hat seine Einberufung bekommen. Er findet immer einen Grund, sich zu besaufen. Er hat einen Kumpel dabei.«

»Mutter, ich werde auch Soldat. Hier ist meine Anmeldung.«

Meine Mutter wurde ganz blass und ließ sich auf einen Stuhl fallen. Sie schüttelte energisch den Kopf: »Das kommt nicht in Frage. Du bist noch viel zu jung. Soll es dir gehen wie Erwin?«

(Erwin, ein Nachbarjunge, war gleich in den ersten Tagen in Polen gefallen).

»Mutter, ich habe schon alles ausgefüllt. Ich will dabei sein!«

Ich ging ins Wohnzimmer. Bei meinem Vater klappte es besser, als ich gedacht hatte. Während er unterschrieb, murmelte er: »Ich bin stolz auf dich, Klaus.«

Am nächsten Tag marschierte ich mit meinem ausgefüllten Fragebogen und der Unterschrift meines Vaters erneut ins Musterungsbüro. Im Zimmer Nr. 22 musste ich mich mit mehreren jungen Männern zur Untersuchung melden. Acht Ärzte in weißen Kitteln machten Notizen, schauten uns in die Augen und in den Hintern. Wir drehten, streckten und bückten uns – und das war's dann. Ein Teil von uns ging nach rechts in einen angrenzenden Raum, der andere nach links. Ich musste nach links, drei Mann waren noch drin, also hieß es erst mal warten. Ich hatte wenig Hoffnung, denn die meisten gingen nach rechts, alles kräftige Jungens. Inzwischen zogen sie wieder ihre Kleidung an und gingen. Was war mit uns? Endlich wurde der erste aufgerufen und kam mit einem breiten Lächeln heraus. Jetzt war ich dran.

»Name?«, schmetterte es mir entgegen.

»Klaus Jacobs, geboren am 7. Oktober 1924 in Trier.«

»Hier Ihr Wehrpass, ab sofort sind Sie Angehöriger der SS-Totenkopfverbände.«

Ich konnte es kaum fassen. »Wann werde ich eingezogen?«, fragte ich den Arzt.

»Eingezogen?«, wiederholte er, »Sie meinen wohl, ohne Sie würden wir den Krieg nicht gewinnen. Erst beenden Sie mal Ihre Lehrzeit.«

Für mich brach eine Welt zusammen. Jetzt hatte ich zwar einen Wehrpass, das war aber auch alles.

»Ich möchte zum Chef.« Ich stand vor Fräulein Straters Schreibtisch.

»Jetzt um diese Zeit? Unmöglich! Es ist Postbesprechung. Was wollen Sie denn von ihm?«

Ich zeigte ihr meinen Wehrpass. »Den will ich ihm vorlegen. Ich werde Soldat.«

Sie sah mich ungläubig an. »Werden denn jetzt schon Kinder eingezogen?«

Kopfschüttelnd erhob sie sich und ging ins Geschäftszimmer.

Es dauerte eine Weile, bis sie wiederkam. Hinter ihr im Türrahmen erschien Herr Moritz und bat mich auffallend freundlich zu sich herein.

»Bitte nehmen Sie Platz! Sie haben also Ihre Drohung wahrgemacht?«

»Ja, ich gehe zur SS.«

»Zur SS? Was Sie uns damit antun, haben Sie wohl nicht überlegt. Ein Haus wie unseres ohne Dekorateur. Nur weil ich einmal über Sie verärgert war, wollen Sie an die Front? Ich habe auch einen Krieg mitgemacht, 1914/18. Glauben Sie mir, das ist kein Honigschlecken.«

Der Moment war gekommen, ihm beizubringen, dass ich erst meine Lehre beenden würde. »Wenn Sie es so sehen, Herr Moritz, dann lasse ich mich noch für ein Jahr zurückstellen.«

Er lächelte: »Ich wusste, dass Sie vernünftig sind. Fräulein Strater, kön-

nen Sie mal eben hereinkommen? Herr Jacobs bekommt zum nächsten Ersten, sagen wir, fünfzig Mark mehr.«
Sie schaute ganz verdutzt und nickte dann: »In Ordnung, Herr Moritz.«

1940

Deutsche Truppen standen inzwischen in Frankreich, Belgien, Luxemburg, Dänemark, Norwegen und Holland. Polen war aufgeteilt. Die Wochenschauen meldeten Sieg über Sieg.

Ich konnte es kaum mehr erwarten, an die Front zu kommen. Das Jahr schlich zäh dahin. In unserer Firma lief alles bestens. Es gab weniger Ware, also war auch weniger zu dekorieren.
Die ersten feindlichen Flieger erschienen über der Stadt. In unserem Haus wurden Brandschutzleute eingeteilt. Nachts mussten vier Personen Brandwache schieben. Meistens waren es Frauen, die Männer waren eingezogen. Ein Raum mit vier Betten wurde eingerichtet. Zwei Personen machten ihren Rundgang durchs Haus, zwei konnten schlafen. Alle zwei Stunden kam die Ablösung. Leider wurde auch ich zur Brandwache eingeteilt. Es ließ sich nicht vermeiden, dass ich ab und zu mit Lilli zusammen Wache hatte. Sie ließ keinen Mann in Ruhe. Bald zählte auch ich zu ihren Opfern. Anfangs war ich sehr schüchtern, verhielt mich ziemlich passiv und hatte auch Angst, ertappt zu werden. Ich überließ Lilli die Initiative, aber mit der Zeit fand ich immer mehr Gefallen an der Sache. Lilli war einige Jahre älter als ich und kannte sich in diesen Dingen aus. Sie war eine gute Lehrmeisterin.
In der Firma waren meine Tage gezählt. Die Gesellenprüfung rückte in greifbare Nähe.

Einige meiner früheren Schulkameraden waren bereits gefallen. Meine Begeisterung, an die Front zu kommen, legte sich etwas.

1941

Der Krieg breitete sich wie ein Steppenfeuer aus. Unsere Truppen standen auf dem Balkan, in Griechenland und Afrika. In Russland waren wir ebenfalls einmarschiert. Die Siegesmeldungen überschlugen sich. In den Zeitungen las ich immer öfter »gefallen für Führer und Vaterland«. Ende des Jahres stand Deutschland schließlich im Krieg mit den Vereinigten Staaten von Amerika. Englische und amerikanische Flugzeuge warfen ihre tödliche Fracht über deutschen Städten ab. Die Zerstörung war nicht mehr aufzuhalten. Lebensmittel gab es nur noch gegen Bezugsscheine.

1942

Am 7. April, nachmittags um 14 Uhr, fuhr mein Zug. Eine halbe Stunde vor Abfahrt stand ich bereits am Bahnsteig, neben mir mein Koffer mit dem Nötigsten. Um mich herum wimmelte es von Militär. Soldaten kamen an, fuhren ab. Weinende Frauen winkten den Zügen hinterher. Rotkreuzschwestern kümmerten sich um Verwundete. Ich war allein zum Bahnhof gegangen. Abschiede waren mir verhasst. Meine Mutter hatte schon den ganzen Vormittag geheult. Trudel konnte nicht begreifen, dass ich seit zehn Uhr morgens auf meinem Koffer saß und darauf wartete, endlich gehen zu können. Die beiden Frauen blieben allein in der Wohnung zurück. Mein Vater war inzwischen Soldat in Belgien und hatte einen angenehmen Posten als Ordonanz in einem Offizierscasino. Er bekam genug zu essen und konnte manchmal sogar etwas nach Hause schicken.

Als mein Zug endlich einrollte, fand ich gleich ein Abteil und sicherte mir einen Fensterplatz. Koffer und verschnürte Pappkartons füllten die Gepäcknetze. Mir gegenüber saß ein hübsches blondes Mädchen in Arbeitsdienstuniform. Neben ihr saßen zwei Landser mit Orden an der Brust, also altgediente Frontsoldaten. Rechts neben mir hatte ein Soldat in Tropenuniform Platz genommen. Auf seinem Ärmelstreifen las ich »Afrikacorps«. Einer der Landser sprach mich an: »Du wirst wohl eingezogen?«

»Ja«, sagte ich stolz, »zur Waffen-SS.«

Er verstummte augenblicklich.

»Ich komme zur Polizeidivision.«

»Ach so«, gab er zurück.

»Wie meinen Sie das?«, fragte ich.

»Naja«, sagte er, »ich dachte, du kämst zu den Totenkopfverbänden.«

»Dafür war ich auch gemustert, aber jetzt holen sie mich zur Polizei-

division. Warum, weiß ich auch nicht.«
»Wo musst du dich denn melden?«, fragte er weiter.
»In Unna, in Westfalen.«
»Das ist ganz in meiner Nähe. Ich bin aus Dortmund«, schaltete sich das Mädchen ein. So kamen wir ins Gespräch und die Zeit verging schnell. Ab und zu schaute ich aus dem Fenster, überall sah ich zerstörte Häuser. Der Krieg war allgegenwärtig.

Am frühen Abend erreichten wir Dortmund. Hier musste ich umsteigen. Kaum stand ich auf dem Bahnsteig, hieß es »Fliegeralarm«. Die Menschen liefen aufgeregt durcheinander. Wehrmachtsstreifen wiesen uns den Weg in die Luftschutzbunker. Alles drängte in einen großen Betonklotz gegenüber dem Bahnhof. Rotkreuzschwestern verteilten uns auf die einzelnen Räume. Nach etwa einer Stunde hörte ich die ersten Einschläge. Um mich herum saßen viele Frauen und Kinder, die sich ängstlich anschauten. An den Wänden standen Etagenbetten. Sie blieben leer, denn alles saß wie festgewurzelt auf den Stühlen. Es wurde kaum gesprochen. Auch die Kinder waren merkwürdig still. Als ich bemerkte, dass eine junge Frau, die neben mir saß, ihr Kind stillte, bekam ich einen roten Kopf. Sie sah zu mir herüber: »Du bist wohl noch sehr jung?«
»Siebzehn«, antwortete ich und versuchte, ihr nur ins Gesicht zu schauen.
»Dann gewöhne dich langsam an sowas«, sagte sie lächelnd.
Eine Wehrmachtsstreife unterbrach unser Gespräch: »Kontrolle«.
Ich reichte ihm meine Papiere. »Das wird wohl heute nichts mehr«, meinte er, »vielleicht morgen früh.«
»Ich muss aber spätestens um 24 Uhr in der Kaserne sein.«
»In dieser Situation musst du gar nichts. Ich gebe dir eine Bescheinigung. Alles klar?«
»Jawohl, Herr Unteroffizier!«
»Das hast du ja schon gelernt«, sagte er amüsiert und ging weiter. Ich legte mich auf eines der Betten, aber schlafen konnte ich nicht. Immer

wieder hörte ich das Krachen der Einschläge und die Sirenen der Feuerwehren. Erst morgens gegen sechs kam die Entwarnung und wir durften das Gebäude verlassen. Rauch und Brandgeruch schlugen uns entgegen. Frauen mit Handkarren, beladen mit ihren letzten Habseligkeiten, obenauf kleine Kinder, rumpelten an uns vorbei. Lastwagen mit Toten auf der Ladefläche rollten durch die Straßen.

Schon von weitem konnte ich die Kaserne sehen. In der Mitte von vier Häuserblocks lagen die Exerzierplätze. Ringsherum lief eine Mauer. Nachdem ich meine Papiere beim Wachposten abgegeben hatte, stellte ich mich mit den anderen Neuankömmlingen in der Mitte eines Platzes auf. Es regnete in Strömen. Von unseren Koffern tropfte das Wasser. Die Kameraden, die nur Pappkartons dabei hatten, waren noch schlechter dran. Neben mir stand ein großer schlacksiger Kerl. Aus seinen dunklen Haaren lief ihm das Wasser ins Gesicht und tropfte von seiner Nasenspitze. Als er fluchte: »Wollen die uns erst einweichen?«, verriet er seinen Berliner Dialekt.

Anhand von Listen wurden unsere Namen aufgerufen. Mit sechzehn Mann zogen wir los. Ein Gefreiter führte uns in Block zwei, erster Stock. Ein großer rechteckiger Raum mit acht doppelstöckigen Betten, vier rechts, vier links, wurde uns zugeteilt. An den Rückwänden des Zimmers befanden sich Spinde, in der Mitte ein langer Tisch mit Bänken. Alles sah recht ordentlich aus. Ich entschied mich für ein Bett am Fenster.

»Willst du oben oder unten liegen?«

Ich drehte mich um, der Berliner stand hinter mir.

»Wenn du trocken bist, kannst du meinetwegen oben liegen«, gab ich zur Antwort.

»Wann bist du geboren?«

»Was soll das denn?«

»Sag' schon, wann?«

»Am 24. Oktober.«

»Dann lieg' ich unten, ich bin im Mai geboren, ich bin der Ältere«, meinte er, dabei knuffte er mich in die Seite.

Ein Soldat in grauer Uniform begrüßte uns, stellte sich als Stubenältester vor und gab uns den Tagesablauf bekannt. Wir fragten ihn nach seiner Uniform. Das sei noch die alte Polizeiuniform, die der SS bekämen wir später. An den Mienen der Kameraden erkannte ich, dass sie etwas enttäuscht waren. Bei der Einkleidung packte man uns die ganzen Klamotten nebst Stiefeln auf den Arm. Bei jedem einzelnen Teil hieß es: »Passt, der Nächste.«

Als alles im Spind verstaut war, machten wir uns erst einmal miteinander bekannt. Mein Untermann aus Berlin hieß Rudi. Er war gelernter Schneider. Wir verstanden uns auf Anhieb.

Die Ausbildung war hart. Wir fielen abends todmüde in unsere Betten. Nach einer Woche mussten wir schon wieder unsere Spinde räumen. Man teilte uns mit, dass wir am nächsten Tag verlegt würden. Morgens um acht standen wir abmarschbereit auf dem Platz. Mehrere Lastwagen nahmen uns auf und der Spieß gab letzte Anweisungen: »Für euch beginnt nun der Ernst des Lebens. Ihr kommt nach Holland zur Ausbildung. In drei Monaten seid ihr frontreif.«

Wir jubelten, als wir Holland hörten. Holland, das bedeutete Ausland, und dazu noch ein besiegtes Land.

Als wir die Grenze erreichten, schien die Sonne. Kleine, rote Backsteinhäuser mit hübschen Vorgärten säumten die Straßen. Alles sah sehr sauber und friedlich aus. Schiffe fuhren gemächlich auf Kanälen, Angler saßen am Ufer. Wir näherten uns einer größeren Stadt. Von weitem sahen wir eine hohe Kirche und lange Häuserblocks. Jetzt entdeckten wir auch Trümmer und zerstörte Brücken. Die Leute auf ihren Fahrrädern beachteten uns nicht. Die Autos, die uns begegneten, waren überwiegend deutsche Heereswagen. Auf einem Ortsschild lasen wir »Hertogenbosch«. Wir fuhren an kleinen Seen und Parks vorbei. Vor einem stattlichen Gebäude, das von einer Mauer umgeben war, hielten

wir. Es war ein Kloster. Nonnen liefen wie aufgescheuchte Hühner umher. Ihre verärgerten Gesichter drückten aus, dass wir nicht eben willkommen waren. Einheimische blieben stehen und schauten uns schweigend an. Sie wurden von bewaffneten Soldaten zurückgedrängt. Im Innenhof des Klosters mussten wir antreten. Ein Offizier informierte uns, dass man versäumt habe, das Kloster rechtzeitig zu räumen. Zwei bis drei Tage müssten wir hier ausharren, bis unsere Kaserne frei würde.
Die Schwestern überließen uns ihre Betten und zogen sich ins Innere der Kirche zurück. Wir betraten einen langen Raum, der in winzige Zellen abgeteilt war. Jede Nonne bewohnte eine davon. Es gab ein Bett und einen Stuhl, mehr nicht.
Eine Feldküche fuhr auf den Hof und wir bekamen erst einmal etwas zu essen. Vor der Klosterpforte hatte sich ein Panzerspähwagen aufgebaut. Für die Gewehre wurde uns scharfe Munition ausgehändigt. Man warnte uns vor Überfällen der Holländer. »Vorsicht!« hieß die Parole.
Am nächsten Tag erhielt ich zum ersten Mal Post von meiner Mutter. Sie schrieb, sie könne es immer noch nicht begreifen, dass einer freiwillig in den Krieg ziehe. Meinem Vater gehe es weiterhin gut in Belgien. In Trier sei inzwischen jede Nacht Fliegeralarm. Obwohl die meisten Flugzeuge nur über die Stadt hinwegflögen und keine Bomben abwürfen, wären die Menschen vom Schlafmangel erschöpft. Zwei junge Männer aus unserer Nachbarschaft seien gefallen.
Nachdenklich packte ich meine Post weg. Auch Rudi machte ein ernstes Gesicht. Er hatte die Nachricht bekommen, dass sein Schwager, Vater von drei Kindern, gefallen sei. »Da haben wir uns auf eine schöne Scheiße eingelassen«, sagte er. »Als es noch überall gut lief, durften wir nicht ran, jetzt, wo es schwierig wird, sollen wir unseren Arsch hinhalten.«
Unser Kamerad Hans Kohr warf ein: »Wenn die Russen euch sehen, werfen die sowieso vor Angst die Waffen weg.«
Wir konnten schon wieder lachen.
Nachmittags hatten wir Schießübung. Die meisten von uns lernten sehr schnell. Ich traf besser als erwartet und ließ mir mit Rudi zur Feier des

Tages ein paar Bierchen in der improvisierten Kantine schmecken. Ausgang gab es noch keinen.

Endlich trafen unsere neuen SS-Uniformen ein. Am Arm war ein schwarzer Ärmelstreifen mit der Aufschrift »Polizei-Division« angebracht. Stolz betrachteten wir uns gegenseitig. Wir waren zu allem bereit.
Zwei Tage später wurden wir erneut auf Lastwagen verladen. Als wir vom Hof des Klosters fuhren, war niemand froher als die Nonnen.
Nach einigen Stunden Fahrt kamen wir in das kleine Städtchen Laren. Auch hier wirkte alles sauber und gepflegt und es gab schöne Grünanlagen. Wir sahen SS-Leute auf der Straße, die wohl Ausgang hatten. Sie gingen zu zweit oder dritt, wie es die Vorschrift verlangte. Aufgrund der vielen Überfälle durfte keiner allein gehen. So manchen hatte man schon erschlagen oder erstochen aus den Grachten gefischt.
Auf einer Anhöhe standen die Kasernen. Schnell wurde abgeladen. Die Gewehre kamen im Gang auf dafür vorgesehene Ständer. Die Stuben waren geräumig und hell und wurden zu zwölft belegt.
Der Dienstplan verhieß keine ruhigen Tage. Wir mussten uns ständig anhören, wir seien schließlich nicht zur Kur hier. Das Essen war gut und reichlich. Die riesigen Portionen Käse schlangen wir mühelos hinunter.

Der Tag war glühend heiß. Schweiß lief mir in Bächen über's Gesicht und brannte in den Augen. Meine Uniform klebte am Körper. Die Stimme von Unterscharführer Koch hallte unerbittlich über den Platz: »Hinlegen – Aufstehen – Hinlegen – Aufstehen!« Die ersten Kameraden machten schlapp. Sie blieben einfach liegen und rührten sich nicht mehr. Ich biss die Zähne zusammen. Jetzt nur nicht umkippen, dachte ich und rappelte mich zum hundertsten Mal auf. Irgendwie hielt ich die Tortur durch. Als endlich Schluss war, zog ich mich mit letzter Kraft am Geländer die Treppen zu meiner Stube hoch. Unter der Dusche erwachten langsam wieder meine Lebensgeister. Ich freute mich auf ein kühles Bier in der Kantine.

»Jetzt in der richtigen Uniform zu Besuch bei meiner Schwester Trudel.«

Auf Rudi wartete ich vergebens. Karlchen Weber meinte, er sei wegen starker Halsschmerzen zum Krankenrevier gegangen. Da kam Rudi endlich zur Tür herein, ein paar Tabletten in der Hand. »Die sollen das Zeug selber schlucken, das schmeckt ja scheußlich.«
»Gurgele mit Schnaps, das hilft«, meinte ich und machte es gleich mehrmals vor – wegen der Bazillen. Es dauerte nicht lange, bis ich total fertig war. Ich wankte auf unsere Stube, wälzte mich auf's Bett und dachte noch: »Hoffentlich bleibt alles drin«, und war schon eingeschlafen. Irgendwann in der Nacht hörte ich jemanden brüllen: »Alarm, raus aus den Betten, feldmarschmäßig.«
Mit einem gewaltigen Brummschädel sprang ich aus dem Bett. Irgendwie schaffte ich es, gleichzeitig mit den Kameraden unten im Hof anzutreten. Das Gebrüll verstärkte sich noch. Wir waren zu langsam gewesen. »Ihr Lahmärsche, das nennt ihr schnell? Der Russe wär' jetzt schon zehnmal durch.«
Also wieder rauf. Diesmal hieß es antreten in Turnzeug, dann wieder in Drillichzeug, dann wieder feldmarschmäßig – und das mit meiner Birne. Endlich war der Maskenball vorbei und ich fiel in einen traumlosen Schlaf.

Die Flugzeugangriffe auf deutsche Städte mehrten sich. Brandbomben radierten ganze Straßenzüge aus. Die Verluste unter der Zivilbevölkerung wurden immer größer. Die Nachrichten aus der Heimat verhießen nichts Gutes. Jeder fragte sich, wann der Führer die versprochenen Wunderwaffen einsetze. Es gab doch schon Raketen, die bis nach England flogen, wofür hatten wir denn unsere V1?
General Rommel kam in Afrika noch gut voran, nur die Italiener taten sich schwerer. Dagegen machten die Japaner, ebenfalls unsere Verbündeten, den Amerikanern schwer zu schaffen. Aber nicht nur an den Fronten wurde gekämpft, auch im Rücken stand der Feind. Es hatten sich Widerstandsgruppen gebildet. Die Partisanen machten den Truppen die Hölle heiß. Die Vergeltungsschläge waren grausam.

Wir hatten in aller Frühe MG-Ausbildung und standen um das Maschinengewehr herum. Unser Gruppenführer erläuterte uns die Verantwortung, die ein MG-Schütze habe, denn die Kameraden verließen sich auf seine Feuerkraft. Anschließend rief er in die Runde: »Na, wer will denn MG-Schütze werden?«

Ich weiß nicht, welcher Teufel mich ritt, ich hörte mich laut »ich« sagen. Nase, wie wir den Gruppenführer nannten – er hatte einen riesigen Zinken – sah mich verblüfft an: »Du?«

»Jawohl!«, antwortete ich.

»Na gut, dann schnapp dir das Ding und lauf einmal damit um den Kasernenhof. Unterwegs kannst du dir dann überlegen, wie man sich vorschriftsmäßig meldet.«

Daran hatte ich in meinem Übereifer nicht gedacht. Das MG wog schwer wie Blei.

Keuchend drehte ich meine Runde. Als ich mich zurückmeldete, fuhr mich Nase an: »Jetzt hast du wohl keine Lust mehr, MG-Schütze zu werden.«

Ich schwieg.

»Er hat die Sprache verloren.«

Alle lachten.

»Zu feige, sich zu melden, aber über andere lachen«, schrie er, »und damit euch das vergeht, lauft ihr dreimal um den Kasernenplatz.«

Als ich mit Nase allein zurückblieb, klopfte er mir auf die Schulter: »Freut mich, dass du dich gemeldet hast. Es wird hart werden, aber nachher bist du ein ganzer Kerl.«

Dass es hart werden würde, bekam ich in den nächsten Tagen deutlich zu spüren.

Rudis Halsschmerzen ließen nicht nach. Als rote Flecken dazukamen, war er gleich einverstanden, dass ich ihn zum Krankenrevier begleitete, ein Zeichen, dass es ihm wirklich schlecht ging. Der Arzt, Dr. Altmann, schaute Rudi nur kurz an: »Sie müssen sofort ins Bett. Die Kinderkrankheiten noch nicht alle gehabt, aber in den Krieg ziehen wollen.«

Er sah mich an: »Und Sie legen sich gleich dazu.«
Ich zuckte zusammen: »Ja, aber...«
»Kein ja aber, ins Bett, Sie haben beide Scharlach.«
Ausgerechnet heute musste uns das passieren, wo man uns die Blutgruppenbezeichnung unter den Arm tätowieren wollte. Kreuz, unser Sanitäter, richtete eine Isolierstation ein. Besuch war nicht gestattet. Am Abend waren schon sechs Betten belegt, am nächsten Morgen kamen noch zwölf dazu. Kreuz fluchte: »Das ist ja eine Epidemie. Wie soll ich denn die ganze Arbeit schaffen?«
Als das Ausmaß der Erkrankungen immer größer wurde, trafen weitere Ärzte und Sanitäter zur Verstärkung ein. Alle Rekruten wurden untersucht und das ganze Regiment bekam Ausgangssperre. Pech für uns, denn am Sonntag sollten wir zum ersten Mal Ausgang haben.
Als sich die Zahl der Kranken auf sechzig erhöhte, hieß es: Ab ins Lazarett. In Decken gehüllt wurden wir in Sanitätsbusse verfrachtet und nach Hertogenbosch gebracht. Eine ganze Etage des Lazaretts hatte man zur Isolierstation erklärt. Wir wurden auf Vierbettzimmer verteilt. Unsere Pflege übernahmen holländische Priesteranwärter. Wir wurden gut behandelt.

Durch einen Brief von zu Hause erfuhr ich, dass man meine Schwester nach Frankreich zur Luftwaffe eingezogen hatte. Dort arbeitete sie in einem Büro. Einen Freund hatte sie sich auch schon angelacht. Mein Vater war von Brüssel nach Trier versetzt worden und konnte als Ordonanz des öfteren meine Mutter besuchen. Ich freute mich, dass sie nicht mehr so allein in der Wohnung leben musste.

Wir lagen inzwischen vier Wochen auf der Station. Der Oberarzt untersuchte uns abschließend noch einmal gründlich und meinte, wir hätten es überstanden und könnten in den nächsten Tagen in die Kaserne zurückkehren. Wir jubelten, endlich dieses Zimmer verlassen zu dürfen. Es stünde uns zwar Erholungsurlaub zu, sagte der Arzt, aber wir seien einfach zu viele Leute.

Abends vor dem Einschlafen dachte ich an den verdienten Urlaub und beschloss, noch eine Weile hier zu bleiben. Wie ich das anstellen würde, hatte ich mir gut überlegt. Am nächsten Morgen war meine Temperatur erhöht, am Abend wieder. Das ging drei Tage so. Der Sanitäter war ratlos. Am Entlassungstag fuhren die Kameraden in die Kaserne – ich blieb allein zurück. Man müsse den Grund für meine erhöhte Temperatur herausfinden. Außerdem klagte ich über Magenschmerzen. Mein Plan ging auf. Die Etage wurde gründlich desinfiziert und man teilte mir ein hübsches Einzelzimmer mit Blick auf eine Mädchenschule zu.

Während der Schulpausen stand ich nun täglich am Fenster und alberte, mit beiden Armen gestikulierend, mit den Mädchen herum. Eine kleine Schwarzhaarige hatte es mir besonders angetan. Zwei Tage vor meiner Entlassung machte ich ihr durch Zeichensprache verständlich, dass ich abends raus dürfe und vor dem Krankenhaus auf sie warten würde.

Pünktlich um neunzehn Uhr warf ich einen letzten Blick in den Spiegel. Die wochenlange Krankenhausluft hatte meine Haut noch blasser werden lassen. Die Uniform saß tadellos, meine Stiefel glänzten. Ich schlug noch einmal die Hacken zusammen und ging zur Tür. Mein Herz klopfte vor Aufregung, als ich eilig die Treppe nach unten lief. Würde sie mich überhaupt erkennen? Bisher hatte sie mich nur im Schlafanzug gesehen. Ahnte sie, dass ich Deutscher war? Voller Erwartung trat ich aus der Tür. Sie war tatsächlich gekommen. Von mir abgewandt stand sie an der Ecke des langen Gebäudes. Sie trug einen dunkelblauen Mantel. Ihr krauses Haar war mit einem Band lose im Nacken zusammengebunden. Kurz bevor ich sie erreicht hatte, drehte sie sich um. Sie war von nahem noch hübscher, als ich mir vorgestellt hatte. Dann sah ich den gelben Judenstern, der auf ihrem Mantel prangte. Die großen dunklen Augen des Mädchens waren entsetzt auf meine Uniform gerichtet. Sie stand einige Sekunden wie erstarrt mit geöffnetem Mund. Schließlich drehte sie sich um und stürzte, ohne ein

Wort zu sagen, davon. Ich machte keine Anstalten, ihr hinterherzulaufen. Es war mir unbegreiflich: So ein schönes Mädchen und dann ausgerechnet Jüdin. Der Abend war mir gründlich verdorben und ich hatte keine Lust mehr auszugehen.
An meinem letzten Tag im Krankenhaus wartete ich ungeduldig auf die Entlassung. Aus dem Fenster schaute ich nicht mehr.

In der Kaserne traf ich auf meinen Spieß: »Wieder gesund?«
»Jawoll, Hauptscharführer«, machte ich meine Meldung.
»Dich hat es ja ganz schön erwischt. Eine Erholung könnte dir nicht schaden. Stell' einen Urlaubsantrag, ich unterschreibe nachher.«
Später betrat ich unsere Stube und hielt den Schein hoch: »Seht Leute, so sieht ein Urlaubsschein aus.«
Die ersten Stiefel kamen geflogen. Rudi konnte es nicht fassen: »Mensch, hast du einen Dusel. Uns jagen sie herum und der feine Herr macht zwei Wochen Urlaub.«
Natürlich musste ich abends einige Runden »springen lassen«.
Am nächsten Morgen fuhr ich mit der Tram zum Bahnhof. Hier herrschte reger Betrieb. Uniformen aller Teile der Wehrmacht waren zu sehen. Stolz präsentierte ich meine neue Uniform, denn SS-Leute sah ich kaum. In Eindhoven stieg ich um und konnte von dort bis Köln durchfahren. Die Stadt wies verheerende Zerstörungen auf. Aus dem Abteilfenster blickte ich auf Trümmer und Ruinen.
Ich wurde oft kontrolliert und musste jedesmal meinen Urlaubsschein vorzeigen. Die Fahrt verlief ohne Fliegeralarm. Gegen Abend erreichte ich Trier. Meine Mutter staunte, als ich ein großes Stück Goudakäse und Butter auspackte und auf den Küchentisch legte. Mein Vater brachte ebenfalls Essen aus dem Kasino mit und wir ließen es uns gutgehen.

An den Nachmittagen stolzierte ich in meiner Uniform durch die Stadt und genoss die Blicke der Mädchen. Eine SS-Uniform fiel in Trier auf, weil hier nur Wehrmacht stationiert war. Ich stattete sämtlichen Ver-

wandten einen Besuch ab. Jede Tante kochte mir mein Lieblingsgericht: Nudeln. Bald konnte ich keine Nudeln mehr sehen.
Abends ging ich öfter ins Tanzcafé Astoria in der Simeonstraße. Dort spielte eine gute Kapelle. Mädchen zum Tanzen gab es genug, nur wurde unser Vergnügen manchmal durch Fliegeralarm jäh unterbrochen. Bier war reichlich vorhanden, aber es wurde jeden Tag dünner. Wir nannten es Fliegerbier – oben rein und unten raus.

Auch nachts gab es oft Alarm. Der Luftschutzwart sorgte dafür, dass man nicht im Bett blieb, sondern in den Keller ging, aber meist flogen die feindlichen Maschinen über die Stadt hinweg. Am Dröhnen hörte man, dass sie schwer beladen waren.
Nach zwei Wochen hieß es Abschied nehmen. Mutter hatte schon Tage vorher geheult. Ich sah es an ihren geröteten Augen.

Meine Kameraden empfingen mich mit großem Hallo. Die Stimmung war prima, gab es inzwischen doch öfter Ausgang. Da ich viel versäumt hatte, bekam ich eine Spezialausbildung. Hatten die anderen Geländemarsch, wurde ich am MG ausgebildet, hatten sie Sport, musste ich schießen. Nach zehn Tagen beherrschte ich mein MG aus dem Effeff. Lauf- und Schlosswechsel schaffte ich in 27 Sekunden. Aufgrund guter Treffer durfte ich mehrmals im Wagen in die Kaserne zurückfahren, während die anderen marschieren mussten.

August 1942

Man brachte uns das Schießen mit dem Granatwerfer und der Pak (Panzerabwehrkanone) bei. Die Ausbildung war hart, aber wir hörten immer wieder: Ihr seid Elitesoldaten! Jetzt fehlte uns nur noch die Fronterfahrung. Schon länger hielt sich das Gerücht, dass wir nach Russland kämen. Wir mussten also die letzten Tage nutzen. An einem milden Abend spazierten wir durch die Stadt. Musik drang aus einem Lokal, in dem junge Leute tanzten. Wir überlegten, ob wir es wagen sollten hineinzugehen. Ich tastete nach meiner Pistole. Als wir gerade beschlossen hatten einzutreten, hielt ein Wagen der Feldgendarmerie neben uns. Soldaten mit Stahlhelmen sprangen heraus und es hieß »Ausweiskontrolle«. Alle Leute im Lokal wurden kontrolliert – wir ebenfalls.

»Komm, lass uns gehen«, sagte Rudi, »die Stimmung ist hinüber. Jetzt kriegen wir sowieso keine Mädchen mehr.«

Wir schlenderten durch die Stadt. Bisher kannte ich sie nur vom Durchfahren. Die Häuser waren sauber und gepflegt. Für mich war es ungewohnt, dass keine Gardinen an den Fenstern hingen. In der Dunkelheit schaute man unwillkürlich in die Wohnungen. Wir kamen durch einen kleinen Stadtpark. Unter den Bäumen am See saßen die Leute auf Bänken. Alles sah so friedlich aus, als gäbe es keine Besatzer und keinen Krieg.

Die Versorgungslage in Holland war noch gut. Es gab Obst und Tomaten und riesige Käserollen zu kaufen. Bohnenkaffee war auf dem Schwarzmarkt erhältlich. Die deutschen Soldaten kauften viel, denn wenn sie von der Front kamen, hatten sie reichlich Geld dabei. In Russland fehlte es an Gelegenheit, es auszugeben.

Auf der anderen Straßenseite entdeckten wir Hans Decker und den dicken Meyer.

»Hallo Meyer«, rief Rudi.
Meyer reagierte nicht. Wir lachten, hatten wir ihn doch an diesem Tag gründlich gewaschen. Meyer wurde morgens einfach nicht wach und so blieb ihm keine Zeit für die Körperreinigung, was man deutlich roch, wenn man in seine Nähe kam. An diesem Morgen hatten wir ihn unter die kalte Dusche gezerrt. Er schrie zwar fürchterlich, aber wir kannten kein Erbarmen. Während vier Mann ihn festhielten, wurde er gründlich von uns eingeseift und geschrubbt, bis seine Haut krebsrot anlief.
Nun war er eingeschnappt, was allerdings nicht lange anhielt, denn ein paar Bier versöhnten ihn wieder und der Abend wurde doch noch ganz lustig.
Als wir pünktlich zum Zapfenstreich die Kaserne erreichten, standen mindestens zwanzig Lastwagen vor dem Tor.
»Habt ihr neue Leute gebracht?«, fragte ich einen Fahrer.
Er lachte: »Euer Luxusleben ist vorbei. Morgen geht es gen Osten, den Russen das Fürchten lehren.«
Wir fanden das plötzlich gar nicht komisch.

Als wir anderntags feldmarschmäßig vor der Kaserne auf unsere Abfahrt warteten, waren die Spinde leer geräumt und unsere Waffen spiegelblank. Scharfe Munition hatte man uns auch ausgehändigt. Es regnete heftig. Die Verdecks wurden über die Wagen gezogen. Der Regimentskommandeur hielt eine kurze Rede. Unsere Ausbildung sei nun zu Ende. Wir kämen zum Einsatz und sollten zeigen, was wir gelernt hätten. Wir könnten stolz sein, für Führer und Vaterland kämpfen zu dürfen.
Wir stiegen auf und Wagen für Wagen verließ den Kasernenhof. Es ging zum Bahnhof. Dort wurden die Züge beladen. Vorne befanden sich zwei Loks, in der Mitte drei Rotkreuz-Wagen, dahinter die Verpflegungswagen und schließlich unsere Waggons. Ich als MG-Schütze musste die Fliegerabwehr übernehmen. Auf die Dächer der Güterwagen waren Schächte montiert worden. Von hier konnte man das MG

einsetzen. Alle zwei Stunden sollte man abgelöst werden. Der Zug setzte sich in Bewegung, einer ungewissen Zukunft entgegen.

Als deutsche Truppen 1941 in Russland einmarschierten, war es das Ziel des Führers, zügig nach Moskau vorzustoßen. Im Norden wollte man Leningrad einnehmen. Die sogenannte Blitzkriegtaktik schien sich wieder einmal zu bewähren. Durch kluge taktische Maßnahmen konnten riesige russische Truppenverbände eingeschlossen werden. Moskau rückte jeden Tag näher. Im Raum Leningrad konnten die Armeen unter den Generälen Kübler und von Manstein große Erfolge verbuchen. Die Russen leisteten erbitterten Widerstand, mussten letztlich jedoch der Übermacht weichen.

Ein früh einsetzender Winter stoppte jäh den Vormarsch. Über Nacht hatte sich eine dicke Schneedecke über das Land gebreitet. Die Temperaturen fielen auf minus vierzig Grad. Die Fronten erstarrten. Die deutschen Soldaten hatten noch keine Winterbekleidung erhalten. Es gab unzählige Erfrierungen. In der Heimat wurden Decken und warme Sachen gespendet, aber der Weg an die Front war weit. Fahrzeuge und Panzer streikten aufgrund der bitteren Kälte. Wo sich vorher Sumpf befand und nicht mit einem Angriff zu rechnen war, brach plötzlich der Russe durch. Er nutzte die Gelegenheit, igelte sich ein, baute, wenn möglich, Stellungen aus und begrüßte den Winter als seinen Verbündeten. Die deutschen Truppen hielten zwar stand, aber der Vormarsch war zu Ende. Vor Leningrad machte man Halt, jedoch wurde der Ring um die Stadt immer enger. Der Führer befahl, die Einwohner auszuhungern. Nur über den zugefrorenen Ladogasee war es den Russen unter schwerem Beschuss möglich, die Bevölkerung zu versorgen, aber es reichte nicht für die Millionen von Menschen. Sie bekamen langsam den quälenden Hunger zu spüren.

Wir hatten Holland hinter uns gelassen. Der Zug befand sich wieder auf deutschem Boden. Es ging an die Front. In welchen Abschnitt wir

»Das Flugzeug schlug hinter uns auf.«

fuhren, wusste niemand, nur die Richtung war bekannt – nach Osten. Zivilisten winkten uns zu, Mädchen warfen Kusshändchen. Einige ältere Landser machten anzügliche Bemerkungen. Ich wurde prompt rot und wurde ausgelacht. Eine Rotkreuz-Schwester kam ins Abteil: »Nicht so laut, die anderen wollen schlafen.«
Das Gelächter wurde noch lauter: »Schwester, wir haben hier eine Jungfrau dabei, Sie haben die freie Auswahl!«
Sie war solche Sprüche gewohnt und sagte im Hinausgehen: »Immer noch besser als geile Böcke!«
Das saß. Jetzt lachte ich.

Der Zug hielt auf einem Nebengleis. Ein Pfiff ertönte, dann ein Ruf: »Alles raustreten zum Essensempfang!«
Es gab Erbsensuppe mit Wursteinlage. Nicht schlecht, aber im Vergleich zu Holland eine schlichte Mahlzeit. Ich dachte mit Wehmut an den Käse, die Tomaten und das weiche helle Brot. Diese Zeit war erst einmal vorbei.

Wir waren zu siebt im Abteil: Rudi, Hans Pohl, Sanitäter Kreuz, Franz aus Mainz und zwei aus der Nachbar-Kompanie. Da wir uns prächtig verstanden, wollten wir, wenn möglich, später zusammenbleiben.
Der dicke Pohl kam aus einer Metzgerei in Koblenz, Sanitäter Kreuz hatte Medizin studiert und wollte Arzt werden, Franz war gelernter Klempner. Wir malten uns gerade aus, wie an der Front Fresspakete aus der Koblenzer Metzgerei einträfen, als es Fliegeralarm gab. Ich rannte zu meinem MG-Stand auf das Waggondach. In der Ferne hörte ich Flugzeuge, die näher kamen. Der Zug hielt, die Lichter wurden gelöscht. Außer uns MG-Schützen mussten alle raus und sich im Gebüsch verteilen. Als Scheinwerfer den Himmel abtasteten, sah ich, dass wir uns in der Nähe einer Stadt befanden. Sogenannte »Christbäume« – Leuchtkugeln, mit denen sie ihre Zielquadrate markierten – schwebten herab und tauchten alles in ein gespenstisches Licht. Die ersten Bomben fielen. Die Flak schoss aus allen Rohren. Die Detonationen, die Blitze der Einschläge und der höllische Lärm der Flak jagten mir Angstschauer über den Rücken. Der Zug fuhr langsam rückwärts, um bei einem Treffer die Leute im Gelände nicht zu gefährden. Zwei Flugzeuge wurden getroffen und stürzten brennend zur Erde. Ein fürchterlicher Krach ließ mich zusammenzucken. Unmittelbar neben mir feuerten zwei 8,8-Flakgeschütze los. Unser Zugführer rief zu uns herauf: »Habt ihr Leuchtspur im Gurt?«
Wir bejahten.
»Hört zu. Sobald der Zug angegriffen wird, 'Feuer frei'. Aber nur, wenn sie tief kommen, klar?«
»Jawoll, Unterscharführer!«
Ich schaute hoch, konnte aber nichts entdecken. Mein Schütze zwei schrie plötzlich: »Klaus, da kommt einer auf uns runter!«
Ich begann zu schießen. An der Leuchtspur sah ich, dass die Schüsse nicht trafen. Die Vierlingsflak schoss ebenfalls – Treffer. Das Flugzeug schlug hinter uns auf. Eine hohe Stichflamme loderte empor. Wir freuten uns – wieder ein Feind weniger.
Gegen Morgen trafen unsere ME 109-Jäger ein, aber die feindlichen

Flugzeuge hatten abgedreht. Nach der Entwarnung rollte der Zug wieder auf das Hauptgleis.
Ich fror. Die Schnapsration, die wir für unseren ersten Feindeinsatz erhielten, kam gerade richtig.
Als wir durch den brennenden Bahnhof rollten, las ich auf einem Schild 'Osnabrück'. Rauchwolken stiegen aus brennenden Ruinen. Feuerwehr und Rotes Kreuz waren noch im Einsatz.

Wir kamen nur langsam voran. Ständig wurden Wagen angehängt, wurde Wasser aufgefüllt. Rudi meinte, es ginge uns immer noch besser als an der Front. Er hatte recht, denn es regnete in Strömen und wir saßen warm und trocken. Im nächsten Bahnhof hielten wir neben einem Lazarettzug. Verwundete wurden von Helfern umgeladen.
»Bei dem Anblick kann einem die Lust vergehen«, sagte Franz, »und trotzdem sieht man noch welche lachen.«
»Sicher«, entgegnete Kreuz, »die mit einem Heimatschuss haben allen Grund zum Lachen. Das beste, was einem da draußen passieren kann.«
Nicht jeder hatte nur einen Heimatschuss. Vielen fehlten Arme oder Beine. Manche trugen eine Binde über den Augen. Etwas hatten alle gemeinsam: Sie waren noch sehr jung. Mitunter kam mir der Gedanke, ob es nicht ein Fehler gewesen war, sich freiwillig zu melden, aber ich sprach ihn nicht aus.

Unvermutet hieß es aussteigen und antreten. Man führte uns auf ein entfernteres Gleis. Wir stiegen in einen Transportzug, der ausschließlich aus Güterwagen bestand. In den Waggons waren Pritschen eingebaut. An der Innenseite befand sich ein Ständer für die Gewehre. Nachdem ein Sanitätswagen angekoppelt war, ging es weiter. Wir waren nur noch Leute aus unserer Division. Jetzt erfuhren wir auch, wohin die Fahrt ging: in Richtung Ostpreußen.
Es wurde dunkler und merklich kühler und wir schlossen die Waggontür. Ab und zu wurde sie einen Spalt geöffnet, wenn jemand Wasser lassen musste. Zwei Oberlichter ließen etwas Licht herein. Wir lagen auf

den Pritschen und fanden die Fahrt nun angenehmer als ständig zu sitzen. Bald war ich eingeschlafen.
Eine warme Morgensonne, die ins Fenster schien, weckte mich. Der Zug hielt in einem Rangierbahnhof. Pfiffe ertönten: »Kaffeeholer raustreten«. Die eingeteilten Leute schnappten sich die Kochgeschirre und liefen los.
Wir setzten uns neben die Waggons in die Sonne und frühstückten. Anschließend wuschen und rasierten wir uns an der Rampe.
»Wo ist Rudi?«, fragte ich Hänschen Pohl.
»Der holt die Post.«
»Wo soll denn hier Post herkommen?«
Im gleichen Moment sah ich Rudi lachend auf uns zukommen. Er hielt einen Bündel Briefe hoch: »Klaus, für dich ist auch einer dabei!«
Ich nahm den Brief entgegen. Die Schrift war mir unbekannt. Ich schaute auf den Absender: »Mensch, meine Tante Luzie hat mir geschrieben!«
Luzie war die Schwester meines Vaters, eine hochgewachsene Frau mit Bubikopffrisur. Sie ähnelte der Filmschauspielerin Pola Negri. Tante Luzie war zwar nicht beim Film, aber sie verdiente ihr Geld als Tänzerin beim Varietee und im Zirkus. Früher war sie in der ganzen Welt herum gereist. Im Krieg waren deutsche Künstler im Ausland nicht mehr gefragt und so tanzte sie nur noch in Deutschland. Sie war die Art von Tante, von der ich immer träumte, einmal verführt zu werden. Leider spielte sich nichts ab, wenn ich sie gelegentlich besuchte. Wahrscheinlich gab es so etwas nur im Film.
Luzie schrieb, dass ihr Bruder Josef, Vater von fünf Kindern, gefallen sei. Sie hoffe, wenigstens mich gesund wiederzusehen. Ich war sehr erschrocken, hatte ich doch häufig mit seinen Kindern gespielt, besonders mit Eugen, dem Ältesten.
Hinter mir schrie Franz plötzlich laut auf: »Ich muss heim, ich muss heim!« Ehe wir begriffen, was los war, stürzte er davon. Rudi und Kreuz liefen ihm hinterher, konnten ihn aber nirgends finden. Der Brief, den Franz bekommen hatte, lag auf der Erde. Ich hob ihn auf und las, dass

sein Vater während eines Heimaturlaubs zusammen mit der Mutter bei einem Bombenangriff ums Leben gekommen war. Nur die Oma hatte überlebt.

Später lagen wir stumm auf unseren Pritschen. Uns war die Lust an allem vergangen. Franz, der lustige Kerl, der ständig Witze machte, fehlte uns jetzt schon.

Als man ihn später aufgriff, schickte ihn der Kommandeur mit einem Lazarettzug nach Hause.

Ich schüttelte Rudi: »Willst du nicht mal wach werden und rausgucken?«

»Warum denn?«, fragte Rudi verschlafen. »Gibt es was zu sehen?«

»Wenn du das gleiche siehst wie ich, ja!«

»Tante Luzie, sie war die Art von Tante, von der ich träumte, einmal verführt zu werden.«

Er zog sich mühsam hoch und schaute aus dem Fenster: »Mensch, ick werd' verrückt, det sieht ja aus wie meen Berlin!«
»Kumpel, das sieht nicht nur so aus, das ist Berlin!«
Rudi sprang auf: »Ihr seid alle bei Muttern eingeladen. Mann, das wird ein Fest!«
»Nun halt' mal die Luft an. Erstens weiß man nicht, ob der Zug überhaupt hier hält, und zweitens, wenn ja, wie lange«, bemerkte ich.
»Scheiße, das werden die uns doch nicht antun!«
Endlich hielt der Zug. Ehe es hieß »Alles antreten«, stand Rudi schon auf dem Bahnsteig. Unser Kommandeur trat vor und gab bekannt, dass aus technischen Gründen Berlin angefahren wurde und wir hier Aufenthalt hätten. Die Unterbringung und Verköstigung erfolge in der Jägerkaserne, aber wer wolle, könne auch bei Verwandten wohnen. Die Abfahrt sei pünktlich am Montag um acht Uhr. Alle jubelten. Wir schnappten unser Gepäck, stiegen auf die wartenden Wagen und fuhren los.
Ich sah zum ersten Mal unsere Reichshauptstadt. Rudi war total aufgedreht und überschlug sich fast, als er uns seine Stadt zeigte. »Mensch«, rief er, »da hinten is' der Alex, in fünf Minuten wär' ick bei Muttern.«
»Wer ist Alex?«
»Mein Jott, allet Volksschüler. Der Alex ist der berühmte Alexanderplatz und dort wohnt Rudi, der größte Schneider aller Zeiten, zurzeit Soldat.«
»Du meinst wohl, der größte Aufschneider aller Zeiten«, riefen wir lachend.

In der Jägerkaserne konnten wir seit langem wieder einmal Zeitung lesen. Die Schlagzeilen genügten uns: Erbitterte Kämpfe um Stalingrad – Rommels Vormarsch in Afrika gestoppt – Große Verluste bei Tobruk – Bomben auf deutsche Städte.
Es waren keine erfreulichen Nachrichten, aber wir wollten uns die gute Laune nicht verderben lassen. Rudi hing schon eine ganze Weile am Telefon. Zuhause meldete sich niemand.

»Deine Mutter konnte doch nicht ahnen, dass du heute kommst«, sagte ich.
Er wurde immer unruhiger und überredete uns, mitzukommen. Mit dem Omnibus fuhren wir eine geraume Zeit, bis wir wieder am Alex ankamen. Vor einem Haus mit grauer Fassade, von der die Farbe abblätterte, blieb Rudi stehen: »Hier ist es!«
Wir wollten unbedingt noch Blumen für Rudis Mutter besorgen, ehe wir mit vier Mann aufkreuzten, aber er ließ uns keine Zeit.
»Tach Rudi, mein Junge«, rief eine ältere Frau aus einem Fenster, das in Höhe unserer Beine lag. »Deine Mutter ist nicht da. Sie ist nach Magdeburg zu ihrer Schwester gefahren.«
Rudi setzte sich enttäuscht auf die Treppenstufen: »Ausgerechnet jetzt, wo ich in Berlin bin. Wo ist denn Lotte?«
»Na, die ist doch mit!«
»So ein Mist, da fährt man an die Front und könnte Mutter und Schwester noch einmal sehen und dann sind sie nicht da.«
Wir beruhigten ihn, dass seine Mutter nicht wissen konnte, dass wir Berlin anlaufen würden. Rudi hinterließ einige Zeilen bei der Nachbarin und wir brachen auf, um uns die Stadt anzusehen. So ein geschäftiges Treiben hatte ich noch nie erlebt. Teure Läden, Kinos und Theater reihten sich aneinander. In einer Eckkneipe tranken wir ein paar Bierchen. Gegen Abend spazierten wir zum Winterpalast, einem großen Gebäude, das alles an Unterhaltung bot. Wir landeten in einem Tanzlokal. Es war knüppeldickevoll. Eine Damenkapelle sorgte für ausgelassene Stimmung. Viele Soldaten machten hier Zwischenstation auf dem Weg zur Front oder nach Hause.
Am nächsten Tag gingen wir gegen Mittag in eines der riesigen Kinos, anschließend zogen wir zum Brandenburger Tor. Je näher wir unserem Ziel kamen, desto mehr Menschen waren in den Straßen unterwegs. Sie strebten von links und rechts heran und hatten augenscheinlich nur ein Ziel: das Brandenburger Tor. Hier vereinigten sie sich zu einer unüberschaubaren Masse, die auf den Führer wartete. Wir standen eine ganze Weile eingekeilt in der Menge, als Hitler endlich auf dem Balkon des

Reichstagsgebäudes erschien und von oben herabwinkte. Neben ihm standen Göring, Göbbels, Himmler und Heß. Tausende von Gesichtern waren zu ihnen erhoben, glühend vor Begeisterung. Ein vielstimmiger Jubelschrei brandete über den Platz.

Müde lagen wir am Montag auf unseren Pritschen im Zug. Während der zwei Nächte in Berlin hatten wir kaum ein Auge zugetan. Wie wir hörten, sollte die Fahrt nun durchgehen bis Tilsit in Ostpreußen. Verpflegung für zwei Tage hatten wir schon bekommen, allerdings kalt, dazu Bier und Schnaps. Waschen und Rasieren wurde zur Nebensache erklärt. Für unser »großes Geschäft« befand sich in der Ecke des Waggons ein Verschlag mit einem Loch im Boden.

Ich wachte auf, als uns auf dem Nachbargleis ein Güterzug begegnete, voll beladen mit Panzern und Kanonen. Auch in unserem Zug gab es einen Waggon mit einer Vierlingsflak. Man rechnete also mit Angriffen.

Ohne Zwischenfälle erreichten wir Tilsit. Auf dem Bahnhof wimmelte es von Soldaten. Auf jedem Gleis stand ein Transport, der zur Front oder in Richtung Heimat rollte. Die Gesichter der Soldaten, die nach Hause unterwegs waren, schauten freundlicher als die der anderen. Die Landser reichten uns ihre Wurst und Butter und meinten, sie brauchten das nicht, sie wären auf dem Land zuhause. Wir freuten uns über das »Führerpaket«, wie es inzwischen genannt wurde.

»Hat jemand Briefpapier?«, fragte ich meine Kameraden.

Sie schauten mich ziemlich blöde an.

»Hast du einen Briefkasten gesehen?«, fragte Hans Pohl.

»Denk' mal ein bisschen mit! Wo fahren die da drüben hin? – Richtig, die fahren heim und können unsere Post mitnehmen. Da bin ich aber froh, dass der Groschen gefallen ist. Und jetzt wollt ihr natürlich alle schreiben!«

»Na klar«, meinte Rudi, »das hatten wir schon lange vor.«

Schnell brachten wir ein paar Zeilen für unsere Lieben daheim zu Papier.

In Tilsit hielt der Zug eine geraume Weile. Die Luft war mild und ich spazierte an den Wagen entlang. Am Sanitätszug lehnte Schwester Waltraud: »Wo läufst du denn herum?«
»Ich will mich etwas bewegen. Im Waggon ist es so eng. – Übrigens vielen Dank, dass Sie mich vor ein paar Tagen verteidigt haben.«
»Schon gut, du kannst 'du' zu mir sagen. Deine Kameraden haben dich ja schön auf die Schippe genommen. Bist du wirklich noch unschuldig?«
»Bis heute ja, aber falls du das änderst, nicht mehr!«, sagte ich ziemlich mutig.
»Du wirst ja schon wieder rot!«, lachte sie. »Ich bin Krankenschwester und kein Kindermädchen.«
Beleidigt wollte ich abziehen, als Waltraud mich am Arm festhielt: »Stell' dich nicht so an, es war nicht so gemeint. Schließlich bin ich älter als du.« Sie hob sich auf die Zehenspitzen und küsste mich zart auf die Wange. »Es ist wirklich eine Schande. Wenn dir da draußen was passiert, weißt du nicht mal, wie das ist.«
»Wie ist es denn, Waltraud?«
»Du bist wirklich süß in deiner Unschuld. Wenn ich morgen nicht zurück müsste, könnte ich glatt schwach werden. Du bist ganz anders als die Angeber dort. Die reden viel und spielen den Casanova, dabei ist die Hälfte erlogen. Alle halten sich für tolle Burschen. Du musst es genauso machen, dann imponierst du denen und bist wer.«
Sie legte ihre Arme um meinen Hals und küsste mich noch einmal, diesmal etwas länger: »Das war unser Abschiedskuss. Wenn ich wieder in Düsseldorf bin, denke ich an dich. Übrigens – deine Kameraden schauen ganz neidisch zu uns herüber.«
Sie drehte sich um und stieg in ihr Abteil.
Noch ganz benommen kam ich in unseren Wagen. »Du bist vielleicht ein schöner Held. Uns lässt du hier allein und turtelst mit den Mädchen rum. War sie wenigstens gut?«, fragte Rudi.
»Spitze!«, sagte ich nur und hob den Daumen.
»Bei uns spielt er den Unschuldsengel, dabei hat er es faustdick hinter den Ohren.«

In Riga, der Hauptstadt Lettlands, wurden wir in einen anderen Zug verladen. Zum Schutz vor Minen hatte man vor unsere zwei Loks einen mit Holz beladenen Tenderwagen rangiert. Anstelle von Franz kam ein Unterscharführer mit in den Wagen. Er hieß Löwenberg. Als wir sein EK (Eisernes Kreuz) und das Sturmabzeichen sahen, hatten wir gleich mächtig Respekt vor ihm.

Bis nachts um zwei war Ausgang. Die Leute auf den Straßen waren freundlich. Hübsche Mädchen flanierten an uns vorbei. Vor einem stattlichen Haus trafen wir auf eine wartende Gruppe von mehreren Dutzend Soldaten. Immer mehr kamen hinzu. Hans fragte einen: »Was ist denn hier los?«

Rundherum Gelächter. »Das ist ein Puff, Milchgesicht! Nichts für euch!«

Rudi wurde gleich frech: »Was sollen die Mädchen denn mit euch alten Böcken? Die wollen was Junges. Los, Leute, stellen wir uns hinten an!«

Als fünfzehn Landser rauskamen, wurden fünfzehn neue eingelassen. Ich fragte Rudi, ob er noch genügend Geld habe, vielleicht zehn bis zwölf Mark. »Mehr als fünf gebe ich sowieso nicht«, sagte ich.

Wieder kamen fünfzehn heraus. Als ich rief: »Bei denen muss doch alles glühen«, sorgte ich ringsum für Heiterkeit. Endlich waren wir dran. Drei Sanitäter kontrollierten in einem Vorraum, ob wir den Tripper hätten. Dann wurden wir eingelassen. Von Mädchen war erst nichts zu sehen. Für fünf Reichsmark erhielten wir Bons – zwei für Bier, zwei für Schnaps. Die meisten Soldaten kannten sich aus und stürmten gleich zur Theke, um ihre Getränke in Empfang zu nehmen. Wir nahmen erst mal Platz und sahen uns um. Die Räumlichkeiten machten einen sauberen Eindruck. Eine Tür im hinteren Teil des Raumes öffnete sich und etwa fünfzehn Mädchen erschienen. Sie gingen von Tisch zu Tisch und begrüßten die Männer.

»Komm mit!«, sagte in gebrochenem Deutsch eine Schöne mit hellblondem Haar und grauen Augen. Zehn Mark verlangte sie für ihre Gunst. Wir winkten ab, denn wir trauten uns nicht. Im Knutschen hatte ich zwar Erfahrung, aber zwischen mir und Lilli war es damals

»Der Zug fuhr gemächlich, sodass wir Muße hatten, uns die Landschaft anzuschauen.«

»Tiefer Schlamm, mit Brettern und Bohlen vermischt, ließ uns nur schwer vorwärts kommen.«

nicht zum »Letzten« gekommen. Als mir die Sache etwas peinlich wurde, lud ich eines der Mädchen zu einem Getränk ein. Wir gingen an die Bar und bezahlten mit meinen Bons. Während wir zusammensaßen, betrachtete ich sie verstohlen und wunderte mich, dass sie so anmutig und reizend war. Ich hatte mir eine Hure ganz anders vorgestellt. Wir prosteten uns zu. »Komm doch mit nach nebenan«, bettelte sie.
Erst wollte ich den Erfahrenen spielen, aber dann gestand ich ihr, dass ich sowas noch nie gemacht und jetzt Angst hätte. Sie schaute mich ungläubig an: »Ich dich lernen, komm!« Ehe ich eine Entscheidung treffen konnte, war die halbe Stunde vorbei – und ich war erlöst. Nur wenige Soldaten gingen mit einem Mädchen nach nebenan. Sie wollten nur trinken und schauen. Hauptsache, man konnte hinterher prahlen, dass man im Puff gewesen war.
Als wir ins Freie traten, war die wartende Schlange nicht kürzer geworden.
»War wohl nichts mit glühen«, sagte Rudi, »trotzdem wär' ich gerne mal mitgegangen, aber beim ersten Mal in einem Bordell hat man doch ein komisches Gefühl.«
Ich war froh, dass es den anderen ebenso ergangen war wie mir.
In einer kleinen Kneipe verbrachten wir bei kühlem Bier den Rest des Tages. Als wir zum Bahnhof marschierten, war der Besuch im Puff Thema Nummer eins. Wir wollten nicht daran denken, dass jetzt nur noch die Front kommen konnte.

Es war warm, die Waggontür stand weit offen und wir saßen auf dem Boden und ließen die Beine aus dem Wagen baumeln. Der Zug fuhr gemächlich, sodass wir Muße hatten, uns die Gegend anzuschauen. Immer wieder winkten uns Letten zu, froh darüber, dass der Russe weit zurückgeschlagen war. Uscha Löwenberg saß neben uns und rauchte. Er war stämmig gebaut. In seinem rotblonden Haar hatten sich bereits Geheimratsecken über der Stirn gebildet. Unsere anfänglichen Bedenken ihm gegenüber waren zerstreut. Er war inzwischen, trotz seiner Orden, ein Kamerad wie jeder andere.

»Es ist schon merkwürdig«, begann er »man fährt hier durch die Gegend wie ein Urlauber, dabei hat jeder Meter Boden viel Blut gekostet.«

Wir sahen ihn fragend an: »Sie haben hier gekämpft?«

»Ja«, sagte er, »als wir im vorigen Jahr mit unserer Panzergruppe die lettische Grenze überschritten, war Leningrad, unser Ziel, nur 180 Kilometer entfernt. Wir hatten den Befehl, die Stadt einzunehmen, sind aber auf großen Widerstand gestoßen und kamen nur Schritt für Schritt weiter. Ich weiß noch, es hat wie aus Kübeln gegossen, als wir zu einem großen Fluss kamen – die Luga. Die Stadt, die wir einnehmen sollten, hieß ebenfalls Luga. Wir kamen nicht durch, es gab grausame Verluste. Die Wehrmacht schaffte es nicht, also musste die SS ran. Die Stadt wechselte dreimal den Besitzer, und erst als Generalfeldmarschall von Manstein die Russen auf einer Breite von zehn Kilometern durchließ, wurden sie eingekreist und zerschlagen. Man sprach von zwölftausend gefallenen Russen und vielen Gefangenen. Es ging wieder weiter über morastigen Boden, aber ohne Knüppeldämme war kein Vorwärtskommen. Die Pioniere schufteten und wir marschierten in Richtung Ladoga-See. Der Ring um Leningrad wurde enger und der Russe befestigte die Stadt und alle Stellungen rundum. Sogenannte Volksbrigaden aus den Fabriken und sogar Frauen wurden eingesetzt, aber sie konnten die Umschließung nicht verhindern. Auf einmal hieß es stoppen, wir sollten uns auf einen Stellungskrieg einrichten. Aushungern hieß jetzt die Parole. Die Front lief von der Luga bis zum Ladoga-See und von Kolpino bis zur Newa. – Oh Mann, ich bin ins Erzählen gekommen, das ist sonst nicht meine Art, aber die aufgewühlte Erde und die zerstörten Häuser haben halt ihre Geschichte.«

Wir hatten gespannt zugehört, kam es doch von einem, der wirklich dabei gewesen war.

Ein gewaltiger Knall, Schüsse und Schreien ließen uns hochschrecken. Löwenberg hatte schon seine MP in der Hand und sprang aus dem langsamer werdenden Zug. »Mir nach!«, schrie er und wir griffen zu unseren Waffen. Die Kameraden sprangen aus dem Waggon und gingen in Deckung. Kommandos ertönten, von Schüssen unterbrochen. Keiner wusste, was los war. Ich bekam den Befehl, mein MG auf dem Dach aufzubauen, um das Gelände abzusichern. Rudi, Hans und Kreuz waren dem Uscha gefolgt. Von oben konnte ich sehen, dass am Waldrand gekämpft wurde. Sanitäter hasteten mit Tragbahren am Zug entlang. Eine Gruppe der zweiten Kompanie kam zurück: »Es waren Partisanen!«, rief einer mir zu. Sie führten gefangene Zivilisten mit sich, darunter drei Frauen. Sie sahen schmutzig und verwahrlost aus. Ihre Mienen waren hasserfüllt. Unser Uscha tauchte mit den anderen auf.

»Was war los?«, fragte ich Rudi.

»Partisanen haben Handgranaten in einen offenen Waggon geworfen – alle tot!«

Mein Gott, dachte ich, das hätte uns vorhin ebenso passieren können.

Wieder bellten Schüsse.

»Keine Aufregung!«, rief Löwenberg, »das war nur der Rest der fünfzig Russen. Die werfen keine Handgranaten mehr!«

Ich sah ihn an und verstand.

Ab sofort mussten die Waggontüren bis auf einen Spalt geschlossen bleiben. Unsere MG's wurden auf dem Dach verankert.

Ohne weitere Zwischenfälle erreichten wir Krasnoja 'Selo und rollten in einen riesigen Bahnhof. Fast auf jedem Gleis standen Transportzüge, beladen mit Panzern und Kanonen. Für uns war das Zugfahren vorläufig zu Ende. Kaum hatten wir die Wagen verlassen, wurde der Zug rangiert, um Fronturlauber mit in die Heimat zu nehmen. Verwundete schauten aus einem Lazarettzug zu uns herüber.

»Was denken die wohl?«, meinte Rudi.

»Gut, dass die Scheiße vorbei ist!«, antwortete ich trocken.

Wir versammelten uns und marschierten zu einem etwa hundert Meter entfernten großen Gebäude. Mit dreißig Mann belegten wir einen langgestreckten Raum. Der Boden war mit Stroh bedeckt. Als ich mich hinlegte, musste ich feststellen, dass hier schon viele vor uns gelegen hat-

ten. Das Stroh hatte den Geruch der Männer angenommen. Wer rauchen wollte, musste in den Hof gehen.
Namen wurden aufgerufen und wer dran war, schrie »Hier«. Rudi, Hans und ich kamen in eine Gruppe. Wir sollten gleich zum Verpflegungsempfang. Dort wäre auch unser Zugführer. Wir staunten nicht schlecht, als wir auf Löwenberg trafen.
»Wenigstens ein paar bekannte Gesichter«, sagte er schmunzelnd.
Außer unserer Tagesverpflegung erhielten wir die sogenannte Eiserne Ration, die nur für den Notfall gedacht war. Abends bekam jeder nochmals scharfe Munition.
Hans Pohl wurde als mein Schütze zwei eingeteilt.
Am nächsten Morgen gab Uscha Löwenberg neue Anweisungen: »Jungs, es wird ernst. Ihr werdet jetzt mit Lkw's nach Nikolkojo gebracht. Von dort geht es bei Anbruch der Dunkelheit nach vorn an die Front. Es herrscht Stellungskrieg. Eure Aufgabe wird sein, einen möglichen Durchbruch der Russen zu verhindern. Alles Nähere, wenn wir im Einsatz sind!«

Eine Höllenfahrt begann. Tiefer Schlamm, mit Brettern und Bohlen vermischt, ließ uns nur schwer vorwärts kommen. Der Wagen schaukelte mehr, als er fuhr. Zwischendurch stiegen wir ab und schoben ihn aus dem Morast. Nach etwa zwanzig Kilometern gaben wir endgültig auf. Löwenberg meinte, es seien nur noch zehn Kilometer, die schafften wir leicht zu Fuß. Die schwere Munition blieb auf dem Wagen. Der Weg war weiter, als wir gedacht hatten. Soldaten, denen wir begegneten, wünschten uns viel Glück. Einer meinte: »Wenn die SS kommt, macht sich der Iwan gleich in die Hose!«

Das Marschieren strengte mich nicht so sehr an. Mein MG trug ich auf der rechten Schulter, halb über den Tornister gelegt. Rudi tat sich schon schwerer mit dem Laufen, hielt aber tapfer mit. Von einer Anhöhe aus sahen wir unten eine kleine Kirche liegen. Ihr vergoldeter Zwiebelturm leuchtete in der späten Nachmittagssonne. Rund um die Kirche stan-

»Der Wagen schaukelte mehr als er fuhr.«

»Wir kamen nur langsam voran.«

den vereinzelt kleine Holzhäuser. Ein großes Steingebäude etwas abseits passte nicht in diese Idylle. Rotkreuz-Zelte rings herum ließen erahnen, dass es sich um ein Feldlazarett handelte. Als wir näher kamen, fuhren Sankas an uns vorbei. Kaum, dass sie die Verwundeten abgeladen hatten, fuhren sie schon wieder weg. Sanitäter liefen mit Tragbahren ins Haus. Überall sahen wir Soldaten mit Verbänden sitzen. In der Ferne hörten wir Artilleriefeuer.

»Dort ist die Front«, sagte Löwenberg und wies mit dem Arm nach vorn.

Jemand knuffte mich in die Rippen: »Mensch, Jacobs, du hier?«

Ich drehte mich um und war baff. Es war Ludwig, der mit mir im selben Haus in Trier wohnte. Kaum hatten wir uns begrüßt, ließen uns hohe Pfeiftöne und gewaltige Einschläge auseinanderstieben. »Volle Deckung!«, hörten wir und warfen uns an einer Hauswand auf die Erde. Die ersten Rufe nach Sanitätern ertönten.

»Der Russe begrüßt uns«, rief Löwenberg. »Die russischen Spione sind auf Zack!«

Hinter uns krachte es fürchterlich. Wir zuckten zusammen und pressten uns noch enger an den Boden. Der Uscha lachte: »Das ist unsere Ari, der Iwan wird gleich ruhiger werden.« Im selben Moment erstarb das russische Feuer.

Die Verwundeten wurden weggetragen, es gab nur wenige Tote. Sani Kreuz hatte seine erste Bewährungsprobe bestanden und kehrte kreidebleich vom Hauptverbandsplatz zurück: »Ihr könnt euch nicht vorstellen, was da los ist. Ständig kommen neue Verwundete. Die Ärzte stehen im Blut und operieren und amputieren ununterbrochen. Und dann das Schreien. Ich brauche einen Schnaps!«

Löwenberg knurrte: »Trinkt alle einen und haltet euer Maul!«

Schweigend tranken wir und dachten daran, was uns vorn erwartete.

Als es dunkel wurde, marschierten wir in Schützenreihe los, Löwenberg an der Spitze: »Ab sofort kein Wort mehr und kein Geklapper mit den Waffen, alles klar?«

»Jawoll, Unterscharführer!«

»Den Unterscharführer könnt ihr euch sparen. Wir sind auf dem Weg zur Front und da muss jeder für jeden dasein. Also, ich heiße Willi, verstanden?«

»Jawoll, Untersch..., äääh Willi.«

Wir kamen nur langsam vorwärts. Das MG hing gesichert um meinen Hals. Wir versuchten, jedes Geräusch zu vermeiden. Die Front rückte näher. Wir konnten die Schüsse an der vordersten Linie hören. In Abständen ging eine Leuchtkugel hoch und wir suchten Deckung, dazwischen immer wieder Einschläge von schweren Geschützen. Es pfiff und zischte um uns herum.

Als wir unmittelbar vor uns ein Geräusch hörten, blieben wir stehen. Vorne wurde nach der Parole gefragt. Es waren welche von uns. Wir erkannten Sanitäter, die einen Verwundeten nach hinten brachten.

»Die werden sich freuen, wenn ihr kommt. Alle warten auf die Ablösung«, sagte einer von ihnen.

Trotz der Dunkelheit konnten wir jetzt einen ausgebauten Graben erkennen. Die Wände waren mit Brettern verstärkt. Alle zwanzig Meter sah man kleinere Bunker. Aus den Schießscharten ragten die Rohre der MG's. Die ersten dreißig Mann wurden im rechten Grabenabschnitt verteilt. Wir zogen mit Willi weiter nach links. Die Erde unter unseren Stiefeln wurde matschiger und wir sanken immer tiefer ein. Willi gab das Zeichen zum Halten. »Hier ist alles sumpfig. Nur der schmale Pfad trägt uns. Das heißt, wir müssen einzeln rüber. Der Russe weiß das und belegt das Sumpfstück ständig mit Feuer. Deshalb müsst ihr schnell und verdammt leise sein. Klaus, du läufst als erster, um uns anschließend Feuerschutz zu geben und dann einer nach dem anderen.«

Als Willi als letzter drüben ankam, standen wir wieder auf festerem Untergrund. Der Graben wurde breiter und alle paar Meter war eine Stellung eingebaut. Eine Männerstimme sagte aus dem Dunkel: »Zeit, dass ihr kommt!«

»Nur nicht nervös werden«, murmelte Willi, »die eine Stunde werdet ihr wohl noch durchhalten«, und zu uns gewandt: »Ihr werdet jetzt auf die einzelnen Bunker verteilt. Das bedeutet Trennung von euren Kame-

raden. Aber die Bunker liegen nur etwa zwanzig Meter auseinander, ihr könnt euch also oft genug sehen.«
Eine Leuchtkugel stieg hoch und erhellte den Graben. Er war ungefähr zwei Meter breit, der Boden mit Knüppeln verstärkt. Die Bunker waren mit Sandsäcken geschützt, die Schießscharten ausgebaut. Als Tür diente eine alte Zeltplane. Rund um die Uhr stand ein Mann Wache.
Rudi sollte in den ersten Bunker. Ehe er noch ein Wort sagen konnte, ertönte laute Marschmusik. Dann meldete sich eine Frauenstimme: »Liebe Kameraden der SS-Polizeidivision. Wir freuen uns, euch hier begrüßen zu können. Das Beste ist, ihr kommt gleich zu uns herüber, denn hier bekommt ihr gutes Essen und schöne Mädchen. Wenn nicht, müsst ihr halt drüben sterben!«
Das kam von den Russen, die ganz nahe waren.
Willi schimpfte: »Die wissen aber auch alles und machen uns die Kameraden verrückt. Macht euch nichts draus, alles nur Propaganda!«
Hänschen Pohl ging in den nächsten Bunker. Beim dritten war ich dran. Als ich die Tür öffnete, schrie eine Stimme: »Parole!«
»Walküre«, antwortete ich.
»Ach, du bist der Neue«, sagte eine Stimme aus dem dämmrigen Hintergrund. »Sind noch Leute draußen?«
Ich nickte.
»Gut, dann kümmere ich mich mal drum.« Der Mann verließ den Bunker.
Ich schaute mich um. An der Wand lagen Männer auf eingebauten Pritschen. Sie rührten sich nicht unter ihren grauen Wolldecken. Ich zählte die Stiefel, die am Fußende hervorlugten. Es waren sechs, also drei Mann. Das waren mit dem, der eben hinausgegangen war, und mir fünf. Das wird eng, dachte ich. Ein warmer Mief lag in der Luft. In der Ecke stand ein kleiner Ofen, in der Mitte ein gezimmerter Tisch, davor zwei Bänke. Eine Kerze verbreitete spärliches Licht. Der andere kam zurück: »Wir kriegen noch einen!« Er gab mir die Hand: »Ich heiße Paul.«
»Grüß' dich, ich heiße Klaus.«
»Hast du letzte Nacht mal schlafen können?«, fragte er.

»Ja, im Ort konnten wir uns hinlegen.«
»Wie schön für euch. Wir hatten Alarm, verstehst du? – Also setz' dich hierher und in zwei Stunden weckst du die Füße hier rechts außen. Alle zwei Stunden wird unser Mann draußen abgelöst. Rund um die Uhr kommt jeder von uns dran. Peter ist der Nächste. – Sonst noch Unklarheiten?«
»Nein«, sagte ich.
»Prima, du kapierst schnell.« Er warf sich auf den freien Platz auf der Pritsche und war im gleichen Moment eingeschlafen.
Vom Eingang kam ein Geräusch. Ich griff nach meiner Pistole und fragte gleichzeitig nach der Parole. Es war Willi. »Du bist schon eingeteilt? Das ging aber schnell.«
Er zählte die Schlafenden und schaute mich an: »Mit mir sind wir sieben. Ich bleibe, wenn's recht ist.«
»Klar, ich freue mich. Kann nicht schaden, jemanden mit Erfahrung dabei zu haben.«
»Gut, dann will ich dir die Sache mal erklären: Am ganzen Frontabschnitt stehen die Männer in ihrem Unterstand und beobachten den Feind. Sehen sie was, schießen sie sofort oder geben Alarm. Dann wird die Meute wach und stürzt hinaus. Hier, die Glocke an der Wand hängt in jedem Bunker und ist mit dem Unterstand verbunden. Der Mann braucht also nur zu ziehen und schon bimmelt es überall. Damit es schnell geht, darf nur in Stiefeln geschlafen werden.«
»Geht das Tag und Nacht so?«, fragte ich.
»Klar, und zwischendurch wirst du noch zum Wasser- und Essenholen eingeteilt. Das sind immerhin ein paar Kilometer zu laufen. Wenn du Pech hast, bist du gerade eingeschlafen, wenn Alarm losgeht. Also mach' dich auf's Schlimmste gefasst. Die Wache hier drinnen ist wichtig, allerdings ist es eine Kunst, bei dieser Funzel wach zu bleiben, aber einer muss ja die Leute wecken. Thema Nummer eins sind hier nicht die Weiber, sondern der Schlaf.«
Es wurde Zeit, die Stiefel namens Peter zu wecken. Er sah uns erstaunt an: »Wer seid ihr denn?«

»Die Ablösung, nein, nur der Ersatz.«
Mit Blick auf die Orden an Willis Brust meinte er: »Ihr habt wenigstens Fronterfahrung.«
»Ich ja, aber Klaus noch nicht!«
»Klaus heißt du also. Ich bin der Peter.«
»Und ich der Willi.«
Wir schüttelten uns die Hand und er verschwand mit seiner Knarre nach draußen. Gleich darauf kam der abgelöste Kamerad zurück. »Hab' schon von euch gehört. Ich heiße Karl und komme aus Berlin.«
Ich sagte erfreut: »Zwei Bunker weiter ist auch ein Berliner. Vielleicht kennt ihr euch!«
»Watt denn, watt denn, Berlin ist doch keen Dorf«, sagte er und dabei fielen ihm schon die Augen zu.
Willi saß bereits am Tisch und murmelte: »Haut euch hin, die Nacht ist kurz!«

Ich hatte wachfrei und saß mit Willi vor dem Bunkereingang. Wir waren mit dem Reinigen unserer Waffen beschäftigt. Vier Tage hatte es ununterbrochen geregnet. Heute war es trocken und kühl. Nach dem Mief des Bunkers atmeten wir die frische Luft tief ein.
»Bist du schon lange bei dem Haufen?«, fragte ich Willi.
Er schaute von seiner Pistole auf und sah mich an: »Schon zu lange!«
»Warst du auch ein Freiwilliger?«
»Klar, ich wollte zwar Jurist werden, aber als mein Vater starb, konnte meine Mutter das Studium nicht mehr bezahlen. Also wurde ich Soldat. Die Ausbildung war wesentlich härter als heute. Bald darauf marschierten wir in Frankreich ein. Hier bekam ich meine ersten Lorbeeren. Wir hatten große Verluste und so wurde ich schnell befördert.«
»Und wofür hast du deine Orden bekommen?«
»Wofür? Das EK bei einem Sturmangriff auf eine wichtige Brücke. Unser Chef erhielt das Ritterkreuz, also mussten sie uns das EK geben. Dreimal wurde ich verwundet, daher das Silberne Verwundetenab-

zeichen. Ein Heimatschuss wäre mir lieber gewesen. Aber lass' uns von was anderem reden.«

Die Post wurde verteilt, was immer wieder ein Ereignis war. Jeder hoffte auf einen Brief von Zuhause. Ging ein Verheirateter leer aus, wurde er dazu noch gehänselt: »Deine Frau hat keine Zeit zum Schreiben, die liegt mit einem Urlauber im Bett!«
Die meisten lachten zwar mit, aber die nagenden Gedanken ließen sich nur schwer vertreiben.
In meinem Brief von daheim stand nicht viel Neues und ich legte mich auf's Ohr. Ich glaubte, erst zwei Minuten geschlafen zu haben, als jemand an meinen Füßen zog: »Aufstehen, du bist Essenholer!«
»Irrtum, ich bin heute nicht dran!«
»Wir wissen, dass Peter dran ist, aber der hat sich am Finger verletzt und kann nicht.«
»Scheiße«, sagte ich und machte mich fertig, »wer geht denn mit?«
»Paul, er wartet schon draußen.«
Das Essenholen war kein Vergnügen, da wir mindestens zwei Kilometer laufen mussten. Zusätzlich wurden oft noch Wasser und Munition mitgebracht. Man war beladen wie ein Maulesel: Auf dem Rücken ein schwerer Rucksack, in jeder Hand einen Essenskübel, um den Hals die Knarre. Damit die Russen keinen Wind davon bekamen, wurden die Abholzeiten ständig geändert, aber immer musste man mit dem ganzen Kram über den Sumpf. Manchmal wurde nicht nur der Kübel, sondern auch der Träger getroffen. Es war eine elende Schinderei.
Bei der Essenausgabe traf ich auf Rudi: »Na, altes Haus, wie geht's?«
»Bescheiden schön«, lachte Rudi, »ich wär' jetzt lieber in Holland, aber es ging uns ja nicht schnell genug. Jetzt sitzen wir in der Kacke.«
Paul rief nach mir: »He, du Pfeife, wo bleibst du denn, soll ich etwa alles allein schleppen?«
»Nein, Herr General! Was gibt's denn heute Gutes?«
»Nudeln mit Gulasch und für jeden eine Flasche Bier.«
Ich grinste: »Schön wär's, aber ich lass' mich nicht verarschen!«

»Wenn du das schön findest, dann pass' mal auf«, und er hievte mir die Last auf den Rücken. Ich ging in die Knie und stellte augenblicklich fest, dass er nicht geschwindelt hatte. Mühsam schleppten wir uns voran, sprangen einzeln über den Sumpf und kamen ohne Verluste rüber. Im Bunker verteilten wir die Rationen. Es hieß: Auskommen bis morgen Abend. Die Nudeln waren noch heiß. Es schmeckte prima.

Oktober 1942

Unsere Division hatte den vor uns liegenden Frontabschnitt mit zirka einem Kilometer besetzt. Tagsüber konnten wir in der Stadt Leningrad Häuser und Fabriken erkennen. Am aufsteigenden Rauch sahen wir, dass in den Fabriken noch gearbeitet wurde. Weil angeblich deutsche Kriegsgefangene dort eingesetzt waren, wurden die Fabriken von unserer Ari verschont. Durch die russischen Lautsprecher tönte es immer wieder: »Wenn ihr schießt, trefft ihr eure eigenen Leute!«
Unsere Nachbardivision bestand aus spanischen Freiwilligen und wurde die »blaue Division« genannt. Da wir den Spaniern mit unserer Legion »Condor« im Krieg geholfen hatten, halfen sie jetzt uns. Sie waren tapfere Soldaten und kämpften unerschrocken, nur mit ihrer Wachsamkeit war es nicht weit her. Als die Russen diese Schwäche einmal mit einem Stoßtrupp ausnutzten, waren die Spanier so überrascht, dass viele keine Zeit mehr fanden, zu ihren Gewehren zu greifen. Sie zückten ihre Messer und kämpften Mann gegen Mann. Kein Russe überlebte.
Die Spanier machten sich außerdem einen Spaß daraus, die Lautsprecher der Russen zu klauen. Keiner wusste, wie sie das schafften. Unsere Offiziere hatten kein Verständnis für solch eine Leichtfertigkeit und so bekamen wir den Befehl, auch noch die Frontseite der Spanier

mit zu beobachten. Wir kamen gut miteinander aus. Ab und zu brachten sie Cognac mit und tauschten diesen gegen deutsche Zigaretten.
Draußen pfiff ein kalter Wind. Die ganze Nacht über hatte es geschneit. Zur Tarnung wurden Schneehemden an uns verteilt. Ich reinigte mein MG. Damit es schneller ging, half Willi mir und ölte den Rückstoßverstärker. Im Ofen knackte das Holz und verströmte eine mollige Wärme. Die Bunkertür wurde aufgestoßen und Paul rief: »Wintersachen empfangen!«
Zwei Tage hatte man die Sachen rangeschafft und nun mussten wir sie abholen.
Willi baute mein MG weiter zusammen und ich verließ den Bunker. Schwer beladen kam ich mit Paul zurück. Wir hatten Pelzmützen, Anoraks – innen mit Pelz gefüttert –, dicke Unterhosen und Strümpfe und für jeden einen Pullover dabei. Paul schleppte zwei Paar riesige Schuhe, sogenannte Wachstiefel, die ich noch nicht kannte.
»Die Dinger sind deshalb so groß, damit du samt Stiefeln reinsteigen kannst und warme Füße behältst. Bei Alarm brauchst du dann nur rauszuhoppsen«, klärte mich Willi auf. Kaum hatte er das Wort Alarm ausgesprochen, als die Glocke in unserem Bunker läutete. Wir schnappten unsere Waffen und liefen los. Schüsse bellten. In der Dämmerung sahen wir Soldaten in Schneehemden. Wir konnten nicht erkennen, ob es unsere oder Russen waren. Jemand rief: »Der Iwan ist bei den Spaniern eingebrochen.« Wir schossen auf alles, was Pelzmützen trug. Willi schrie: »Da, Klaus, schieß!«
Ich sah mehrere Gestalten, die über den Graben sprangen und schoss eine MG-Garbe hinüber. Zwei hoben die Hände. Die Spanier schnappten sie sich. Es herrschte wieder Ruhe. Bei den Spaniern hatte es mehrere Tote gegeben. Unsere Bunkertür wies ein halbes Dutzend Durchschüsse auf. Wir hatten noch einmal Glück gehabt.
Drinnen zog ich mein Schneehemd aus. »Du blutest ja!«, rief Willi und packte meinen Arm. Ich schrie auf, es schmerzte höllisch. Sani Kreuz wurde gerufen. Paul schnitt mir den Uniformärmel auf. »Wieso habe ich denn nichts bemerkt?«, stöhnte ich.

»Es kommt öfter vor, dass man im Eifer des Gefechts nichts spürt. – Da hast du ein schönes Loch am Ellenbogen.«

Kreuz war inzwischen eingetroffen und legte mir einen festen Verband an. »Du musst zum Hauptverbandsplatz, wer weiß, wie tief das sitzt. Kannst du allein gehen?«, fragte er.

»Ich glaube schon, den Weg kenne ich ja.«

»Hol' Peter mit, der muss mit seinem Finger auch mal zum Arzt«, meinte Willi.

Kreuz sah sich den Finger an: »Mensch, bist du meschugge, der ist doch schon voller Eiter!«

Willi klopfte mir zum Abschied auf die Schulter: »Jetzt hast du den Heimatschuss, auf den ich gewartet habe.«

Wir brachen auf. Rudi wollte gerade auf Wache ziehen: »Was ist denn mit dir? Bist du verwundet?«

Ehe ich antworten konnte, meinte Peter: »Nee, der trägt seinen Arm immer so.«

Rudi schnauzte ihn an: »Red' keinen Scheiß. Was ist passiert?«

Ich hatte nicht viel Zeit, weil die Schmerzen immer stärker wurden. Ich berichtete ihm knapp und verabschiedete mich: »Mach's gut, Rudi!«

»Du weißt ja, wo ich in Berlin wohne, melde dich mal, wenn es länger dauert«, rief er mir hinterher.

Das Brennen in meinem Arm wurde so unerträglich, dass ich es nicht mehr bis zum Hauptverbandsplatz schaffte. Wir meldeten uns beim Sanitätsbunker. Der Sani wollte uns schon wegschicken: »Hier ist nicht der HVP, ihr müsst weiter!«

Peter ließ sich nicht abweisen: »Was soll der Stuss, Klaus hat Schmerzen, er muss zum Arzt.«

Ein junger Mann steckte den Kopf aus der Tür. Peter zeigte auf meinen Arm.

»Kommt schon rein«, sagte er.

In der Mitte des nüchternen Raumes stand ein langer Tisch mit Medikamenten und Instrumenten. Über den Feldbetten an der Wand hing ein Kalender. Das Datum zeigte den 24. Oktober '42. Mein Geburts-

»Der Bus rollte durch eine verschneite Stadt.«

tag. Ich wurde heute achtzehn.
Der Arzt untersuchte meinen Arm und meinte, dass kein Knochen verletzt sei, aber das müsse endgültig die Röntgenaufnahme klären. Peters Finger wurde aufgeschnitten. Anschließend bekamen wir Feldbetten zugewiesen. Am anderen Morgen sollte ich zum HVP gebracht werden.

Ein Sani weckte mich: »Steh' auf, gleich ist Visite!«
Ich musste mir erst einmal klarwerden, wo ich überhaupt war. Trotz meiner Verwundung hatte ich die ganze Nacht tief und traumlos geschlafen. Während der Sani meinen Verband öffnete, entdeckte ich einige Ansichtskarten, die über meinem Bett hingen: »Mensch, das ist ja unsere Porta Nigra!«
»Die kennst du?«
»Aber sicher, ich bin doch aus Trier.«
»Stell' dir vor, ich komme aus Konz.«
Er erzählte, dass er nach einer Verwundung hier geblieben war, um als

Sanitäter zu arbeiten. Als ich mit dem Arzt zum HVP fuhr, rief er mir nach: »Grüß' mir die Heimat!«

Auf dem Hauptverbandsplatz wurde der Arm geröntgt, frisch verbunden und ein Monstrum von einem Drahtgestell darunter befestigt. Das Ding störte ungemein, denn bewegen konnte ich den Arm jetzt überhaupt nicht mehr.

Am Nachmittag wurden alle Verwundeten zum Bahnhof gebracht, wo Lazarettzüge bereitstanden. Als alle Liegendkranken untergebracht waren und der Zug sich in Bewegung setzte, freute ich mich, dass es in Richtung Heimat gehen sollte. Nach vier Stunden Fahrt hielt der Zug und eine Stimme schrie: »Alles, was bei der SS ist und laufen kann, raustreten!«

Verwundert schaute ich die anderen an. Draußen musste ich mit mehreren Kameraden in einen Bus steigen. Bevor wir abfuhren, las ich auf einem Schild »Riga«. Warum man uns hier aus dem Zug geholt hatte, war uns ein Rätsel.

Der Bus rollte durch die Straßen der Stadt. Frauen räumten Schnee von den Bürgersteigen, Kinder bewarfen sich mit Schneebällen. Wir kamen zu einer Parkanlage und sahen durch Tannen hindurch ein langgestrecktes weißes Gebäude. Auf dem Dach wehte die Rotkreuz-Fahne. Schwestern in blütenweißen Kitteln standen vor dem Eingang, um uns zu empfangen. Sie führten uns die Treppen hinauf in einen geräumigen Saal mit etwa zwanzig Betten, auf denen Schlafanzüge für uns bereitlagen. Ich hatte einige Schwierigkeiten mit meinem Drahtgestell und musste mir helfen lassen. Als ich im Bett lag und den Duft frischer Wäsche roch, erschien mir alles wie ein kleines Wunder nach den sechs Wochen, die ich im Bunker unter primitivsten Umständen verbracht hatte. Im Zimmer stand sogar ein Radio. Darüber hinaus versorgte man uns mit Zeitungen, in denen wir allerdings keine erfreulichen Nachrichten entdeckten.

Die sechste Armee mit 284 000 Mann war in Stalingrad eingeschlossen. Hitler hatte befohlen, die Stadt unbedingt zu halten, und zog von allen Fronten Truppen ab, um den Eingeschlossenen zu helfen. Es wurde um

»Die Luft war eisigkalt.«

jedes Haus gekämpft. Den Panzern war der Treibstoff ausgegangen. Sie konnten nicht mehr eingreifen. Überall fehlte es an Nachschub. Die Russen waren mit frischen Truppen aus Sibirien verstärkt worden und leisteten erbitterten Widerstand, dazu machten die Partisanen den deutschen Soldaten schwer zu schaffen. Die Luftwaffe flog weiterhin Waffen in die Stadt und transportierte auf dem Rückweg Verwundete.

Wenn wir das alles lasen, konnten wir froh sein, im Lazarett zu liegen. Hier wurde man nur beim Anblick der Soldaten mit amputierten Armen und Beinen an den Krieg erinnert. Selbst bei ihnen war keine große Traurigkeit festzustellen, wenn sie zynisch bemerkten, dass für sie der Krieg vorbei sei.

Kaum hatten wir uns eingelebt, wurden alle, die zur SS gehörten, wieder verlegt. Auf der etwa vierzig Kilometer langen Fahrt von Riga nach Mitau kamen wir an einem Hafen vorbei, der stellenweise bereits zugefroren war. Schneeräumkommandos kippten die Schneeberge einfach ins Hafenbecken.

Neben mir saß ein Verwundeter, der ein Bein und die linke Hand verloren hatte. Er sprach kein Wort. Während der ganzen Fahrt starrte er auf ein Foto, das er in seiner rechten Hand hielt.

Unser neues Domizil war sehr weitläufig und noch besser ausgestattet als das in Riga. Wir bezogen kleinere Zimmer mit nur sechs Betten. Der Gebäudekomplex bestand aus dem Haus eins für die leichten Fälle und dem Haus zwei für Liegendkranke. Im Haus drei waren die Operationssäle und die Röntgenabteilung untergebracht. Außerdem gab es noch eine Augenklinik, ein Prothesenhaus und Gymnastikräume. Die Häuser waren durch lange Gänge miteinander verbunden. An einem Kiosk konnten wir uns mit Bier, Zigaretten und Süßwaren versorgen. Es fehlte uns an nichts. Oft saßen wir im Raucherzimmer und unterhielten uns. Meist sprachen wir vom Krieg. Nach drei Tagen Aufenthalt verlieh man mir das Verwundetenabzeichen und ich musste eine Runde ausgeben. Ab und zu besuchten uns hübsche lettische Mädchen, die immer nur in Gruppen auftraten.

Langsam begann meine Wunde zu heilen. Als hoher Besuch angesagt war – es wurde ein General erwartet, der alle drei Monate erschien und alles, was kriechen konnte, zurück an die Front schickte – saßen wir mit abgewickelten Verbänden auf unseren Betten, damit der General sich die Verwundungen anschauen konnte. Als er nach langem Warten endlich in Begleitung von fünf Ärzten erschien und an mein Bett trat, hatte ich keine Bedenken, denn über meiner Verletzung hatte sich erst eine hauchdünne Hautschicht gebildet. Er griff nach meinem Arm und versuchte, ihn zu bewegen. Ich schrie laut auf. »Stellen Sie sich nicht so an«, brüllte er gleich los. Eine Schwester mischte sich ein mit der Bemerkung, dass mein Arm seit sechs Wochen im Gestell liege und ich ihn noch nicht bewegen könne. Im gleichen Moment bog er meinen Arm durch. Die neue Haut platzte, Blut spritzte auf seine Uniform. »Verdammte Sauerei, schnell, verbinden Sie«, fuhr er einen Arzt an und verließ das Zimmer. Ich war in die Kissen zurückgefallen. Mir wurde übel vor Schmerzen. Der Arzt gab mir eine Spritze. Der General sah sich nach mir keine Patienten mehr an. Die anderen freuten sich und kamen zu mir herüber, ich aber lag von Schmerzen gepeinigt im Bett.

Dezember 1942

Es schneite ununterbrochen. Die Luft war eisigkalt. Während wir in unseren Krankenzimmern Sterne und Kugeln aus Papier bastelten und damit die aufgestellten Tannenbäume schmückten, erlebten unsere Truppen draußen an der Front einen weiteren harten Winter. Wo vorher Schlammlöcher waren, fror jetzt alles zu. Man konnte sich nicht eingraben und hatte wenig Schutz.

Stalingrad war noch immer eingeschlossen. Die Essensrationen wurden von Woche zu Woche kleiner. Auch an Munition musste gespart werden. Alle Entlastungsangriffe scheiterten. Die Situation wurde langsam aussichtslos.

Am Heiligen Abend machte der Chefarzt die Versammelten in seiner Ansprache darauf aufmerksam, wie gut es uns im Vergleich zu den Frontsoldaten gehe. Wir waren im großen Speisesaal zusammengekommen. Am Weihnachtsbaum, der vor dem Fenster stand, brannten Kerzen. Mir war ganz feierlich zumute und ich musste an die Heiligabende daheim denken. Einige der Kameraden, die verheiratet waren und Kinder hatten, wischten sich verstohlen die Tränen ab. Die Schwestern schenkten jedem von uns eine Kleinigkeit. Auch wir hatten in den letzten Tagen für sie gesammelt. Am Morgen war Post von zu Hause gekommen. Meine Mutter schrieb, es gehe ihr gut. Mein Vater arbeite noch immer in Trier. Meine Schwester habe inzwischen in Frankreich geheiratet.

Das Gestell unter meinem Arm brauchte ich nicht mehr zu tragen, obschon ich den Arm ständig angewinkelt hielt. Strecken konnte ich ihn noch nicht. Nach Neujahr wartete die Folterkammer in Haus drei auf mich. In einem großen Saal standen etliche Metallsessel, in denen wir, je nach Art der Verwundung, angeschnallt wurden. Der Sanitäter, er wurde nur Folterknecht genannt, betätigte draußen im Gang einen Schalter, der die Stühle rhythmisch in Bewegung versetzte. Egal wie stark die Schmerzen wurden oder wie laut wir schrien, wir wurden gnadenlos durchgeschüttelt. Die steifen Knochen sollten wieder locker werden. Erst nach zehn Minuten beendete der Sanitäter die Quälerei. Nicht selten bekam er nach einer solchen Tortur eine Krücke an den Kopf.

Ende Januar konnte ich meinen Arm wieder strecken und es wurde mir mein Entlassungsschein ausgehändigt. Ich hatte mich schon seelisch und moralisch auf die Front eingestellt, um so überraschter war ich, als ich »Genesungskompanie Holland« auf dem Schein las.

Februar 1943

Im Zug nach Holland erfuhr ich, dass Stalingrad inzwischen wieder den Russen gehörte. Die deutsche Armee hatte kapituliert. Man erzählte, dass 90 000 Mann in Gefangenschaft geraten und fast noch einmal so viele gefallen, erfroren oder verhungert seien.

In Berlin musste ich umsteigen. Ich dachte an Rudi und beschloss, die Fahrt kurz zu unterbrechen. In der Bahnhofsmission trank ich Kaffee und ließ mir Brote geben. Mit einem Bus fuhr ich zur U-Bahnstation. Auch in Berlin waren die ersten Trümmer zu sehen. Ich fuhr mit der Bahn bis zum Alexanderplatz. Das Haus hatte ich schnell gefunden und trat in einen dämmrigen Hausflur. Es roch nach Kohl und verbrannten Zwiebeln. Die ausgetretenen Holzstufen knarrten, als ich die Treppe hinaufstieg. Am Türschild Kleiwitz auf der zweiten Etage drückte ich auf die Klingel, aber nichts rührte sich. Ich klingelte noch einmal. Jemand sah durch den Türspion, dann wurde die Tür einen Spalt geöffnet. Ich konnte ein Mädchengesicht erkennen.

»Sind Sie Fräulein Lotte? Ich wollte mich nach Rudi erkundigen. Wir sind Freunde und waren zusammen in einer Kompanie.«

»Woher kennen Sie denn meinen Namen?«

»Von Rudi«, sagte ich, »er hat mir viel von Ihnen erzählt.«

Die Tür wurde weiter geöffnet und eine Frau in mittleren Jahren erschien hinter dem Mädchen und bat mich herein. Sie führte mich in ein kleines, ungeheiztes Wohnzimmer. »Sie sind ein Freund von Rudi?«

»Ja, wir kamen zusammen an die Front. Als ich verwundet wurde, haben wir uns aus den Augen verloren.«

Sie ging zum Schrank und brachte mir ein Gruppenfoto, das in Holland von uns aufgenommen wurde. »Zeigen Sie mir Rudi«, sagte sie.

Mir kam das alles etwas sonderbar vor und ich zeigte auf das Bild: »Hier ist Rudi und das bin ich!«

Sie schluchzte plötzlich laut auf: »Rudi ist gefallen!«
Ich stammelte nur: »Mein Gott, wann?«
Sie öffnete eine Schublade und reichte mir einen Brief. Ich las: »Beim Angriff am Ladogasee gefallen für Führer, Volk und Vaterland. 21.11.1942.«
Ich legte den Brief vor mich auf den Tisch. Lotte saß auf dem Sofa und bedeckte ihr Gesicht mit den Händen. Erst jetzt bemerkte ich, dass beide Frauen schwarze Kleidung trugen. Rudi, mein bester Kamerad, der größte Schneider aller Zeiten, war tot. Was sollte ich noch hier in der Wohnung? Mir fielen keine tröstenden Worte ein, die ich den beiden Frauen hätte sagen können. Ich murmelte einen kurzen Abschiedsgruß und dass es mir sehr leid tue und verließ die Wohnung.

Wie benommen saß ich im Zug. Die Landschaft flog an mir vorbei. Draußen lag die Welt in Schutt und Asche. Die Menschen schauten müde zu unseren Abteilfenstern hoch, niemand winkte. Nach zwölf Stunden Fahrt, unterbrochen von Fliegeralarm, erreichten wir Holland. Unsere Genesungskompanie war in Laren untergebracht, wo wir ausgebildet worden waren. Mein alter Hauptscharführer erkannte mich sofort wieder: »Na, Jacobs, wo du bist, kann auch Kleiwitz nicht weit sein!«
»Der ist gefallen, Hauptscharführer!«
Er schaute mich betroffen an: »Das kann doch nicht wahr sein. Ihr wart doch alle noch Kinder. Ich sehe euch noch rumlaufen wie eine Hammelherde. Ja, und noch was. Euren Unterscharführer haben sie erschossen.«
»Was?«, fragte ich erstaunt.
»Selbstverstümmlung. Auf dem Weg zur Front hat er sich durch die Hand geschossen und versucht, es als Unfall darzustellen. Sein Pech war, dass einer ihn beobachtet hat.«
Ich schüttelte den Kopf: »Ausgerechnet der Uscha, der Scharfmacher der Nation.«
»Übrigens, bei unserem Arzt hier musst du aufpassen, das ist eine rich-

tige KV-Maschine. Der schreibt alles frontfähig, was nur einigermaßen laufen kann. Am besten ist, du jammerst ihm ein bisschen was vor.«

Am nächsten Tag erhielt ich meinen Laufzettel, auf dem der Arzt nur ankreuzen musste »Frontfähig«, »Bedingt einsatzfähig«, »Schonung«, »Kriegs verwendungsfähig«, »Genesungsurlaub«. Mit zirka sechzig Leuten wartete ich im Vorraum. Wir wurden einzeln aufgerufen. Die meisten Kameraden machten lange Gesichter, als sie herauskamen. Für mich sah ich keine Chance, wollte daher nicht rumjammern und fand mich mit der Front ab. Als ich aufgerufen wurde und das Zimmer des Arztes betrat, machte ich meine Meldung: »Klaus Jacobs, verwundet am 24. Oktober '42, linker Unterarmdurchschuss, KV.«
Ich zuckte zusammen als er losbrüllte: »Wer ist hier KV? Sind Sie der Arzt oder ich? Noch bestimme ich, was Sache ist. Und nun machen Sie, dass sie rauskommen!«
Damit drückte er mir den Schein in die Hand. Verdattert kam ich zu den anderen.
»Was war denn los? Warum hat der so gebrüllt?«
»Ach, der spinnt. Als ich KV sagte, ging der hoch wie eine Rakete.«
Erst jetzt schaute ich auf meinen Zettel: »14 Tage Genesungsurlaub« war angekreuzt.
Als ich in der Schreibstube meinen Urlaubsschein beantragte, lachte sich mein Spieß halb tot, als ich ihm die Geschichte erzählte.
»Das ist ein guter Tipp, den muss ich mir merken für einen, den ich gerne auf Urlaub schicken will. Hier hast du deinen Schein und hau ab, ehe es sich der Arzt noch anders überlegt.«
Remy, ein kräftiger, blonder Kerl, der mit mir auf der Stube lag, hatte ebenfalls einen Urlaubsschein und so packten wir unsere Sachen und machten, dass wir fort kamen.

Urlaub 1943

Kurz vor Euskirchen packte Remy seine Tasche aus und meinte, ich könne den Kram mit nach Hause nehmen. Ich staunte nicht schlecht, als eine Hartwurst, zwei Dosen Leberwurst, ein Pfund Butter, Käse und ein Glas Honig zum Vorschein kamen.
»Mann, Remy, das nehme ich gerne mit, aber wieso willst du es denn nicht?«
»Ich komm' doch von einem Hof in der Eifel. Morgen ist Kirmes und da haben meine Leute wie immer geschlachtet.«
In Euskirchen stieg ich um und wir trennten uns. Ich freute mich auf daheim, zumal ich etwas zum Essen beisteuern konnte.
Auf dem Flur des Krankenhauses roch es nach Karbol und Chloroform. Ich betrat das Zimmer Nr. 317, in dem meine Mutter lag. Sie hatte sich so auf unser Wiedersehen gefreut und mich zu Hause mit einem Kuchen empfangen. Am ersten Abend gingen wir gemeinsam ins Kino. Meine Mutter wollte unbedingt den neuen Film »Münchhausen« mit Hans Albers sehen. Am nächsten Morgen, als ich sie wecken wollte, bemerkte ich das viele Blut. Ich lief zu unserem Bäcker und rief von dort den Krankenwagen. Jetzt lag meine Mutter blass und ängstlich in ihren Kissen. Ich wartete auf den Arzt und das Resultat der Untersuchung.
Ein großgewachsener Mann mit dichtem blonden Haar, er trug einen Arztkittel, kam ins Zimmer. Er erklärte mir, dass man einen Eingriff im Unterleib meiner Mutter vornehmen müsse. Er brauche meine Erlaubnis. Falls ich noch weitere Angehörige hätte, solle ich sie benachrichtigen. Ich glaubte schon, dass Lebensgefahr für meine Mutter bestünde, aber dann verstand ich. Es ging um Sonderurlaub für meinen Vater und meine Schwester.
Mit einer Dringlichkeitsbescheinigung musste ich zum Stadtkommandanten. Von dort aus telefonierte ich mit meinem Vater, der inzwischen

wieder in Belgien war, und mit Trudel. Beide trafen anderntags innerhalb einer Stunde am Bahnhof ein. Meine Schwester kam mir irgendwie fülliger vor. Als wir unseren Vater bei der Begrüßung anlächelten, wunderte er sich. Er hatte acht Tage Urlaub aufgrund eines Todesfalles - bekommen und war nun sehr erleichtert, dass es sich nur um einen chirurgischen Eingriff bei Mutter handelte. Wir drei fuhren sofort vom Bahnhof zum Krankenhaus. Mutter hatte viel Blut verloren, aber nur Vater hatte die richtige Blutgruppe und konnte gleich spenden.
»Jetzt geht es Mutter noch schlechter als vorher«, sagte ich zu ihm.
»Wieso denn das?«
»Weil sie jetzt auch noch mit deinem Durst geplagt ist.«
»Pass' bloß auf!«, sagte er lachend.
»Wann bekommst du denn dein Kind?«, fragte er meine Schwester.
Ich stutzte: »Du bekommst ein Kind?«
»Ja meinst du denn, ich wär' immer so dick?«
»Das ist vielleicht ein Urlaub! Jeden Tag eine neue Überraschung!«, sagte ich kopfschüttelnd.
So oft wie möglich besuchte ich meine Mutter im Krankenhaus. Sie erholte sich rasch. Als mein Urlaub zu Ende ging, ließ Trudel sich krank schreiben. Mein Vater bekam Urlaubsverlängerung.
Am Bahnhof in Eindhoven stieß ich wieder auf meinen Kumpel Remy aus der Eifel. Gerade erst in Laren angekommen, bekamen wir gesagt, dass am nächsten Tag ein Transport an die Front gehe. Wir hatten nichts anderes erwartet.

Frühjahr 1943

Bis zur polnischen Grenze fuhren wir in einem Personenzug. Von dort ging es mit einem Güterzug weiter. Mit mir im Abteil lagen Remy und ein Elsässer, der ursprünglich bei den Franzosen gegen uns gekämpft hatte. Nachdem er in Gefangenschaft geraten war, meldete er sich freiwillig zur SS. Nach einer Verwundung kam er zur Polizeidivision. Diesmal waren wir nur Männer mit Fronterfahrung.
Unsere Waggontür ließen wir während der Fahrt offen. Einer schob immer Wache wegen der Partisanen. Als der Zug plötzlich hielt, hieß es aussteigen mit Gepäck und Waffen. Nach einer halben Stunde Fußmarsch erreichten wir ein Lager, das aus etwa zwanzig Baracken bestand. Auf einem Schild las ich »Beritza«. Die Mittagssonne brachte den Schnee zum Tauen und ließ uns im Matsch versinken. Remy fragte einen Soldaten, wo wir gelandet seien, und bekam zur Antwort, dies sei ein Auffanglager zur Front. Für jede Division gab es eine Meldestelle und so konnten wir hoffen, unsere alten Kameraden wieder zu treffen.

Wir hatten gerade eine Suppe gelöffelt, die unser Franzmann organisiert hatte, als mir jemand auf die Schulter klopfte. »Kreuz!«, rief ich und fiel ihm um den Hals. »Unser Doktor, das ist ja ein Ding! Warst du auch verwundet?«
»Nein, ich hatte Sonderurlaub. Unser Haus ist zerbombt worden.«
»Erzähl', was machen die anderen?«, forderte ich ihn auf.
»Rudi und Hänschen Pohl sind gefallen. Der dicke Unger hat ein Bein verloren. Willi hat nur einen Streifschuss am Arm abgekriegt.«
»Mein Gott, Kreuz! Von Rudi wusste ich schon, aber nichts von den anderen. Wo ist denn Pohl gefallen?«
»Alle beim gleichen Angriff. Es gab viele Tote.«

»Die Mittagssonne brachte den Schnee zum Tauen und ließ uns im Matsch versinken.«

»Kriegsgefangene bauten Knüppeldämme.«

Das Tauwetter verstärkte sich. Es tropfte unablässig von Bäumen und Barackendächern. Wir wateten nur noch durch Matsch. Kriegsgefangene bauten Knüppeldämme, damit man überhaupt durch das Lager gehen konnte.
Als es endlich weiterging, waren wir erleichtert. Die Richtung war klar: »Frontabschnitt Leningrad«. Sobald unser Zug irgendwo anhielt, kamen polnische Zivilisten, um Tauschgeschäfte zu machen oder um Brot zu erbetteln. In Tschudovo, wo sich die Bahnlinie Leningrad-Moskau kreuzte, stiegen wir aus. Von hier ging es mit Lkw's weiter über einen morschen und durchgefahrenen Knüppeldamm. Wir wurden durchgeschaukelt oder blieben im Schlamm stecken. Dann hieß es absteigen und schieben. Der Knüppeldamm war sozusagen die Hauptstraße und entsprechend war auch der Verkehr. Der Nachschub musste schließlich rollen.

In Gatschina war vorläufig Endstation. Als wir in einer Scheune übernachteten, hörten wir in der Ferne Kanonendonner, die Front war also nicht mehr weit. Bei Tagesanbruch marschierten wir weiter bis zum Ladogasee. Man verteilte uns auf Blockhäuser. Ich blieb mit Remy, dem Elsässer und Kreuz zusammen. Der See war nur noch zur Hälfte zugefroren und so bestand keine Gefahr, dass der Russe herüberkonnte, trotzdem waren sämtliche Stellungen Tag und Nacht besetzt. Etwa einen Kilometer hinter uns baute die »Organisation Todt« eine neue Stellung mit Panzergraben aus, in die wir nach Fertigstellung einziehen sollten. Nachts verteilten wir vor der Stellung Spanische Reiter (Stacheldraht) und halfen mit beim Bau von Schießscharten. Während unserer Arbeit belegte der Russe uns des öfteren mit Artilleriefeuer. Das ging vor allem den Offizieren mächtig an die Nerven. Drei von ihnen wurden seltsamerweise innerhalb von vierzehn Tagen magenkrank und ließen sich ablösen. Einer lag bei jedem Schuss, der von drüben abgefeuert wurde, flach am Boden. Wir fragten uns, wo er wohl sein EK her hatte.

Von der gegenüberliegenden Seite des Sees stieg Rauch auf. Wahrscheinlich kochten sich die Russen etwas. Bei der Kälte konnte man genau am Rauch ausmachen, wo sich die feindlichen Bunker befanden. Uns war klar, dass der Russe die Lage unserer Bunker ebenfalls kannte. Remy hatte Fieber und Schüttelfrost. »Scheiß' drauf«, sagte ich zu ihm, »jetzt mache ich ein Feuer, egal, ob es verboten ist.« Als das brennende Holz heimelig knisterte und eine mollige Wärme durch den Bunker zog, wurde die Tür aufgestoßen und vor mir stand ein Untersturmführer. Jung, schlank, sehr groß, ein richtiger Bilderbuch-SS-Mann. Ich machte Meldung: »Obergrenadier Jacobs beim Feuermachen. Ein Kamerad ist krank...«

Er ließ mich nicht ausreden und fuhr mich an, ob ich uns alle an die Russen verraten wolle. Ich würde noch von ihm hören – und draußen war er. Remy meinte ängstlich, ich solle lieber das Feuer ausmachen.

»Der kann mich mal. Hast du gesehen, seine Brust war blank, kein Orden, nichts. In zwei Wochen ist auch er magenkrank.«

Ein Melder kam herein: »Alles, was gesund ist, draußen antreten! Wir haben einen neuen Kompaniechef. Er heißt Hübner.«

»Er hat sich uns bereits persönlich vorgestellt«, meinte ich lachend.

Als wir angetreten waren, kam Hübner ohne Umschweife zur Sache. »Was ist das hier für ein Sauhaufen! Ich verlange, dass die Uniform angezogen und der Stahlhelm aufgesetzt wird.«

Wir stürmten los und standen fünf Minuten später wieder in Reih und Glied vor ihm. Er stellte sich als neuer Kompaniechef vor und faselte etwas von »Zucht rein kriegen«. Ich hörte kaum noch hin. Erst als mein Name fiel, horchte ich auf: »Drei Tage verschärfter Arrest wegen Verbotsübertretung!«

Am Abend saßen wir mit vierzehn Leuten im Bau. Der eine hatte Arrest bekommen, weil er die Schuhe ausgezogen hatte, der andere hatte nicht vorschriftsmäßig gegrüßt. Unser Neuer fand ständig einen Grund, uns einzusperren. Mit der Zeit ging er uns allen mächtig auf die Nerven. Er hielt Appelle ab und ließ uns sogar exerzieren. Wir waren rund um die Uhr beschäftigt.

»Eins steht fest«, sagte Remy, »alt wird der hier draußen nicht, lass' nur mal die Russen angreifen!«
Hübner trat im strömenden Regen in tadellos sitzender Uniform und in blankgeputzten Stiefeln vor die Kompanie: »Männer, heute Abend beziehen wir unsere neuen Stellungen. Vorher wird unsere Artillerie ein Sperrfeuer legen. Unter diesem Feuerschutz ziehen sich die Kameraden aus den vorderen Linien zurück. Wir haben die Aufgabe, den eventuell nachrückenden Feind aufzuhalten, bis alle ihre Plätze bezogen haben. Die jetzige Frontlinie wird aufgegeben. Unsere bisherige Stellung wird zur Front.«

Als es dunkel wurde, marschierten wir los, ich mit meinem MG vorn, die anderen hinter mir. Der neue Graben war gut ausgebaut und mit Holz verstärkt worden. Oben auf dem Bunker und ringsherum lagen Sandsäcke. Von den Schießscharten hatte man ein gutes Schussfeld. Die Gehwege waren trocken, eine Rinne ließ das Grundwasser ablaufen.
Ein Bunker, der einer Festung glich, fiel uns besonders auf.
»Seht mal das Scheißhaus dahinten, bombenfest«, sagte Remy, »ist alles für den Hübner!«
»Die werden dem doch nicht so ein sicheres Klo bauen, da ist sonst was drin«, meinte ich.
»Typisch Klaus, schau dir doch mal die Tür an. Siehst du das Herzchen?«
»Tatsächlich.«
Wir diskutierten noch über das Scheißhaus, als ein Rottenführer uns einteilte. Wir vier blieben zusammen. Gerade waren die Stellungen bezogen, als das Sperrfeuer von unserer Seite einsetzte und die Granaten über unsere Köpfe hinwegflogen. Unsere Leute kamen einzeln über das Gelände gelaufen. Sobald der Russe Leuchtkugeln hochschoss, lag alles flach. Zwei neue Kameraden, Harry und Alfons, stießen noch zu uns. Kreuz kam aus dem Bunker zu mir herübergelaufen: »Was glaubst du, wer bei uns da drin ist? Das rätst du nie! – Willi!«
»Unser Willi?«
»Genau, unser Willi!«

Ich wollte schon aufspringen, als mir jemand auf den Rücken schlug. Willi war inzwischen zum Hauptscharführer befördert worden. Er ließ sich den ersten Zug zuteilen, zu dem wir gehörten. Wir waren erleichtert, da wir wussten, dass wir bei Willi gut aufgehoben waren und uns jederzeit auf ihn verlassen konnten.

Ganz in unserer Nähe lag die Division »Hitlerjugend«, eine erstklassig ausgebildete junge Mannschaft, die allerdings über keine Fronterfahrung verfügte. Irgendwie musste der Russe dies in Erfahrung gebracht haben, denn schon am ersten Tag griff er die Division an. Nachdem eine halbe Stunde lang ein gewaltiges Trommelfeuer auf ihre Stellungen niedergegangen war, ging der Russe zum Angriff über, aber er erlebte sein blaues Wunder. Die Jungs, ausgerüstet mit modernsten Waffen wie MG 42 und Panzerfäusten, rieben den Gegner vollkommen auf und jagten ihn in die Flucht. Ohne nennenswerte Verluste hatte die Division »Hitlerjugend« gleich zu Anfang ihre Stärke gezeigt. Bei uns blieb es indes noch ruhig. Wir konnten nicht ausmachen, ob der Iwan schon unsere alten Stellungen bezogen hatte. Vielleicht rechnete er mit Minen oder vermutete eine Falle.

Hübners Weg zum Scheißhaus war ihm immer noch nicht sicher genug. Im Morgengrauen ließ er Grasnarben ausstechen und damit einen Schutzwall bauen.

Der Russe hatte überall Scharfschützen postiert, die auf jede Bewegung reagierten. So mussten einige Kameraden ihr Leben lassen oder wurden verwundet. Willi tobte und wollte sogar Meldung machen. Wir versuchten, ihn zu beruhigen.

»Aber es ist doch unglaublich«, brauste er auf, »da kommt zu Hause ein Brief an, für's Vaterland gefallen, und dabei war's nur für den Heini hier, damit er in Ruhe scheißen kann.«

Bei der Postverteilung war ein Brief für mich dabei. Meine Mutter war wieder ganz gesund, meine Schwester hatte einen Sohn bekommen.

Stolz verkündete ich, dass ich Onkel geworden sei. Harry verlangte gleich Geld von mir, er wollte was Ordentliches zum Trinken besorgen. Tatsächlich kam er mit einem ausgezeichneten Cognac wieder.
»Wo hast du denn den organisiert?«, fragte ich erstaunt.
»Hübners Bursche hat ihn beim Verpflegungsoffizier ganz legal gekauft, nur angeblich für seinen Chef.«
Ein doppelter Grund für uns, die Flasche zu leeren.

Ein Melder, der von Stellung zu Stellung hastete, berichtete uns, dass erhöhte Wachsamkeit geboten sei, beim Iwan tue sich was. Schnell füllten wir unsere Munition auf und legten einen Vorrat an. Remy gurtete die MG-Munition zusammen, um längeres Dauerfeuer geben zu können.
Bei Anbruch der Nacht warteten wir auf die Russen. Jedes Geräusch, das vom Wald her kam, von wo wir den Feind erwarteten, ließ uns aufschrecken. An Schlafen war nicht zu denken. Es war stockfinster. Man sah kaum die Hand vor Augen. Remy war ebenfalls wach. Die Stunden schlichen dahin. Es tat sich nichts. Um uns von der Angst abzulenken, erzählten wir uns von daheim. Remy wollte später einmal den Hof seiner Eltern in dem kleinen Dorf in der Eifel übernehmen. Er hatte noch drei Schwestern und einen jüngeren Bruder. Die Arbeit auf dem Feld und mit den Tieren mache ihm Spaß, meinte er. Jede Kuh im Stall kannte er mit Namen. In seiner Nachbarschaft wohnte ein Mädchen, Hedwig, die ebenfalls auf dem elterlichen Hof mithalf.
»Sie ist sehr hübsch«, schwärmte Remy, »und sie kann anpacken. Sonntags in der Kirche schaue ich immer von der Empore auf ihren dicken schwarzen Zopf. Von der Messe kriege ich nichts mit, aber ich geh' sowieso nur zur Kirche, weil alle im Dorf gehen. Einmal, an unserer Kirmes, hab' ich mit Hedwig getanzt. Ich hatte solche Angst, ihr auf die Füße zu treten, dass ich glatt vergessen habe, ein Wort mit ihr zu reden.«
»Schreibst du ihr?«
»Ja, manchmal. – Sie schreibt mir auch, aber meistens nur, dass sie schon das Heu drin haben oder bald die Kartoffeln ausmachen. Einmal

schrieb sie, dass sie abends vor dem Einschlafen für mich bete.«
Ich beneidete Remy, dass er schon Pläne für die Zeit nach dem Krieg schmiedete und von einem Mädchen träumen konnte.

Plötzlich, gegen Morgen, bellten Schüsse aus dem Wald, ein Trommelfeuer begann. Vier Stunden feuerte der Russe aus allen Rohren auf die ganze Frontbreite. Bei jedem Zischen zog ich den Kopf ein, obwohl mir klar war, was man hört, trifft einen nicht mehr. Unsere Spähtrupps hatten große Truppenansammlungen beobachtet. Sogar Panzer und Lastwagen mit aufgebauten Stalinorgeln sollten dabei sein. Angespannt wartete unsere Kompanie auf den Angriff und blieb in Alarmbereitschaft. Keiner durfte schlafen. Den ganzen Tag über tat sich wieder nichts.
»Die wollen uns zermürben, bis wir alle nervös werden und weglaufen«, meinte Kreuz.
Als es dunkel wurde, begann unsere Ari unvermutet zu schießen.
Willi rief: »Alles fertigmachen mit sämtlichem Gepäck, wir ziehen uns auf andere Stellungen zurück.«
Durch unser Feuer aufgeschreckt, hörte der Russe kurz mit dem Schießen auf. Wir liefen alle auf ein Kommando über den Graben nach hinten. Hier war eine alte Stellung, in der wir uns einigelten.
Inzwischen hatte der Russe die blaue Division angegriffen und stieß durch. Auf einer Breite von einem Kilometer ließ General Lindemann den Feind durch. Die Wehrmacht kam von Süden und wir von Norden und kreisten die Russen ein. Es hieß, dass wir mindestens 20 000 Mann umzingelt hätten.

Ich lag mit Remy im Gelände, vor mir mein MG. Wir warteten auf den Ausbruchsversuch der Russen.
»Mist«, sagte ich, »ich habe hier kein gutes Schussfeld. Da drüben könnte ich die ganze Fläche bestreuen.«
»Dann los, komm!«
Wir erhoben uns und rannten geduckt zu einer kleinen Mulde, wo wir gute Deckung fanden. Remy wollte noch einmal zurück, um die rest-

lichen Munitionskästen zu holen, aber ich hielt ihn am Arm fest, denn ich hörte Abschüsse und dann die Einschläge.

»Oh Gott«, stöhnte Remy plötzlich.

»Bist du verwundet?«

»Nein, aber guck mal, wo wir eben gelegen haben!«

Ich hob den Kopf. Unser alter Platz war verschwunden. An seiner Stelle gähnte ein großes Loch.

»Volltreffer!«

In unserem Erdloch, von dem wir das Gelände überblicken konnten, war es kalt und feucht. Ich rieb meine Hände, die immer klammer wurden.

»Die kommen mit Sicherheit erst in der Nacht«, meinte Remy neben mir. Er rückte näher an mich heran. Ich spürte, dass er vor Kälte zitterte. Unsere Truppe war so über das Gelände verteilt, dass alle zwanzig bis

»Unser Platz war verschwunden.
An seiner Stelle gähnte ein großes Loch – Volltreffer!«

dreißig Meter jemand feuerbereit lag. Hinter uns war ein Wall aus Torf aufgeschichtet.
»Dahin können wir abhauen, wenn es zu brenzlig wird«, meinte ich leise.
Ein Geräusch ließ mich aufhorchen. »Hört sich wie Panzer an. Es können nur unsere sein.« Verwundert stieß ich Remy in die Seite: »Die bauen dort Vierlingsflak auf, rechnen die etwa mit Flugzeugen?«
»Da kommt Willi, frag' lieber den!«
»Was will die Flak hier, Willi?«
»Dasselbe wie wir, den Russen in Empfang nehmen.«
»Aber doch nicht mit der Vierlingsflak!«
»Warum nicht, etwas weiter hinten steht sogar die 8,8 zum Einsatz bereit.«
»Sollen die etwa im Bodenkampf eingesetzt werden?«
»Klar, wenn da drüben tatsächlich soviel Leute eingeschlossen sind, müssen wir eine gewaltige Feuerkraft entgegensetzen können. Also, macht euch auf was gefasst!«
Mich schauderte: »Großer Gott, was reißt das Löcher. Die armen Russen!«
Am Waldrand regte sich etwas. Äste knackten.
»Remy, ich glaub', sie kommen. Dass du mir nur schnell genug die Gurte gibst!«
Das erste langgezogene »Urääăh« erscholl.
»Schieß«, schrie Remy.
Seine Stimme ging in einem gewaltigen Knall unter. Unsere Flak hatte das Feuer eröffnet. Mit ihren vier Läufen hielt sie erbarmungslos in die Reihen der Russen, die aus dem Wald stürmten.
»Schieß doch endlich«, schrie Remy noch einmal.
»Ich warte, bis sie näher kommen«, rief ich durch den Lärm.
Auch auf unserer Seite brachen die Russen jetzt aus dem Wald. Ich feuerte los. Was die Flak nicht traf, wurde von unseren MG's umgemäht. Teilweise kamen die Männer ohne Waffen und rissen sie ihren toten Kameraden weg. Anscheinend wurden sie von hinten aus dem Wald

»Unsere Flak hatte ganze Arbeit geleistet«

getrieben. Die 8,8-Flak begann, in die heranrückende Menge zu schießen. Körper wurden durch die Luft geschleudert. Der Strom der Russen riss nicht ab. Alle versuchten verzweifelt, aus dem Kessel herauszukommen, aber sie waren so oder so verloren. Das Gelände war bald mit Toten übersät. Hier und da sah ich Gliedmaßen, die sich noch bewegten. Aus dem Wald traten ein paar Männer, die mit Rotkreuz-Fahnen winkten. Das Feuer erstarb. Wir hörten nur noch die furchtbaren Schreie der Verwundeten. Die Männer liefen eilig zwischen den Toten umher und bargen ihre verletzten Kameraden. Sie schleppten sie in den Wald zurück, aber das Schreien hörte nicht auf.

Willi kam auf allen Vieren zu uns herübergerobbt und meinte, wir sollten sparsam mit unserer Munition umgehen und die Flak mal machen lassen. Ich fragte ihn, ob die Russen wiederkämen. Er war sicher, dass sie in der Nacht, spätestens am Morgen, erneut angreifen würden.

Nachts blieb alles ruhig. Als es dämmerte, begann unsere Artillerie in den Wald zu schießen. Wie auf Kommando brachen die Russen erneut aus dem Dickicht.

Die Flak ballerte volles Rohr. Die Männer fielen um wie nasse Säcke. Die Toten stapelten sich zu Bergen. Wir sahen, dass sie von ihren Kameraden als Schutzwall benutzt wurden. Unsere Flak schoss ohne Unterbrechung. Sie brauchte nur tief zu halten. Das Schreien der Verwundeten ging mir unter die Haut.

»Feuer einstellen!«, rief plötzlich jemand von der Seite. Wir sahen Russen, die mit weißen Fahnen in der erhobenen Hand auf uns zukamen.

»Die geben auf!«, rief Remy erleichtert.

In Massen strömten sie jetzt aus dem Wald und warfen ihre Waffen auf einen Haufen. Als sie näherkamen, sah ich ausgemergelte, zerlumpte Gestalten, darunter viele mit asiatischen Gesichtszügen und kurzgeschorenen Haaren. Die Gefangenen wurden zusammengetrieben und weggebracht. Unsere Sanitäter kümmerten sich um die Verwundeten.

Bei Remy und mir meldete sich allmählich der Hunger, aber zuerst musste unsere Truppe den Wald durchkämmen. Wir suchten uns einen

Weg durch die Berge von Toten. Unsere Flak hatte ganze Arbeit geleistet. Wo ich auch hinschaute: Tote ohne Gesichter, abgerissene Körperteile und entblößte Bäuche, aus denen die Eingeweide quollen. Mir wurde übel und ich kotzte ins Gras. An Essen dachte ich vorerst nicht mehr.

Willi zählte unsere Leute ab. Bis auf Alfons, der verwundet wurde, waren wir vollzählig.
Als Willi vom Gefechtsstand zurückkam, berichtete er, dass Hübner mit unserer Leistung sehr zufrieden sei. Etwa viertausend Russen hätten sich ergeben, Tausende seien gefallen oder im See hinter dem Wald ertrunken, als sie rüber wollten und von unserer Ari beschossen wurden. Willi hatte eben erfahren, dass wir ab sofort als Feuerwehr eingesetzt würden. »Überall, wo großer Widerstand geleistet wird und unsere Truppen nicht weiterkommen, greifen wir als Verstärkung ein.«
»Prima«, sagte Kreuz, »gehen wir nach Afrika, da lässt der Widerstand schon nach.«
Willi grinste: »Da kommst du aber zu spät. Unser Afrikacorps hat vor drei Tagen kapituliert.«

Wir wurden auf Lastwagen verladen, es ging in Richtung Nowgorod. Hier sollte der Iwan kürzlich durchgebrochen sein. Die Wehrmacht leis-tete zusammen mit der Organisation Todt erbitterten Widerstand.
Als das Donnern der Front hörbar wurde, hielten die ersten Wagen. Wir standen herum, weil wir noch nicht eingeteilt waren, als ein Angriff der Russen erfolgte. In Panik liefen wir auseinander. Auf einer Anhöhe brachte ich mein MG in Stellung und begann zu schießen. Mit der gerade eingetroffenen Verstärkung hatte der Gegner nicht gerechnet und zog sich schnell zurück. Wir verfolgten ihn nicht, sondern gruben uns ein, was bei dem sandigen Boden nicht sehr anstrengend war.
Kreuz kam angelaufen: »Ist jemand verwundet?«
»Nein, und wie ist es bei den anderen?« fragte ich.
»Zehn bis zwölf Tote hat es gegeben, darunter ist unser Hübner.«

»Was – der ist gefallen?«
»Ja, aber der muss die Front verwechselt haben, denn er hatte alle Schüsse im Rücken!«
»Ein Schwein weniger«, knurrte Willi und spuckte aus.

Erst am übernächsten Morgen startete der Russe einen neuen Angriff, der uns überraschte, weil diesmal kein Trommelfeuer kam. Es herrschte höchste Alarmstufe und alles ballerte los. Wir streuten mit unseren Maschinengewehren das Gelände ab. Mit aneinander gebundenen Handgranaten wurden die Russen empfangen. Wir brachten ihnen große Verluste bei. Sie zogen sich erneut zurück.
Plötzlich spürte ich ein heißes Brennen an der Schulter.
»Ich glaub', ich bin verwundet«, rief ich Remy zu, »ruf' mal den Kreuz.«
»Sag' bloß, du hast einen Heimatschuss«, meinte Kreuz, als er mir die Jacke auszog.
»Ich weiß nicht, es brennt jedenfalls wie Feuer.«
»Pech gehabt, mein Sohn«, lachte er, »ist nur ein Streifschuss. Die Haut ist zwar weg, daher das Brennen, aber du bleibst uns erhalten.«

Wir waren froh, als es hieß, dass unsere Division mit neuen Kameraden aufgefüllt werde und wir ins nächste Dorf zur kurzen Erholungspause aufbrechen sollten. Nachmittags kamen tatsächlich neue Leute und stellten sich hinter uns auf. Als alle einen Hintermann hatten, zogen wir uns zurück und übergaben unsere Erdlöcher. Immer noch schussbereit liefen wir nach hinten.

Kreuz und Remy marschierten neben mir, unser Franzmann fehlte, er hatte sich beleidigt nach hinten verzogen. Als wir durch ein Dorf gekommen waren, wo sich noch vereinzelt Zivilisten aufhielten, hatte er mit einer Leuchtpistole in eine Scheune geschossen, die sofort in Flammen aufging. Verzweifelt liefen die Bauern herbei und mussten mit ansehen, wie alles abbrannte. Als der Franzmann noch lachte, drehte ich durch und trat ihm mit voller Wucht in den Hintern: »Du verdammter Elsässer«, hatte ich geschrien, »hau bloß ab!«

Vor uns tauchten die ersten Blockhütten auf. Wir konnten es nicht erwarten, endlich wieder einmal im Stroh zu schlafen. Harry lief nach vorn zu Willi. Ich rief ihm nach, er solle Remy zu mir schicken, weil er die Munition habe. Man könne ja nie wissen. Plötzlich ließ uns heftiges Artilleriefeuer in Deckung gehen. Harry schrie: »Remy, komm zurück!« Ich sah Remy nach vorne laufen statt nach hinten.
»Mann, ist der denn blöd? Der läuft genau in die Einschläge«, dachte ich noch und dann brüllte ich: »Remy, nein!« Donnernd schlug eine Granate ein. Ich sah Remy nicht mehr. Ohne an weitere Einschläge zu denken, sprangen Kreuz, Harry und ich gleichzeitig auf und liefen zu der Einschlagstelle. Vor einem großen Loch blieben wir abrupt stehen. Ein zerborstener Stahlhelm war das einzige, was von Remy übrig geblie-

»Ich kam lange nicht über den Tod von Remy hinweg.«

ben war. »Volltreffer«, sagte Kreuz. Ich starrte auf den Helm und begann zu schreien. Kreuz und Harry zerrten mich weg. Ich weiß nicht, wie lange ich geschrien habe. Irgendwann hörte ich Willi sagen: »Jacobs hat den Grabenkoller!«

Ich kam lange nicht über den Tod von Remy hinweg. Jeden Tag sah ich viele Tote. Man konnte sie begraben, vielleicht noch etwas Persönliches bei ihnen finden und nach Hause schicken. Aber von Remy war nichts mehr da. Nichts! Ein Knall, und weg war er. Es passte so gar nicht zu ihm, dass er geradewegs ins Feuer gelaufen war, anstatt in Deckung zu gehen. Ich konnte es einfach nicht begreifen.

Harry wurde, nachdem Remy gefallen war, mein Schütze zwo. Harry aus Bremen war ein Lebenskünstler. Er konnte alles, besorgte alles und bekam auch alles, was er wollte.

Wir hatten uns mit Willi, insgesamt waren wir sechs Leute, auf den Weg gemacht, neue Kameraden aufzunehmen, um unsere Verluste auszugleichen. Die anderen blieben im Dorf. In zwei Tagen erwartete man uns zurück. Harry freute sich über die willkommene Abwechslung, denn er wollte etwas zum Trinken und vielleicht auch ein paar Weiber besorgen. Wir lachten ihn aus und meinten, zuerst müsse er wohl ein Vollbad nehmen, ehe er sich einer Frau auf zehn Meter nähern könnte.

Auf dem Knüppeldamm, auf dem wir unterwegs waren, wurde der Betrieb lebhafter. Immer mehr Landser waren zu sehen.

»Da quält man sich vorne mit den wenigen Leuten ab und hier wimmelt es nur so von Soldaten«, schimpfte Willi.

»Hinten sind immer noch die besten Plätze«, entgegnete ich trocken.

Eine Kirchturmspitze tauchte vor uns auf und bald erreichten wir die Ortskommandantur. Willi befahl uns, auf ihn zu warten. Ich setzte mich vor der Tür in die Sonne und machte ein Nickerchen. Kreuz füllte bei der Rotkreuz-Station seine Sanitätstasche auf. Harry war verschwunden. Als er wieder auftauchte, präsentierte er stolz eine Flasche Wodka. Willi hatte sichtlich schlechte Laune, als er zurückkam.

»Lasst ja die Flasche zu. Wir kriegen sechsundreißig Mann und müssen noch heute Nacht zurück.«
Während wir noch meuterten, begann die Flak zu schießen. Jemand schrie »Volle Deckung, Tiefflieger«. Im Nu lagen wir in einer Mulde hinter einem Haus, Kreuz neben mir. Wir drückten uns flach auf den Boden. Die Flugzeuge schossen aus allen Rohren und ich hörte die ersten Rufe nach dem Sanitäter. Kreuz hatte die Hand schon an seiner Tasche, aber er konnte nicht hoch, so lange geschossen wurde. Die Neuen, die wir abholen sollten, liefen in Panik umher, Verletzte schrien. Kreuz war nicht mehr zu halten. Im gleichen Moment als er aufsprang, tauchten am Himmel zwei deutsche Jäger auf, die das Feuer auf die feindlichen Flugzeuge eröffneten. Diese drehten ab und verschwanden in der Ferne. Kreuz rief nach mir. Er kniete neben einem jungen Soldaten, der ohnmächtig dalag. Sein linkes Bein war seltsam vom Körper abgedreht, als gehöre es nicht zu ihm.
»Halt' ihn fest«, sagte Kreuz, »das Bein ist abgerissen. Ich muss es abschneiden.«
Er nahm sein Taschenmesser, wetzte es zweimal an einem Stein und schnitt eine Sehne durch. Der Junge hatte keinen Mucks von sich gegeben, mir aber wurde plötzlich schwarz vor Augen.

Von weither hörte ich eine Stimme. Ich spürte einen Klaps auf der Wange: »He, Kleiner, komm' zu dir. Fällst mir einfach bei einem kleinen Kratzer um.«
Ich schlug die Augen auf und drehte den Kopf zur Seite: »Wo ist er?«
»Der liegt schon im OP, nur du machst mir Kummer.«
Willi kam aus der Kommandantur und verkündete, da drinnen herrsche ein Chaos. Die müssten erst feststellen, wer von den Leuten noch lebe und wer verwundet worden sei. Wir würden Quartier für die Nacht im letzten Haus am Dorfende nehmen. Harry boxte mir in die Rippen. Jetzt würde doch noch was aus dem Wodka.
Das Haus war aus dicken, massiven Holzstämmen gebaut. Neben der Eingangstür stand eine Bank. Im Hof zog gerade ein Soldat Wasser aus

einem Brunnen. Alles sah recht friedlich aus. In dem großen Raum war es angenehm warm. Der Boden war mit Stroh bedeckt, in der Ecke lagen Wolldecken, auf denen zwei Soldaten schliefen. Wir suchten uns einen Platz. Harry ließ die Wodkaflasche rundgehen. Ich nahm einen Schluck. Das Zeug brannte in der Kehle. Ich war todmüde und schlief bald ein.
Harry weckte mich unsanft: »Sonderaufgabe. Wir müssen raus.«
Ich rappelte mich hoch und streckte die Glieder. Harry schüttelte Kreuz, aber der wurde einfach nicht wach. Ich rief laut: »Sanitäter!«
Kreuz fuhr hoch und griff nach seiner Sanitätstasche. Wir lachten.
»Damit scherzt man nicht«, meinte er böse.
Draußen wurden wir von einem Untersturmführer empfangen: »Männer, seit letzter Nacht wird ein Spähtrupp von elf Leuten vermisst. Es ist möglich, dass sie in die Hände von Partisanen geraten sind. Eure Aufgabe ist es, die Leute zu suchen. Vor euch liegen zirka zehn Kilometer Wald, den ihr durchkämmt. Irgendwann stoßt ihr auf die Kameraden der Wehrmacht, die von der anderen Seite kommen. Also, viel Erfolg und seid vorsichtig!«

In einer breiten Reihe nebeneinander gehend arbeiteten wir uns durch das verschneite Unterholz. Unsere Sinne waren aufs Äußerste angespannt. Hinter jedem Busch fürchteten wir ein Versteck der Partisanen. Wo waren die Leute vom Spähtrupp? Waren sie in einen Hinterhalt geraten? Wann stießen wir endlich auf die Kameraden der Wehrmacht? Als hoch über mir in den Birken ein Schwarm Krähen aufflog, zuckte ich zusammen und warf mich bäuchlings in den Schnee. Ich schaute zu den Kameraden hin. Ihre Gesichter waren ernst und konzentriert. Gesprochen wurde nichts, wir verständigten uns lediglich durch Zeichen.

Unvermutet endete der Wald. Eine weite Lichtung, in deren Mitte etwa ein Dutzend Häuser standen, lag vor uns. Ich konnte Zivilisten erkennen. Wie auf ein Kommando gingen wir in Deckung. Der Untersturmführer beobachtete den Weiler durch ein Fernglas. Die Leute hatten uns

»Eine weite Lichtung, in deren Mitte etwa ein Dutzend Häuser standen, lag vor uns.«

noch nicht bemerkt. Niemand schien mit uns zu rechnen. Ein Offizier der Wehrmacht tauchte neben uns auf und schlich gebückt herüber zum Untersturmführer. Wir sahen, dass Willi aufgeregt mit den beiden flüsterte. Dann kroch er auf uns zu. Als ich in sein Gesicht schaute, erschrak ich. Es war kreidebleich. Willi raunte uns zu: »Die Männer wurden gefunden, alle tot, enthauptet! Wir bilden jetzt einen Halbkreis um die Häuser. Volle Deckung!«

Wir blickten ihn entsetzt an.

»Die Wehrmacht hat sie entdeckt. Sie liegen hinten im Wald. Die Köpfe sind wie Trophäen auf einen Gartenzaun gespießt.«

»Und was passiert jetzt?«, fragte ich.

Im selben Moment vernahm ich Motorengeräusch.

»Panzer«, sagte Kreuz.

»Unsere«, ergänzte Willi.

Auch die Zivilisten hatten Lärm gehört und erschienen in ihren Türen. Beim Anblick der drei Panzer, die sich drohend am Rand der Lichtung aufgebaut hatten, liefen sie hastig in ihre Häuser zurück. Ein gewaltiger Knall rollte über die Lichtung. Das erste Blockhaus barst auseinander. Holzteile flogen durch die Luft. Das zweite Haus wurde getroffen und stürzte zusammen, dann das nächste. Die Panzer schossen, bis nur noch ein Trümmerhaufen vom Dorf übrigblieb.

Ich spürte, wie meine Beine zitterten. Willi wandte sich zu uns um: »Kommt mit, das hier ist nichts für euch.«

»Willi«, stieß ich hervor, »da drüben in den Häusern waren doch auch Frauen und Kinder.«

»Unsere Männer hatten auch Frauen und Kinder.«

In seinem Gesicht zuckte es. Schnell drehte er sich weg. Wir sollten nicht merken, wie ihn die ganze Sache mitnahm. Der Untersturmführer rief uns zusammen: »Leute, damit ihr die Vergeltungsaktion begreift, zeige ich euch die toten Kameraden.«

Inzwischen hatte man die Köpfe vom Zaun abgenommen und neben die Leichen gelegt. Ich konnte den grauenhaften Anblick nur für einen Moment ertragen. Taumelnd stürzte ich zur Seite und begann zu wür-

gen. Kreuz, der neben mir stand, murmelte: »Auge um Auge, Zahn um Zahn. So steht es schon in der Bibel.«
In der Nacht erreichten wir unseren neuen Frontabschnitt. Freudig begrüßte mich Karl aus Berlin. Wir hatten lange nichts voneinander gehört. Vor drei Monaten war er verwundet worden, als er von Hau den Befehl erhielt, am hellichten Tag ein Paket für ihn zum Tross zu befördern. Bei einem Treffer wurde sein Unterschenkel aufgerissen. Er wäre fast verblutet. Wochenlang lag er im Lazarett. Ich war ebenfalls froh, dass er wieder zu unserer Gruppe gehörte.

Bei Tageslicht, Harry hatte die erste Wache übernommen, schaute ich mich erst einmal um. Der Russe lag uns etwa zweihundert Meter gegenüber. Mitten im Niemandsland zwischen den Fronten stand ein Brunnen. Die Einfassung war gemauert, an einer Rolle hing ein Eimer. Das kleine Holzhaus, vor dem der Brunnen einst stand, war zerstört und abgebrannt. Nur einige dunkle, verkohlte Balken ragten aus dem Schnee.
»Da drüben holen wir jeden Mittag um zwölf unser Wasser«, sagte Karl und zeigte auf den Brunnen.
Ich runzelte die Stirn und sah ihn ungläubig an.
»Was meinst du denn, womit ich heute morgen deinen Kaffee gekocht habe? Natürlich mit dem klaren, frischen Wasser aus dem Brunnen.«
»Aber wie kommt ihr denn dahin?«
»Das ist eine tolle Geschichte: Vor ein paar Wochen riefen die Russen über Lautsprecher, dass sie beobachtet hätten, dass wir unser Wasser von weit her holen. Auch sie müssten ihr Wasser weit tragen. Sie machten den Vorschlag, von zwölf bis vierzehn Uhr das Feuer einzustellen. In der ersten Stunde würden sie Wasser am Brunnen holen, in der zweiten wären wir dran. Seitdem geht das wie geschmiert. Ab vierzehn Uhr herrscht dann wieder Normalzustand.«
Ich schüttelte den Kopf: »Sachen gibt es, die gibt es gar nicht!«
Punkt zwölf standen wir wartend da und schauten rüber. Tatsächlich kamen acht Russen mit Eimern bewaffnet zum Brunnen. Sie winkten

wie Freunde zu uns herüber. Als beide Seiten mit Wasser versorgt waren, ballerten alle wieder los, um zu demonstrieren, dass Wachsamkeit geboten war.
Bis Ende Oktober war Willi noch unser Kompaniechef, dann kam der Neue. Als wir uns nach ihm erkundigten, hieß es lapidar: Hübner Nummer zwei. Das hatte uns gerade noch gefehlt.
Eines Mittags während der vereinbarten Feuerpause wurde draußen plötzlich heftig geschossen. Wir stürzten aus dem Bunker und sahen die Bescherung: Während der Neue seinen Rundgang gemacht hatte, sah er die Russen am Brunnen hantieren. Er brüllte den Posten an, warum er nicht schieße. Der klärte den Untersturmführer erst einmal über die Sachlage auf. Das war zuviel für den Neuen. Er tobte: »Sind wir zur Erholung hier oder ist Krieg? Sich mit dem Feind zu verbrüdern grenzt schon an Volksverrat. Damit ist ab sofort Schluss!«
Er schnappte sich ein MG und schoss zwei Salven in Richtung Brunnen. Die Russen brachen zusammen und bewegten sich nicht mehr.
Willi war außer sich vor Wut: »Ich werde Meldung beim Kommandeur machen«, schrie er den Untersturmführer an. »Sie haben der Kompanie das Wasser entzogen. Sie wollten sich wohl mit dieser Leistung einen Orden verdienen!«
Wir versuchten, Willi zu beruhigen, aber er fing erneut an: »Ich hab' doch recht, da kommt einer von der Etappe und führt sich auf wie eine Wildsau!«
Unser Kompanieführer wurde blass: »Die Wildsau werden Sie noch bereuen. Wir sprechen uns noch!«

Willi hatte seine Drohung wahr gemacht und den Vorfall gemeldet. Wir aber mussten wieder mühsam unser Wasser heranschleppen. Die Woche verging, nichts tat sich. Willi meldete sich zum Rapport und blieb fast den ganzen Nachmittag weg. Als wir ihn bei seiner Rückkehr ausfragen wollten, meinte er mit schadenfrohem Grinsen, er habe strikten Befehl, sein Maul zu halten. Im übrigen bekämen wir bald einen neuen Kompanieführer.

»Als beide Seiten mit Wasser versorgt waren, ballerten alle wieder los.«

Harry machte ein verzweifeltes Gesicht, als er zu mir in den Unterstand kam.
»Der Russe da drüben schreit schon den ganzen Morgen. Warum, zum Teufel, holen seine Kameraden ihn nicht?«
Ich hob die Schultern: »Wer weiß, vielleicht wollte er überlaufen und ist dabei auf eine Mine getreten. Zur Strafe lassen sie ihn jetzt liegen.«
»Dann gebe ich ihm den Gnadenschuss. Ich halte das nicht mehr länger aus.«
Kreuz kam dazu: »Bist du verrückt geworden? Ich geh' rüber und hol' ihn!«
Harry tippte sich an die Stirn: »Jetzt spinnst du aber! Willst du dich abknallen lassen?«
Kreuz verschwand und war gleich wieder mit seiner Tasche zurück. An beiden Ärmeln seiner Uniform hatte er weiße Binden mit dem Roten Kreuz befestigt. Er wandte sich an Harry: »Sag' den andern Bescheid. Sie sollen das Feuer einstellen.«
Mit einem Satz schwang er sich über den Rand des Grabens und ging langsam durch den Schnee auf den Verletzten zu. Wir hielten den Atem an, aber es blieb still. Kein Schuss fiel. Ich beobachtete durch ein Fernglas, wie Kreuz den Russen erreichte, sich neben ihn kniete und mit dem Verbinden begann. Er brauchte lange. Der Verwundete hatte aufgehört zu schreien.
»Der hat vielleicht Nerven«, sagte Harry, der mir inzwischen das Fernglas abgenommen hatte. »Nun winkt er auch noch den Russen. Wenn die ihn gefangen nehmen, können wir ihm nicht mehr helfen. – Da kommt ein Iwan. Der hat auch 'ne Binde am Arm. Kreuz gibt ihm ein Zeichen, dass er helfen soll. – Das kann doch nicht wahr sein. Jetzt tragen die zwei doch tatsächlich den Verwundeten nach hinten. – Sie sind weg. Ich kann Kreuz nicht mehr sehen.«
Gespannt warteten wir, was nun passieren würde. Etwa zehn Minuten später tauchte Kreuz auf. Er kam seelenruhig durch den Schnee gestiefelt und winkte uns mit einer Flasche zu. Wir zogen ihn jubelnd in den Graben. Jeder wollte ihm anerkennend auf die Schulter klopfen, aber er wehrte ab und meinte nur: »Der wäre glatt verblutet.«

»Wollte er überlaufen?«, fragte ich.
»Quatsch, er wollte letzte Nacht Wasser holen und da hat es ihn erwischt. Ich hab' übrigens den Russen verständlich gemacht, wie das kürzlich am Brunnen gelaufen ist. Sie konnten es auch nicht fassen.«
Kreuz öffnete die Flasche und nahm einen kräftigen Schluck.
»Hm, der Wodka ist nicht schlecht.«
Er gab die Flasche an uns weiter.

Der November war bitterkalt. Unser Bunker war schwer zu heizen, weil der eisige Wind durch jedes Loch pfiff. Ich hatte gerade wachfrei und saß zusammengekauert in einer Ecke und las einen Brief. Um ab und zu Post zu bekommen, hatten wir wildfremden Mädchen geschrieben. Drei Briefe hatte ich schon von einer Französin aus dem besetzten Elsaß erhalten. Diesmal lag ein Foto dabei. Meine Kameraden hatten es mir gleich aus der Hand gerissen und beim Betrachten des Bildes gelacht, aber kein Wort gesagt.
»Ihr braucht nicht so blöd zu lachen. Ich hab' selbst gesehen, dass sie hässlich ist.«
Harry gab mir das Foto zurück: »Hässlich will ich nicht gerade sagen. Ein anderes Gesicht, eine vernünftige Brust und ein ordentliches Fahrgestell und sie könnte beim Film anfangen.«
Die anderen brüllten vor Lachen.
»Ihr Säcke, ich will sie ja nicht heiraten«, verteidigte ich mich.
Sie gaben keine Ruhe: »Wann feiert ihr denn Verlobung?«
Karl setzte sich neben mich: »Mach' dir nichts draus. Die wissen noch nicht, wie schön Liebe sein kann.«
Das Gejohle wurde immer lauter. Erst als Willi erschien, um zu fragen, ob er was versäumt habe, beruhigten sie sich etwas und meinten: »Ja, Klaus verlobt sich demnächst.«
Willi hatte Neuigkeiten für mich. In zwei Wochen sollte ich nach Reval, der Hauptstadt von Estland, in ein SS-Erholungsheim.
»Muss ich da wirklich hin?«, fragte ich etwas beklommen.
»Nun hört euch das an. Andere würden sich die Finger danach lecken.

Kannst du mir mal erklären, warum du dich dagegen sträubst?«
»Wenn ich zurück komme, seid ihr vielleicht nicht mehr hier und ich muss zu einem fremden Haufen.«
»Wo sollen wir denn sein?«, fragte Willi, »höchstens da oben«, und er zeigte mit dem Daumen gen Himmel.
»Na gut, ich geh' nach Reval, aber zuerst will ich noch, wie versprochen, befördert werden.«
»Ich glaube nicht, dass das noch vorher klappt«, sagte Willi.

Schon tagelang schneite es ununterbrochen. Es wurde immer mühsamer, sich im Graben vorwärts zu bewegen. Bei der geschlossenen Schneedecke mussten wir besonders wachsam sein, denn die Russen konnten sich bei Nacht – mit Schneehemden getarnt – leicht an uns heranschleichen. Der Schnee hatte den einzigen Vorteil, dass wir ihn auftauen konnten und das leidige Wasserschleppen entfiel.
Willi hatte mich zu einem Spähtrupp eingeteilt. Bereits um vier Uhr nachmittags wurde es dunkel und wir machten uns fertig. Wir zogen unsere Schneehemden über, empfingen unsere Schnapsration und marschierten mit zwölf Mann los. Unsere Kameraden im Graben hatten Befehl, das Feuer einzustellen. Erst bei Gefahr und dem Abschuss einer roten Leuchtkugel galt wieder »Feuer frei!« Wir gingen einzeln hintereinander, an der Spitze unser Mann aus der Strafkompanie. Falls er Minen entdecken sollte, musste er sie wegräumen.

Mein MG hatte ich um den Hals gehängt, die linke Hand umspannte das Standbein. So war ich bei Gefahr in der Lage, aus der Hüfte zu schießen. Trotz der Kälte schwitzte ich. Nach etwa zweihundert Metern blieb Willi stehen. Unser Mann bekam den Auftrag, nach Minen zu sehen. Er kroch langsam vor und gab uns das Zeichen zum Hinlegen. Nach einer geraumen Weile sahen und hörten wir nichts mehr von ihm. Willi wurde langsam unruhig: »Ich muss nachsehen, wo der Kerl bleibt. Klaus, du gibst mir Feuerschutz. Sollte was schiefgehen, übernimmst du das Kommando.«

Wir lagen im Schnee und warteten auf Willi. Es dauerte lange, bis er endlich auftauchte. »Wir müssen sofort zurück. Ich nehme an, das Schwein ist übergelaufen. Wenn der uns verrät, haben sie uns. Wir gehen quer, wegen der Spuren.«
Wir bogen nach rechts ab. Kurz vor einem Torfhügel hörten wir plötzlich Geräusche. Ich sprang hinter den Hügel, den Finger am Abzug. Eine Stimme rief leise: »Robert fehlt!«
»Verdammt«, fluchte Willi, »komm Klaus, wir müssen ihn suchen.«
Ich hielt ihn zurück, denn ich sah Robert, der über den matt schimmernden Schnee auf uns zugelaufen kam. In der rechten Hand schwenkte er eine kleine Tanne.
»So ein Idiot«, hörte ich Harry schimpfen. Im gleichen Augenblick fielen Schüsse. Robert blieb wie angewurzelt stehen. Dann ging er in die Knie und sackte in den Schnee. Ich hatte beobachtet, woher das Mündungsfeuer kam und jagte eine Garbe in die Richtung. Ich wartete. Das Feuer wurde nicht erwidert. Vermutlich hatte ich getroffen. Kreuz kroch zu Robert hinüber, Willi lief geduckt in die Richtung, aus der das Feuer gekommen war. Als er nach einigen Minuten zurückkam, hatte er eine Erkennungsmarke in der Hand.
»Es war unser Minensucher. Das Schwein hat die Russen gleich mitgebracht. Klaus, du hast sie alle erwischt.«
Kreuz, der nichts mehr für Robert hatte tun können, kam zu uns und schüttelte den Kopf: »Der arme Kerl hatte das Tännchen noch in der Hand. Er wollte unbedingt einen Baum zu Weihnachten. Das hat ihn das Leben gekostet!«
Wir brachen den Spähtrupp ab und marschierten zu unserer Linie zurück. Als ich im Bunker neben Harry lag, erzählte ich ihm, dass ich einmal geträumt hatte, dass ich in Gefangenschaft geraten sei.
»Davon warst du heute nicht weit entfernt«, meinte er, »sei froh, dass du nächste Woche nach Reval fährst.«
Von Willi erfuhr ich später, dass unser Chef sehr zufrieden mit meiner Leistung während des Spähtrupps war. Mit meiner Beförderung könnte ich bald rechnen.

Mit zwei kranken Kameraden war ich unterwegs zum Bataillon, wo wir uns melden sollten. Es war bitterkalt, mindestens zwanzig Grad unter Null. Mein Mantel bot wenig Schutz gegen den eisigen Wind. Wegen der Kälte sprachen wir nicht miteinander. Während wir uns durch den verharschten Schnee arbeiteten, hing ich meinen Gedanken nach. Der Abschied von meinen Kameraden war mir schwer gefallen. Alle waren gekommen, mir die Hand zu schütteln. Sie hatten mich beneidet, dass ich für drei Wochen der Scheiße entrinnen konnte. Willi hatte mir zuletzt hoch und heilig versprochen, dass ich wieder zu seinem Haufen zurückkäme. Irgendwie hatte ich ein schlechtes Gewissen, gerade jetzt zu gehen, wo täglich mit einem Angriff der Russen zu rechnen war. Willi hatte über meine Bedenken gelacht und gemeint: »Wenn wir die Russen ohne dich nicht aufhalten können, gewinnen wir nie den Krieg. Mach' dir also keine Sorgen!«

Beim Kommandeur stießen zwei weitere Leute zu uns. Ein Sanka stand schon für uns bereit. Der Knüppeldamm war mit einer dicken Eisschicht bedeckt, so dass wir nur langsam voran kamen. Am Bahnhof stiegen wir in einen Lazarettzug. Während der Fahrt schielte ich ab und zu verstohlen zu meiner Brust. Neben dem Verwundetenabzeichen prangte nun das EK 2. Willi hatte es mir ausgeliehen.
»Hier, nimm meins«, hatte er gesagt, »in den nächsten Tagen kommt deins sowieso. Ich weiß, du fährst nicht gern mit blanker Brust.«
Wie gut Willi mich kannte!
Obwohl ich hundemüde war, konnte ich nicht einschlafen. Ich döste vor mich hin und hörte den Gesprächen der Soldaten zu. Sie erzählten von Stalingrad, wieviel Tausende dort verhungert oder erfroren seien. Sie berichteten von Kameraden, hauptsächlich Offizieren, die es geschafft hatten, sich an die überfüllten startenden Flugzeuge zu hängen, und dann vor Kälte vom Himmel fielen. Generalfeldmarschall Paulus hätte viel zu spät kapituliert. Jetzt sei er selbst in Gefangenschaft. Die Männer nannten Orte wie Schitomir, Charkow und Smolensk, die sie bei brütender Hitze erobert hatten und bei klirrendem Frost wieder

aufgeben mussten. Ein Soldat schüttelte immer wieder den Kopf und meinte, alles sei umsonst gewesen.

Irgendwann muss ich doch eingeschlafen sein, denn jemand rüttelte mich an der Schulter: »He, Kamerad, du wolltest doch nach Reval? Wir sind da!«

Ich sprang auf, griff nach meinem Gepäck und verließ eilig das Abteil. Auf dem Bahnsteig herrschte reger Betrieb. Ein Zug nach dem anderen brachte Soldaten an die Front oder fuhr sie heimwärts. Da ich erst am Nachmittag im Heim erwartet wurde, ließ ich mir Zeit und schaute mir noch etwas die Stadt an. Vom Bahnhof war es nicht weit bis zum Hafen. Hier sah ich eine Weile zu, wie riesige Schiffe be- und entladen wurden. An einem stattlichen Haus mit Park und hohen, schneebedeckten Tannen blieb ich stehen und las 'Staatstheater'. Ich überquerte einen weiten Platz und gelangte in die Hauptstraße. Auf einem Schild, das im Fenster eines Friseurgeschäftes hing, stand: Wir sprechen deutsch! Ein Haarschnitt mit Kopfwäsche konnte mir nicht schaden und so betrat ich den Laden. Das ausschließlich weibliche Personal begrüßte mich freundlich. Da außer mir noch drei Soldaten warteten, griff ich nach einer Zigarette. Sogleich kam eine Angestellte und bot mir Feuer an. Ich bedankte mich und gab ihr eine Zigarette. Mit einem strahlenden Lächeln griff sie zu. Ich schenkte ihr gleich noch drei dazu. Sofort umringten mich die anderen Mädchen und baten ebenfalls um Zigaretten. Ein Landser versetzte mir einen Rippenstoß: »Bist du verrückt, du verdirbst uns das Geschäft. Die Dinger sind hier sehr teuer. Ein Päckchen Zigaretten wird mit achtzig Mark gehandelt. Dafür kannst du alles kriegen, von Frauen bis zum Schnaps.«

Ich hatte noch acht Päckchen Zigaretten im Gepäck – ein kleines Vermögen.

Zwei Mädchen beschäftigten sich intensiv mit meinen Haaren, massierten, schnitten, zupften hier, rasierten da, und als ich schließlich in den Spiegel schaute, blickte mir ein ganz passabel aussehender Mensch entgegen.

Der Hunger trieb mich schließlich Richtung Heim. Es war nicht zu verfehlen. Schon von weitem sah ich die SS-Fahne auf dem Dach eines dreistöckigen, ansehnlichen Hauses wehen. Über einen Kiesweg schritt ich durch einen kleinen Park auf die Eingangstür zu. Ein hübsches Mädchen empfing mich und stellte sich als Ada vor. Sie führte mich durch hohe Gänge, die mit dicken Teppichen ausgelegt waren. Als sie bemerkte, dass ich wegen meiner Stiefel nur vorsichtig auftrat, lächelte sie belustigt. Sie erklärte mir die Räumlichkeiten und wies mir ein helles Zweibettzimmer zu. Ganz ungezwungen fragte sie nach meinem Alter.

»Neunzehn«, sagte ich.

»Ich bin siebzehn, da passen wir ja gut zusammen.«

Ich sah sie überrascht an. Als Ada hinausgegangen war und ich am Fenster stand, kam ein Mann herein. Er war einige Jahre älter als ich. Es war mein Zimmergenosse. Er begrüßte mich und sagte, dass er Felix heiße. Aus einem der beiden Schränke reichte er mir Pantoffel, einen Schlafanzug, Zahnbürste und Seife.

»Das ist ja ein vornehmer Laden hier, der reinste Luxus!«, bemerkte ich.

»Es kommt noch besser«, sagte Felix, »du erhältst eine saubere Uniform und Halbschuhe. Hier geht es stinkfein zu, mein Junge!«

»Du sprichst wie ein Rheinländer, kommst du aus der Gegend?«

»Aber sicher dat, aus Köln-Nippes. Und du?«

»Aus Trier an der Mosel.«

»Dat is ja gar nicht weit von Köln entfernt!«

Er senkte etwas die Stimme: »Wenn du erst die Weiber im Haus siehst, einfach Spitze!«

Es klopfte und Ada stand wieder in der Tür: »Komm, Klaus, ich will dich anziehen!«

Felix lachte: »Lass' dich lieber von ihr ausziehen. Geh' ruhig mit ihr, sie will dir neue Klamotten verpassen.«

Als Ada mir in einem Raum am Ende des Ganges frische Wäsche und eine neue Uniform aushändigte, meinte sie, ich müsse erst anprobieren.

СТАЛИН С ЖИДАМИ —

»Propaganda«

ПОДЖИГАТЕЛЮ И
УБИЙЦЕ СТАЛИНУ
ТЕПЕРЬ ПРИШЕЛ КОНЕЦ

»Ich überquerte einen weiten Platz und gelangte in die Hauptstraße.«

Ich schaute mich nach einer Kabine um, konnte aber keine entdecken. Mir fielen die langen Unterhosen ein, die ich trug, und ich blickte verlegen auf Ada. Sie verstand und verließ den Raum. Als ich alles ausgewählt hatte und eine Mütze aufsetzte, kam ein dunkelhaariges Mädchen herein. Sie entschuldigte sich und meinte, sie suche Ada. Sie reichte mir die Hand: »Ich bin die Rosar mit 'R'!«
»Freut mich, ich bin der Klaus mit 'K'!«
Sie lachte und zeigte strahlend weiße Zähne.
»Ihr Deutschen sagt immer Rosa, aber ich heiße Rosar!«
»Ich werde es nicht vergessen!«, sagte ich und schaute ihr in die Augen. Sie gefiel mir besser als die blonde Ada, obwohl sie wahrscheinlich älter war.
Als ich zusammen mit Rosar den Speisesaal betrat, stießen wir auf Ada, die mich gleich ansprach: »Du siehst gut aus in der neuen Uniform. Das scheint Rosar auch schon aufgefallen zu sein, aber mach' Ada nicht böse, lieber Klaus!«
Felix mischte sich ein: »Du gehst ganz schön ran, Junge. Kaum eine Stunde hier und schon zwei Mädchen den Kopf verdreht!«
Nachdem mir Kaffee und Kuchen wunderbar geschmeckt hatten, wollte ich wissen, ob die Verpflegung immer so gut sei. Felix meinte, er sei zwar erst einen Tag hier, aber das Essen sei kaum zu schaffen.

Abends lag ich genüsslich in der Badewanne, als Ada ungeduldig klopfte, sie wolle mit mir ins Kino gehen. Bevor wir das Haus verließen, zeigte sie mir die Sauna, den Billardsaal und die Aufenthaltsräume. Sie erklärte mir, dass das Heim momentan mit vierzig Leuten voll belegt sei. Immer wieder begegneten uns junge Mädchen auf den Gängen. Ich wunderte mich über das viele Personal, aber Ada erzählte, dass sie abends alle zur Unterhaltung der Soldaten kämen. Felix begleitete uns ins Kino, Ada brachte noch ihre fünfzehnjährige Schwester, die sehr groß war, mit. Ohne militärischen Schutz bekamen die Mädchen keinen Einlass.
Als wir nach der Vorstellung die beiden bis zu ihrer Haustür gebracht

hatten und durch die stillen Straßen ins Heim zurückgingen, sagte Felix mit wehmütiger Stimme, dass er sich wünsche, so friedlich solle es auch in Köln aussehen.
Rosar erwartete uns im Heim. Als sie hörte, dass wir mit Ada im Kino waren, bemerkte sie, zu mir gewandt, dass Ada wohl eher mein Typ sei.
»Was heißt hier Typ. Ihr seid alle so hübsch, dass man sich schwer entscheiden kann. Aber morgen bleibe ich bei dir!«
Ihre Augen funkelten: »Das habe ich mir gedacht! Morgen hat Ada frei!«
»Was regt ihr euch denn so auf? In drei Wochen sind wir weg. Dann kommen wieder neue Männer und wir sind vergessen.«
»Ja, Klaus, aber glaubst du, das wäre schön? Kaum hat man sich an jemanden gewöhnt und schon muss er wieder an die Front. Es kommen noch zwei, drei Briefe, dann ist Schluss oder er ist gefallen. Wenn ich nicht unbedingt Geld verdienen müsste, wäre ich längst nicht mehr hier. Viele Männer kommen von der Front und wollen sich nicht nur mit uns unterhalten. Sie wollen auch mehr. Du weißt schon, was. Aber bei uns geht es nur bis hier«, und sie zeigte bis zum Gürtel. »Wer mehr will, muss zum Haus mit der Nummer neunzehn!«
»Was ist denn in Nummer neunzehn?«
»Jetzt muss ich aber lachen«, sagte Rosar, »jeder weiß, dass die Nummer neunzehn am Bahnhof ein Puff ist, wie ihr es nennt. Da gibt es schöne Mädchen, Musik und Tanz, alles, was ihr wollt. Da kommen nur Männer von der SS rein.«

Am Abend darauf besuchte ich mit Rosar das Staatstheater. Ich staunte über die prunkvolle Innenausstattung und die festlichen Roben der Frauen. Zum ersten Mal erlebte ich eine Operette mit Drehbühne. In der Pause wurden Sekt und Säfte gereicht. In ihrem grünen Samtkleid sah Rosar wunderschön aus. Sie trug ihr schweres, schulterlanges Haar offen. Ich musste sie ständig ansehen.
Vor ein paar Stunden hatte ich nach Hause geschrieben. Meine Mutter sollte noch vor Weihnachten erfahren, wie gut es mir hier in Reval ging.

Als wir nach der Theatervorstellung ins Heim kamen, hörte ich Walzerklänge. Es wurde noch getanzt. Ich nahm meinen ganzen Mut zusammen und forderte Rosar zum Tanz auf, denn Walzer beherrschte ich leidlich. Wir mischten uns unter die Paare und drehten uns zu den Melodien »An der schönen blauen Donau«. Ich hielt Rosar im Arm, mein Herz klopfte. Ob ich es wollte oder nicht, ich hatte mich in sie verliebt. Ich küsste sie. Sie wehrte sich nicht. Ihre Wangen waren glühendheiß.

»Rosar, du bist so heiß, hast du Fieber?«

»Ich glaube, ja. Ich fühle mich nicht gut, aber ich wollte dir den Abend nicht verderben. Ich geh' jetzt schlafen. Heute nacht bleibe ich im Heim. Ich schlafe in Tanjas Zimmer.«

Ich wollte sie zum Abschied noch einmal küssen, aber sie drängte mich behutsam zurück und meinte, sie wolle mich nicht anstecken.

Morgens suchte ich Rosar vergeblich. Im Speisesaal traf ich auf Tanja, die sich inzwischen mit Felix angefreundet hatte. Sie erzählte mir, dass Rosar krank sei und in Tanjas Zimmer liege, es sei die Nummer neun. Ich könne sie besuchen.

Zaghaft klopfte ich an die Tür. Ein klägliches »Herein« ertönte. »Was machst du denn für Sachen?«, sagte ich beim Eintreten und setzte mich auf die Bettkante. Ich legte meine Hand auf ihre Stirn: »Du hast immer noch Fieber.«

»Ist nicht so schlimm. Ich hab' was gegen die Halsschmerzen genommen. Ich freue mich so, dass du gekommen bist. Allein ist es schrecklich langweilig. Erzähl' mir etwas von deinem Zuhause.«

Ich begann, von meinen Eltern und meiner Schwester zu erzählen und was ich vor dem Krieg gearbeitet hatte. Ich schilderte ihr meine schöne Heimatstadt mit den alten römischen Baudenkmälern und den Weinbergen an der Mosel. Sie hörte aufmerksam zu, ihre Hand in der meinen. Sie bedauerte, dass sie ausgerechnet jetzt krank geworden sei und mir ihre Stadt nicht zeigen könne. Ich sah zum Fenster hinaus und sagte, hier drinnen sei es viel gemütlicher als draußen, denn es schneite ununterbrochen. Sie ließ es zu, dass ich sie küsste.

»Du gibst keine Ruhe, bis du meine Bazillen hast!«
»Rosar, deine Bazillen sind die schönsten!«

Rosar lag nun schon den vierten Tag krank im Bett. Tagsüber konnte ich sie oft besuchen, da Tanja arbeitete. Als ich eines Nachmittags Rosar gestand, dass ich sie liebe, schimpfte sie mich aus, dass ich das nicht dürfe, weil unsere gemeinsame Zeit bald zu Ende sei und wir uns vielleicht nie wiedersehen würden. Zu meiner Überraschung sprang sie aus dem Bett, drehte mir den Rücken zu und zog ihr Nachthemd über den Kopf. Es verschlug mir die Sprache. Zum ersten Mal sah ich eine nackte Frau, wenn auch nur von hinten. Rosar meinte unbefangen, sie sei lange genug krank gewesen. Hastig kleidete sie sich an, band ihre Haare zusammen und zog mich aus dem Zimmer. Draußen im Freien empfing uns eine trockene Kälte. Der Himmel war blassblau. Rosar atmete tief ein und hakte sich bei mir unter. Arm in Arm spazierten wir durch die Altstadt, umgeben von mittelalterlichen Mauern und Türmen. Rosar erzählte mir stolz die Geschichte ihrer Stadt. Ich stellte bewundernd fest, wie klug und belesen sie war. Als wir in einem kleinen Lokal zu Abend aßen, sagte sie: »Klaus, du hast mich nicht enttäuscht. Es hat mir imponiert, dass du die Situation in meinem Zimmer nicht ausgenutzt hast.«
»Mach' keinen Engel aus mir«, antwortete ich, »leicht ist mir das nicht gefallen!«

Nach dem Essen gingen wir ins Casino tanzen. Vorsichtig begannen wir, von der Zukunft zu sprechen, obwohl wir beide ahnten, dass unsere Liebe keine Zukunft hatte.
Als ich gegen Mitternacht mein Zimmer betrat, lag Felix noch wach.
»Sieht man dich auch mal! Du amüsierst dich mit den Mädchen und ich muss in Nummer neunzehn gehen.«
»Sag' bloß, du bist im Puff gewesen!«
»Klar, oder soll ich mir die Ada nehmen? Die denkt doch nur an dich. Kannst du mir mal sagen, was die alle an dir finden?«

Bevor ich antworten konnte, berichtete er ausgiebig, wie es im Puff zuging. Zuerst müsse man sein »Ding« zeigen, ob man keinen Tripper habe, erst dann ließen sie einen rein. Die Mädchen seien eines hübscher als das andere. Für dreißig bis fünfzig Mark sei man dabei, sogar für ein Päckchen Zigaretten. Für zwei Päckchen gäbe es noch diverse Extras.
Ich legte mich ins Bett und ließ ihn einfach reden.

Silvester 1943

Es war ein schöner Tag. Der Himmel war wolkenlos, die Sonne schien und machte die Kälte erträglich. Im ganzen Haus herrschte emsiges Treiben, denn es sollte eine glanzvolle Silvesterfeier werden. Aus der Küche strömten die herrlichsten Düfte.
Meine Stimmung hielt sich in Grenzen, denn in zwei Tagen war mein Aufenthalt in Reval zu Ende.
Als ich gegen Abend den großen Saal betrat, war alles festlich geschmückt. Auf den Tischen brannten Kerzen. Für jeden von uns standen Wein und Sekt bereit. Während des Essens hörte ich, wie die Musiker ihre Instrumente stimmten. Ich konnte es kaum erwarten, Rosar bei mir zu haben. Als sie endlich den Saal betrat, schauten alle zu ihr hin. Sie trug ein langes blaues Kleid, in dem sie bezaubernd aussah. An der rechten Hand glänzte der schmale Ring, den ich ihr zu Weihnachten geschenkt hatte. An meinem Tisch angekommen, drehte sie sich einmal um sich selbst und lächelte mich an: »Na, gefalle ich dir heute Abend?«
»Du bist wunderschön, Rosar, die schönste von allen hier!«
»Danke. Ich habe dir etwas mitgebracht. Ich habe es heute für dich machen lassen.«

Als ich das kleine Päckchen öffnete, kam ein Silberrahmen mit ihrem Foto zum Vorschein, das sie in dem blauen Kleid zeigte, das sie gerade trug.
Ich nahm sie in die Arme und drückte sie an mich: »Das ist das kostbarste Geschenk, das du mir machen konntest.«
»Der Ring ist viel wertvoller, aber ich hatte nicht mehr Geld.«
Wir tanzten bis Mitternacht. Als die Kapelle einen Tusch spielte, tranken wir auf ein glückliches neues Jahr. Alle waren fröhlich und ausgelassen, für kurze Zeit war der Krieg vergessen.

Die Musiker hatten ihre Instrumente längst eingepackt, als wir in den Park gingen. Rosar zitterte vor Kälte. Im Geräteschuppen suchten wir Schutz vor dem eisigen Wind. Wir hielten uns eng umschlungen und versprachen, uns so oft wie möglich zu schreiben. Sie flehte mich an, dass ich – wieder an der Front – immer auf mich aufpassen müsse. Ich versicherte ihr, soweit es mir möglich wäre, auf mich aufzupassen.
Unvermittelt riss sie sich von mir los und flüsterte mit tränenerstickter Stimme, dass sie jetzt gehen müsse. Ich war so überrascht, dass ich erst reagierte, als sie auf der Einfahrt lief. Ich rief ihr nach, dass ich sie nach Hause bringe, aber sie verschwand im Dunkeln. Ich verstand nicht, warum sie mich so plötzlich verließ, aber ich tröstete mich damit, dass uns ja noch ein Tag blieb.

Ich erwachte erst gegen elf Uhr am nächsten Morgen. Felix stand am Fenster und lachte: »Mensch, du hast vielleicht einen gesunden Schlaf!«
Gerade als ich im Bad fertig war, gongte es schon zum Mittagessen. Im Speisesaal suchte ich Rosar vergeblich. Tanja kam zu mir und überreichte mir mit ernster Miene einen Brief.
»Lies ihn erst, wenn du in deinem Zimmer bist.«
Ich schaute sie verständnislos an: »Ist der Brief von Rosar?«
»Ja, lies, dann weißt du Bescheid!«
Im Hinausgehen hörte ich, wie sie mit Ada tuschelte.

In meinem Zimmer warf ich mich auf's Bett und riss hastig den Umschlag auf.
Auf einem kleinen rosafarbenen Blatt las ich:

»Lieber Klaus,
wenn Du diesen Brief liest, bin ich bereits auf dem Weg zu meiner Schwester. Ich konnte es nicht ertragen, mich heute noch einmal von Dir zu verabschieden. Bitte, verzeih mir! Ich will nicht am Bahnhof stehen und weinen. Ich werde nicht mehr im Heim arbeiten. Ich habe eine neue Stelle gefunden. Tanja wird dir meine Adresse geben. Schreibe bitte so oft wie möglich. Vielleicht sehen wir uns wieder, wenn dieser schreckliche Krieg zu Ende ist. Mit dieser Hoffnung werde ich weiterleben. Pass' auf Dich auf! Ich werde Dich immer lieben, egal, was geschieht,
Deine Rosar.«

Ich presste meinen Kopf in die Kissen und schluchzte. Felix kam ins Zimmer und hatte gleich die Situation erfasst.
»Das hab' ich kommen sehen mit euch beiden. Wie willst du mit dem Mädchen im Kopf die Front durchstehen?«
Ich sprang auf und rief im Hinausgehen: »Lass' mich in Ruhe mit deinen Sprüchen!« Ich knallte die Tür hinter mir ins Schloss. Auf dem Klo heulte ich weiter. Rosar fehlte mir jetzt schon. Wie sollte ich ohne sie weiterleben?

Januar 1944

Am letzten Abend im Heim händigte man uns wieder die alten Uniformen und die Stiefel aus. Beim Abschiedstrunk kam keine richtige Stimmung auf, denn jeder dachte an den nächsten Tag. Felix und ich spekulierten darüber, wohin es wohl an die Front ging. Der Krieg war ohne uns weitergegangen. Die Truppen waren inzwischen zum Rückzug gezwungen worden. Zur Zeit lagen sie am Wolchow.
»An dem großen Fluss?«, fragte ich.
»Ja, am Arsch der Welt!«
Als morgens in aller Frühe ein »Alles aufstehen!« durch die Gänge hallte, das wir drei Wochen nicht mehr gehört hatten, wussten wir, dass die schöne Zeit nun endgültig vorbei war.
Es war noch dunkel und eisig kalt, als wir am Bahnhof ankamen. Dick eingehüllte Frauen waren schon dabei, Schnee von den Gleisen zu räumen.
Im Zug suchte ich mir einen Fensterplatz. Die Scheiben waren zugefroren.
»Gestern um diese Zeit lagen wir noch in unseren warmen Betten und heute geht die Scheiße wieder von vorn los«, schimpfte Felix. »Uns kann nur noch ein Heimatschuss retten.«
»Es kann aber auch schlimmer ausgehen«, bemerkte ich.
»Dann doch lieber Gefangenschaft.«
Ich sah ihn an: »Meinst du das ernst? Du weißt doch, dass SS-Leute gleich erschossen werden.«
Felix schüttelte den Kopf: »Ich weiß gar nichts!«
Wir wechselten rasch das Thema, als weitere Soldaten ins Abteil kamen.

Durch das monotone Rattern des Zuges schlief ich ein und wurde erst wach, als ein Landser rief, dass alle von der Polizei-Division raustreten

»Als wir Kanonendonner hörten, wussten wir, dass die Schaukelei bald ein Ende hatte.«

sollten. Als wir uns draußen gesammelt hatten, erfuhren wir, es gehe mit Lkw's weiter.

»Die haben wohl den Arsch offen«, fluchte Felix, »bei der Saukälte auf Wagen zu fahren. Da können sie ja gleich 'nen Schlitten holen.«

Ich sagte: »Wir sind hier am Wolchow und da gibt es keine Bahn bis zur Front.«

Ein Untersturmführer informierte uns, dass der Russe an allen Fronten zum Gegenangriff angetreten und vielerorts auch schon durchgebrochen sei. Wir könnten deshalb nicht zu unseren alten Einheiten zurück.

»Ihr werdet auf die Kompanien verteilt, die die meisten Verluste hatten. Vorher bekommt ihr noch dort drüben wärmere Klamotten.«

Ich ergatterte einen Anorak, innen mit Pelz gefüttert und mit einer großen Kapuze. Felix hatte weniger Glück. In seinem überlangen Mantel, der fast bis zum Boden reichte, sah er etwas verloren aus. Da ich nur eine Pistole trug, händigte man mir ein Schnellfeuergewehr aus. Nach dem Essensempfang ging's auf Lkw's weiter.

Die Fahrt wurde zur Tortur. Die Erde war hart geforen, dazu kamen die tiefen Schlaglöcher, die uns bei jedem Auf und Ab den Magen umstülpten. Als wir, es wurde schon dunkel, Kanonendonner hörten, wussten wir, dass die Schaukelei bald ein Ende haben würde.

»Heimatklänge!«, bemerkte Felix sarkastisch, »Das war es, was ich in den letzten drei Wochen so vermisst habe.«

Als die Lkw's endlich hielten, spürten wir keinen Knochen mehr und waren steif vor Kälte. Ein Uscha fragte nach, ob wir einen MG-Schützen dabei hätten. Ich meldete mich.

»Du gehst zum zweiten Zug«, hörte ich seine Anweisung.

»Eigentlich sollte ich wieder zu Hauptscharführer Löwenberg«, erlaubte ich mir zu bemerken.

»Willi Löwenberg?«

»Ja.«

»Tut mir leid, mein Junge, aber der ist gefallen. War ein prima Kerl!«

Ich starrte ihn an: »Willi ist gefallen?«

»Ja, vorige Woche. Sein Bunker hat einen Volltreffer abbekommen. Alle tot!«
»Kennen Sie die anderen Namen?», stammelte ich.
«Leider nein, die anderen hab ich nicht gekannt.»
Felix schaute mich mitfühlend an und fragte den Uscha, ob er wenigstens bei mir bleiben könnte.
«Wir sind doch kein Mädchenpensionat. Sie kommen zu Ihrem alten Verein!»
Ich brachte kein Wort mehr heraus und ließ mir das MG in die Hand drücken.

Im Dunkeln zogen wir los und hielten uns an die markierten Wege. Man hatte Seile von Baum zu Baum gespannt, um die Orientierung zu erleichtern. Der Unterscharführer kam zu mir: «Sie gehen zu Uscha Linz. Der liegt ziemlich am Ende der Stellung. An der Kreuzung vorne müssen Sie nach rechts abbiegen, die anderen gehen nach links. Die Parole ist ja bekannt.»
Ich musste also allein weiter. An der Wegkreuzung verabschiedete ich mich von Felix. Für große Worte blieb keine Zeit.
Mit einem mulmigen Gefühl im Magen suchte ich mein Ziel. In dem knietiefen Schnee kam ich schlecht voran. Außerdem drückte mir das MG schmerzhaft auf die Schulter. Die Front kam immer näher. Als ich das Knirschen von Schnee hörte, blieb ich stehen und duckte mich tief herunter. Mit angehaltenem Atem lauschte ich. Nichts war zu hören. Ich rief: «Parole!» Prompt kam die Antwort. Vor mir tauchte ein Melder auf. «Wo kommst du denn her?»
«Ich muss mich bei Uscha Linz melden.»
«Sind die denn verrückt, dich allein bei Dunkelheit durch diese Gegend zu jagen!»
Er erklärte mir den Weg und meinte, falls ich ihn verfehle, solle ich an der Kreuzung auf ihn warten. Er käme in einer Stunde wieder. Ich trottete los. In der Ferne stieg eine Leuchtkugel hoch und ich konnte einen Bunker, der in Bodenhöhe lag, erkennen. Leise ging ich näher heran,

alles blieb still. Die Tür stand offen. Ich rief leise: «Hallo!?» Nichts rührte sich! Ich formte einen Schneeball und warf ihn durch die Tür ins Innere. Ich hörte, wie er ins Wasser plumpste. Seltsam, hier war keine Menschenseele. Erst jetzt fiel mir auf, dass ich von beiden Seiten Mündungsfeuer sah. Ich legte mich flach in den Schnee und peilte die Lage. Einmal schoss es von der linken Seite, gleich kam die Antwort von rechts. Langsam begriff ich, dass ich mich im Niemandsland zwischen den Fronten befand. Ich traute mich nicht mehr aufzustehen und kroch auf allen Vieren zurück. Beim Schein der Leuchtkugeln folgte ich meinen Spuren. Hinter einer Hecke blieb ich liegen und wartete auf den Melder. Ich zitterte vor Kälte und fürchtete, hier zu erfrieren, falls der Melder nicht mehr vorbeikäme. Erleichtert atmete ich auf, als ich ihn schließlich kommen hörte.

«Das hab' ich mir gleich gedacht, dass du den Weg nicht findest. Komm mit, sonst irrst du noch die ganze Nacht hier herum.»

Ich berichtete ihm, dass ich zwischen die Linien geraten war.

«Da hast du aber Glück gehabt, dass unsere eigenen Leute dich nicht erschossen haben.»

Nach etwas zwanzig Minuten gelangten wir an einen niedrigen Bunker, der sich dicht an die Erde drückte. Der Melder klopfte und ein Uscha erschien.

«Ah, du bist es, Franz, und du kannst nur der neue MG-Mann sein.»

Ich machte meine Meldung. Uscha Linz winkte ab: «Lass mal, komm rein, aber bück' dich, hier kann man nicht stehen, nur liegen oder sitzen.»

Als ich eintrat, saßen vier Männer auf ihren Pritschen. Alle sahen müde und unrasiert aus. Der Uscha reichte mir eine Schnapsflasche.

«Hier, wärm' dich erst mal auf!»

Nachdem ich einen kräftigen Schluck getrunken hatte, stellte ich mich den Männern vor und fragte, ob sie schon lange hier seien. Erst vier Wochen, antworteten sie, aber eine Woche in dieser Einöde sei schon mehr als genug.

«Du musst raus, Müller», sagte Linz zu meinem Nebenmann.

Ich hielt ihn fest: «Bleib hier, das übernehme ich!»
Einer klopfte mir auf die Schulter: «Du bist in Ordnung, herzlich willkommen!»
Linz begleitete mich zum Unterstand. Als er rief: «Pfeifer, deine Ablösung ist da», kroch ein Mann heraus, und ich musste feststellen, dass man hier nur liegen konnte. Linz erinnerte mich daran, dass die Gefahr des Einschlafens im Liegen viel größer sei und was mich erwartete, wenn ich einschlief.
«Die Russen liegen nur achtzig Meter entfernt. Weil der Sumpf nicht vollkommen zufriert, können sie nicht rüber. Du kannst also Muni sparen. Schieß lieber mal ab und zu eine Leuchtkugel hoch», sagte er. Er zeigte mir noch die Alarmvorrichtung und dann war ich allein.
Die vier Stunden Wache zogen sich endlos lang. Immer wieder krümmte ich vor Kälte meine Zehen in den Stiefeln. Mein Stahlhelm drückte, aber ich wagte nicht, ihn abzunehmen. Ich dachte an Rosar, ihr schönes Gesicht mit den dunklen Augen, ihr warmes Lachen. Ob wir uns jemals wiedersehen würden? Wie sinnlos doch dieser Krieg war. So viele Kameraden waren schon gefallen und mich konnte es ebenfalls jeden Tag erwischen.

Nachdem meine Ablösung gekommen war, kroch ich steif gefroren unter die raue Wolldecke auf meiner Pritsche. Der Mief im Bunker und meine kalten Füße hinderten mich lange am Einschlafen.
Kaum war ich in einen traumlosen Schlaf gefallen, wurde ich schon wieder wach gerüttelt. Es war fünf Uhr in der Frühe, Zeit zur nächsten Wache. Ich taumelte nach draußen. Wieder vier Stunden im Schnee liegen. Wie sollte ich das durchhalten?
Als es langsam dämmerte, tauchten vereinzelt stehende Hecken und Sträucher aus dem Nebel auf. Mehr konnte ich weit und breit nicht entdecken. Die Gegend wirkte vollkommen trostlos. In einiger Entfernung waren die russischen Stellungen auszumachen. Dort blieb alles ruhig.
Als ich wieder den Bunker betrat, saß Linz in einer Ecke und schrieb.

«Haben Sie Löwenberg gekannt?», fragte ich ihn nach einer Weile.
«Wenn du Willi meinst, ja. Wir waren zusammen in Ausbildung.»
«Ich war bei ihm im Zug. Er soll gefallen sein.»
«Ja, und alle, die mit ihm im Bunker waren. Nur der Sani ist davongekommen. Er war unterwegs. Er liegt drei Bunker weiter.»
«Sagen Sie bloß, der Kreuz lebt noch!», ich sprang auf und stieß mit dem Kopf gegen die Decke.
«Du kannst ja mal nachschauen.»
Deckung suchend lief ich von Unterstand zu Unterstand. Ich fragte den Mann, der gerade Wache schob, nach dem Sanitäter Kreuz.
«Unser Gerd schläft, aber ob der Kreuz heißt, weiß ich nicht.»
Ich öffnete die Tür zum Bunker einen Spaltbreit und rief »Sanitäter«.
Eine Gestalt fuhr von einer Pritsche hoch. Kreuz kam auf mich zu, die Tasche in der Hand. Verblüfft starrte er mich an: »Mensch, Klaus!«
Wir fielen uns in die Arme.
»Hast du schon von den anderen gehört? Alle tot! Willi, Harry, Franz und Karl. Ich hab' Franz im Unterstand abgelöst, das war mein Glück. – Wo bist du denn untergekommen?«
»Nicht weit von hier, drüben bei Linz.«
»Der Linz ist in Ordnung.«
Kreuz riss mich am Arm zum Bunkereingang: »Vorsicht, Granatwerfer!«
In diesem Moment hörte ich ebenfalls das »Plopp, Plopp« der Abschüsse.
»Daran muss ich mich erst wieder gewöhnen«, sagte ich und zählte die Einschläge.
»Das ist eine ganz beschissene Gegend hier. Wenn du nicht aufpasst, knallen dich die Scharfschützen ab. Warum dieses Sumpfgebiet gehalten werden muss, weiß sowieso keiner. Vollkommen sinnlos! Es könnte allerdings sein, dass man den Winter ausnutzt, um die Division zu verstärken, denn hier kommt der Russe nicht durch.«
»Aber er ist doch überall durchgebrochen. Nicht, dass wir am Ende noch umzingelt werden«, sagte ich.

»Das ist hier nicht möglich, weil ein großer See in der Nähe liegt. Solange der zugefroren ist, können wir die Stellung halten.«
Das Feuer wurde eingestellt und ich verabschiedete mich von Kreuz.
Seit einer Woche war ich nun schon bei dem Haufen, als ich eines Abends wachfrei hatte und mit den Kameraden auf der Pritsche lag. Linz kam in den Bunker und brachte uns die erfreuliche Nachricht, dass wir noch in der Nacht abziehen sollten. Sofort trafen wir Vorbereitungen zum Aufbruch. Wie Linz in Erfahrung gebracht hatte, bereitete der Russe einen Großangriff vor und da unsere Einheit zu schwach war, mussten wir uns zirka acht Kilometer zurückziehen. Dort sollten wir die Wehrmachtsdivision ablösen, die sich anschließend weiter hinten einigelte.

Um Mitternacht standen wir marschbereit, um möglichst geräuschlos zu verschwinden. Ich musste mit meinem MG für Feuerschutz sorgen und blieb mit Müller in der Stellung liegen. In Abständen feuerten wir Schüsse ab, um den Russen unsere Anwesenheit vorzutäuschen. Nach einiger Zeit folgten auch wir leise den Kameraden. Beim Bataillon bestiegen wir Lkw's. Gerade als wir unsere Truppe eingeholt hatten, schlug ganz in der Nähe eine Granate ein. Unser Fahrer stieg voll auf die Bremse. Wir flogen durcheinander. Als wir uns aufrappelten, schrie jemand »Alarm«. Alles sprang von den Wagen. Ich landete mit einem Fuß mitten in einem zugefrorenen Schlammloch. Das Eis gab nach, ich sank ein. Wasser sickerte in meine Stiefel. Während ich noch vor mich hinfluchte, weil ich keine Ersatzsocken dabei hatte und gleich an Erfrierungen dachte, hörte ich das »Urääåh-Geschrei« der angreifenden Russen. Ich rannte zu einer kleinen Anhöhe und brachte mein MG in Stellung. Hier lag ich sehr günstig, denn ich brauchte nur nach unten zu schießen. Linz kroch heran und brachte weitere Munition.
»Ich brauche dringend neue Socken«, sagte ich zu ihm, »meine Stiefel sind voll Wasser.«
Er schaute mich entgeistert an: »Sonst hast du wohl keine Sorgen! Du

ziehst erst deine Stiefel aus, wenn hier wieder Ruhe herrscht!«, und weg war er.
Der Iwan setzte die Stalinorgel ein. Ich hörte Müller rufen: »Verfluchte Scheiße, das hat uns gerade noch gefehlt!«
Unsere Wehrmacht rückte zur Verstärkung an und wir gingen zum Gegenangriff über. Als die Russen wieder im Wald verschwunden waren, kam der Befehl zum Halten. Wir gingen auf dem Hügel erneut in Stellung. Unsere Ari feuerte in den Wald. Linz brachte mir tatsächlich zwei Fußlappen. Ich stemmte mich gegen den Boden und Müller zog mir die Stiefel aus. Meine Socken waren vollkommen durchnässt. Mit den trockenen Lappen ging es mir gleich besser. Ein Melder kam angehetzt: »Los, ihr müsst zurück bis zur Nachbardivision. Die Ari feuert noch eine Stunde, dann muss alles hier weg sein!«
Wir griffen nach Waffen und Munition und liefen den Hügel hinunter. Nach etwa einem Kilometer stießen wir auf eine Wehrmachtsdivision, die hier postiert war, um die Russen abzufangen. Wir erhielten den Befehl, uns zwei Kilometer weiter einzuigeln. Auf einem Knüppeldamm marschierten wir nach hinten. Ständig wurden wir von Sanitätswagen überholt, ein Zeichen, dass an der Front viel los war. Wenn man den Gerüchten Glauben schenken konnte, war die Front auf ganzer Breite am Wanken und der Russe stetig auf dem Vormarsch. Als wir in ein Dorf kamen, meldete sich der Hunger. Wir suchten erst einmal die Feldküche auf, wo wir für zwei Tage Verpflegung erhielten.
Hans Müller und ich hatten bereits unsere Eiserne Ration aufgegessen und bei Linz eine Verlustmeldung gemacht. Er hatte uns zwar ungläubig angesehen, aber nichts gesagt. Im Dorf erfuhren wir, dass wir hier Station machten. Unser Regiment sollte neu aufgefüllt werden. Das kam uns sehr gelegen, denn die Aussicht, im Heu zu schlafen, war nicht schlecht. Am Abend schmerzten meine Zehen und ich rief nach Kreuz. Er kam in unsere Hütte und sah sich meine Füße an: »Das habe ich kommen sehen. Du hast Erfrierungen. Deine Zehen sind ganz weiß.«
Er strich mir eine Salbe darauf und legte einen Verband an. »Die richtige Salbe ist das zwar nicht, aber ich hab' nichts Besseres. Wenn die

Zehen schwarz werden, hatten wir Pech und sie müssen ab«, sagte Kreuz.
»Aber sonst ist alles in Ordnung!«, entgegnete ich verärgert.
Er grinste: »Ich werd' dich schon wieder hinkriegen. Wart' nur ab, das hier ist so gut wie ein Heimatschuss.«
»Danke, Herr Doktor, wie beruhigend!«

Eine merkwürdig aussehende Maschine wurde von mehreren Landsern in unsere Hütte gebracht. Ich stand auf, um mir das Ding näher anzusehen. Dabei stellte ich fest, dass es eine Vorrichtung war, um am Fallschirm hängendes Propagandamaterial explodieren zu lassen. Ich fuhr die Männer an: »Seid ihr denn verrückt geworden, sowas hier herein zu bringen.«
Sie kümmerten sich nicht um mich und begannen, an dem Apparat herumzubasteln. Ich geriet in Panik und zog Müller, der neben mir

»Wir suchten erst mal die Feldküche auf.«

stand, mit unter einen Tisch in der Nähe der Tür. Er wehrte sich heftig, die anderen lachten. Mit einem Mal gab es einen lauten Knall. Eine Stichflamme schoss zur Decke. Im Nu war der ganze Raum in dichten Rauch gehüllt. Ich hörte Schreie und kroch unter dem Tisch hervor. Tastend fand ich die Tür und rief nach Kreuz. Er hatte die Explosion gehört und war schon unterwegs. Durch die geöffnete Tür zog langsam der Qualm ab. Helfer bargen die Verletzten und schleppten sie ins Freie. Kreuz schrie: »Wir brauchen Sanitätswagen und, wenn möglich, einen Arzt!«

Er öffnete seine Tasche und verabreichte den Schreienden Spritzen. Als die Sankas endlich kamen – sie hatten einen Arzt dabei -, verlief der Abtransport der Verwundeten reibungslos. Kreuz erzählte mir später, dass von den drei verletzten Männern zwei blind seien. Der dritte hatte zwei Finger verloren.

Kreuz hatte die Gelegenheit genutzt und am Hauptverbandsplatz seinen Vorrat aufgefüllt. Er zog mir die Stiefel aus und strich neue Salbe auf meine Zehen. »Das sieht nicht gut aus!«

»Meinen Schmerzen nach zu urteilen, tut sich da unten was. Ich humpele schon. Hoffentlich hilft die neue Salbe.«

Meine Zehen hatten sich stärker entzündet und schmerzten höllisch. Da wir ständig bei Temperaturen um die dreißig Grad minus im Freien lagen, hatte ich wenig Hoffnung für meine Füße.

Im Raum Leningrad, in dem wir kämpften, spitzte sich die Lage weiter zu. Kaum hatten wir einen Angriff abgewehrt, zogen wir uns zurück und warteten auf den nächsten Sturm, der nicht lange auf sich warten ließ. Tagelang harrten wir im Schnee aus. An Schlaf war nicht zu denken. Müller, der neben mir lag, meinte, jeder Tag, den man überlebte, grenze an ein Wunder. Die Einschläge kamen immer näher und immer tiefer krochen wir in unsere Schneelöcher.

Die Nacht war mondhell. Rundum war es seltsam still, auch die Ari schoss nicht mehr. Ich stieß Müller an: »Warum ist es so unheimlich

ruhig neben uns? Man hört überhaupt nichts von denen. Ob die alle tot sind?«
»Ich seh' mal nach.«
Müller robbte nach nebenan und kam aufgeregt zurück: »Da liegt niemand mehr! Weit und breit ist kein Schwein zu sehen!«
Ich konnte es nicht glauben. Die waren alle abgehauen und hatten uns vergessen.

Wir waren ganz allein. Wo waren die anderen? Angst schnürte mir die Kehle zu. Welche Richtung sollten wir nun einschlagen? Ich griff nach meinem MG und wir erklommen eine kleine Anhöhe. In der Ferne sahen wir auf einem Bahndamm Umrisse von Menschen, die in Richtung Westen unterwegs waren. Es mussten unsere Leute sein. Wir kamen nur langsam vorwärts. Bei jedem Schritt sanken wir tief in den Schnee ein. Kurz bevor wir den Damm erreicht hatten, hörten wir Schüsse. Sofort warfen wir uns hin und warteten ab. Müller raunte mir zu: »Ich laufe zuerst hoch.«
Ich hielt ihn fest: »Willst du eine Zielscheibe abgeben? Du zeichnest dich doch genau gegen den Himmel ab. Das machen wir anders.«
Ich wies nach oben: »Sobald die Wolke den Mond verdeckt, läufst du und ich schieße in die Richtung, aus der das Feuer kam. Wenn du drüben bist, knallst du mit deinem Gewehr, bis ich dich erreicht habe. Verstanden?«
Müller nickte. Es klappte und wir kamen unbehelligt über den Bahndamm. Laut rufend: »Nicht schießen!«, liefen wir auf der anderen Seite am Damm entlang. Jetzt fehlte nur noch, von unseren eigenen Leuten erschossen zu werden. Linz, der uns schon vermisst hatte und uns suchen lassen wollte, kam uns entgegen. Ich war völlig außer Atem. Meine Lungen schmerzten von der eisigen Luft. Das Laufen hatte meinen kaputten Zehen den Rest gegeben. Keuchend fragte ich Linz, warum man ohne uns abgehauen war. Er versuchte mir zu erklären, dass der Rückzugsbefehl von Posten zu Posten durch Zuruf weitergegeben wurde und die Leute von der Luftwaffe, die neben uns lagen, uns

wahrscheinlich vergessen hatten. Linz sagte, dass er darüber Meldung mache.
»Ein schwacher Trost«, bemerkte ich. »Fast wären wir hopps gegangen.«

Wir konnten uns drei Stunden ausruhen und nickten zusammengekauert, trotz der Kälte, kurz ein.
Morgens waren wir steif gefroren. Als wir aufbrachen, hinkte ich mühsam hinter den anderen her. Mein MG wurde auf einem Schlitten gezogen.

Kreuz freute sich über mein plötzliches Auftauchen und untersuchte meinen Fuß.
»Das ist unverantwortlich«, schimpfte er, »du gehörst ins Lazarett.«
Unsere Lage war nicht gerade rosig, denn immer wieder wurden wir in Kämpfe verwickelt und mussten Angriffe abschlagen. Zudem zehrte die Kälte an unseren Kräften. Vergeblich hielten wir nach unseren Panzern Ausschau. Deutsche Flugzeuge waren ebenfalls keine zu hören.
Zwischendurch erfolgte der Rückzug so schnell, dass wir den Krieg schon verloren glaubten.
Wenn es eine warme Mahlzeit und eine belebende Schnapsration gab, war die Welt für ein paar Stunden wieder in Ordnung.

Die Städte Kolpino, Novgorod und Tichwin waren wieder in russischer Hand. Der Nachschub aus Sibirien floss unaufhörlich. Den Ring um Leningrad gab es nicht mehr. Selbst gegen die Kälte war der Gegner besser ausgerüstet als wir. Außerdem machten uns die ungewohnten Temperaturen schwer zu schaffen. An manchen Tagen war es so kalt, dass das MG nicht mehr funktionierte. Dann half nur noch, auf den Lauf zu pinkeln, damit er nicht platzte.

Wie an den Tagen zuvor humpelte ich am Ende unseres Zuges. Linz kam zu mir und sah mich mitleidig an: »Ich habe mit dem Kommandeur gesprochen. Die Sache mit deiner Erfrierung kann ich nicht mehr

»Wie an den Tagen zuvor humpelte ich am Ende unseres Zuges.«

»Mein Ziel war der Bahnhof von Pleskau.«

verantworten. Du musst in ein Lazarett und das möglichst weit nach hinten. Es ist zwar Urlaubssperre, aber mit einem Schein könnte das klappen. – Übrigens, der Chef hat dich zum Rottenführer vorgeschlagen und will es einreichen.«
»Danke«, sagte ich, »kann ich das schriftlich haben?«
Zwei Stunden später überreichte mir Linz einen Urlaubsschein: »So, jetzt musst du sehen, wie du allein weiterkommst.«
Ich dachte an den Abschied von meinen Kameraden, als ich nach Reval gefahren war und keinen außer Kreuz mehr wiedergesehen hatte. Plötzlich spürte ich einen Kloß im Hals. Jetzt war ich ganz auf mich allein gestellt. Ich wollte möglichst bald aufbrechen, aber Kreuz bestand darauf, mir noch einen frischen Verband anzulegen. Wir verabschiedeten uns voneinander. Ich dankte ihm noch einmal für alles, was er für mich getan hatte. Er putzte sich umständlich die Nase. »Hau schon ab, du hast es geschafft, Klaus, mach's gut!«

Mit leichtem Gepäck machte ich mich auf den Weg. Mein Ziel war der Bahnhof von Pleskau. Von dort sollte ich versuchen, nach hinten zu kommen. Immer wieder begegnete ich Landsern, die mich fragten, wo ich denn so allein hinwolle. Wenn ich meinen Schein zeigte, schauten sie verwundert. Einige Male wurde ich von Soldaten der Feldgendarmerie kontrolliert. Das Vorzeigen des Scheins genügte ihnen nicht, jedesmal musste ich die Stiefel ausziehen und meine verbundenen Füße präsentieren.

Seit Stunden hatte ich Halsschmerzen. Das Schlucken wurde zur Qual. Da es schon dunkel wurde und ich vor mir die Lichter eines größeren Dorfes sah, beschloss ich, dort ein Quartier zu suchen. Vielleicht konnte ich mir auch Tabletten für meine entzündeten Mandeln besorgen. Im Dorf standen Pferdewagen vor den Häusern. Vereinzelt entdeckte ich Feldküchen. Hier musste der Tross liegen. Auf einem Haus wehte die Rotkreuzfahne. Ich hinkte darauf zu. In der Tür kam mir ein Sanitäter entgegen. Ich bat ihn um Tabletten gegen Hals- und Kopfschmerzen.

»Mann, du hast Fieber!«, stellte er mit einem Blick fest. »Du musst zum Arzt!«

Ich zeigte ihm meinen Urlaubsschein.

»Ach so«, sagte er, »dann lieber nicht.«

Aus einer Kiste gab er mir ein Röhrchen Tabletten. »Hast du schon ein Quartier?«

Ich schüttelte den Kopf.

»Geh' bis zum Ende des Dorfes. Dort liegen die Pioniere. Die haben sicher ein Plätzchen für dich.«

Draußen, an einem Kübelwagen, lehnte ein Hauptmann der Wehrmacht. Ich grüßte. Er kam auf mich zu: »Sie wollen nach Deutschland? Ich habe eben Ihr Gespräch mit angehört. Würde es Ihnen etwas ausmachen, ein Päckchen für meine Frau mitzunehmen?«

»Wo wohnt sie denn?«

Er bot mir eine Zigarette an: »In Leipzig, aber es genügt, wenn Sie das Päckchen in Deutschland aufgeben.«

»Gut, geht in Ordnung!«

»Danke. Wenn Sie morgen früh herkommen, fahre ich Sie bis Pleskau.«

Ich grüßte und ging weiter in Richtung Ortsausgang. Zwischen den Blockhütten, die hell erleuchtet waren, herrschte reger Betrieb. Vor einigen Häusern wurde gekocht oder im Schein der Lampen Wagen repariert. Endlich erreichte ich mein Quartier. Ein Gefreiter fragte mich, was ich suche.

»Eigentlich nur einen Platz zum Schlafen.«

»Kein Problem – Luxus darfst du allerdings nicht erwarten.«

»Was ist Luxus?«, gab ich zurück und betrat einen Raum, in dem mir mollige Wärme entgegenschlug. Ich zog meinen Pelz aus und bemerkte das erstaunte Gesicht des Soldaten: »Du bist von der SS? Bist du etwa abgehauen?«

»Ich komme direkt von der Front und das ist der Grund, warum ich allein hier auftauche.« Ich zeigte ihm meine entzündeten Füße.

»Willst du mit den Haxen bis in die Heimat laufen?«

Ich lachte: »Nein, ein Offizier nimmt mich morgen mit bis Pleskau.«

Weitere Soldaten betraten den Raum. Auch sie schauten unverhohlen auf meine Uniform.

»Haben wir Besuch?«, fragte ein Obergefreiter. »Und dazu noch von dem vornehmen Verein der SS. Sicher wollt ihr uns ablösen und die Sache hier besser machen.«

»Da muss ich dich enttäuschen. Ich bin allein hier.«

Sein Kamerad klärte ihn auf.

»Du bist also aus Leipzig?«, fuhr der Obergefreite fort.

»Nein, nein, ich komme aus Trier.«

»Wer kommt hier aus Trier?«, hörte ich eine Stimme aus dem Nebenraum. Ein junger Mann schaute neugierig um die Ecke: »Ich bin auch ein Trierer. Ich heiße Wagner. Wir haben in der Nagelstraße ein Waffengeschäft.«

»Klar, das kenn' ich. Ich wohne ganz in der Nähe.«

Ich freute mich, einen Trierer getroffen zu haben, aber ich war nicht mehr in der Lage, mich mit ihm zu unterhalten. Die plötzliche Wärme und die Tabletten, die ich in der Rotkreuz-Station eingenommen hatte, machten mich dermaßen müde, dass mir im Stehen die Augen zufielen. Wagner gab mir zu verstehen, ich sehe miserabel aus, ich solle mich gleich hinhauen. In der Nacht müssten sie zwar raus, um Brücken zu sprengen, aber ich könnte natürlich weiterschlafen.

Irgendwann in der Nacht weckte mich eine Stimme: »Du, wir hauen ab!«

»In Ordnung«, murmelte ich und wälzte mich auf die andere Seite.

II. Teil

15. Februar 1944

Es war bereits taghell, als ich wach wurde. Ich schaute auf meine Uhr. Sie stand. Ich hatte vergessen, sie vor dem Einschlafen aufzuziehen. Ich war allein im Raum. Kein Laut war zu hören. Wahrscheinlich waren die Pioniere noch nicht von ihrem Einsatz zurück. Über dem Ofen hingen Hemden und Socken zum Trocknen. Auf dem Tisch lagen Briefe. Jetzt erinnerte ich mich, dass ich am Vorabend schon halb im Schlaf versprochen hatte, sie mitzunehmen. Vom Fenster hörte ich ein Geräusch. Ich drehte mich um und sah einem alten russischen Mann ins Gesicht. Die Augen waren vor Schreck weit aufgerissen, dann war das Fenster wieder leer. Sicher war er einer von denen, die bei der Küche Holz hackten. Auf der Fensterbank entdeckte ich eine Rasierklinge und ein kleines Stück von einem Spiegel. Als ich mich darin betrachtete, wurde mir klar, warum sich der alte Mann so erschrocken hatte. Ich erkannte mich selbst kaum wieder. Seit acht Tagen hatte ich mich nicht mehr rasiert und nur oberflächlich mit Schnee gewaschen. Neben dem Ofen stand ein Eimer mit Wasser. Ich überlegte, dass es nun auf fünf Minuten auch nicht mehr ankäme. Mit der stumpfen Klinge schabte ich meine Barthaare herunter. Da ich nur Kernseife gefunden hatte, war das eine mühselige Prozedur, aber ich kam mir danach wie ein neuer Mensch vor. Ich griff nach meinem Anorak und wollte gerade die Briefe in die Tasche stecken, als mit einem Knall die Tür aufflog. Schüsse peitschten durch den Raum. Russische Soldaten stürmten schreiend ins Zimmer. Ich verstand sie nicht und riss die Arme hoch. Sie packten mich und suchten meinen Körper nach Waffen ab. Ich stand wie gelähmt. Tausend Gedanken schwirrten mir durch den Kopf. Jeden Moment rechnete ich damit, dass meine Kameraden auftauchten, um mich zu befreien. Ein Kolbenstoß fuhr mir ins Kreuz. Ein Offizier versetzte mir eine Ohrfeige und schrie »Faschist!« Die anderen lachten. Immer mehr Russen betraten den Raum, darunter auch Frauen in Uniform. Überall fühlte ich Hände, die meine Taschen durchwühlten und mich abtasteten. Einer trug schon meine Uhr am Handgelenk, ein anderer zog mir den Ring vom Finger.

Ich wurde ins Freie gestoßen. Eisige Kälte schlug mir entgegen. Hoffentlich lassen sie mir den Pelz, dachte ich verzweifelt. Ich sah umgestürzte Pferdewagen, zersprengte Feldküchen, angekohlte Pferdekadaver und tote deutsche Soldaten. Nichts erinnerte mehr an das Dorf, durch das ich am Abend zuvor gekommen war. Ein Schneeball traf mich mitten ins Gesicht. Ich schüttelte den Kopf und spuckte Schnee auf die Erde. Kinder lachten und riefen »Fritz, Fritz!«. In der Ferne hörte ich Geschützdonner. Weit konnte die Front nicht entfernt sein. Zivilisten starrten mich mit unbeweglicher Miene an. Einige Frauen bekreuzigten sich. Ein Soldat bedeutete mir, mich an ein Lagerfeuer zu setzen. Andere kamen herbei und freuten sich wie Kinder, dass sie einen Gefangenen gemacht hatten.

Schon über eine Stunde saß ich nun am Feuer und nichts geschah. Die Russen tauten Schnee in ihren Kochgeschirren auf und tranken das Wasser ohne jeden Zusatz. Mein Magen knurrte. Ich hatte Hunger. Außerdem schmerzte mein Hals noch immer. Ab und zu bewarfen die Männer mich mit Schnee und hatten ihren Spaß daran, wenn ich zusammen zuckte. Sie forderten mich auf, Holz zu suchen. Ich stand auf und entfernte mich immer weiter vom Feuer. Vielleicht ergab sich eine Gelegenheit zu fliehen, aber es war zwecklos. Rundherum saßen Soldaten, die sich an Feuern wärmten. Solange ich die Front noch hörte, hatte ich Hoffnung. Ich war wohl etwas Besonderes, denn von allen Seiten kamen Soldaten und bestaunten mich. Mein Hunger wurde immer größer und ich nahm Schnee auf, um ihn zu essen. Einer schlug ihn mir aus der Hand. Ein älterer Mann packte mir einen Stapel Holz auf den Arm, dabei flüsterte er: »Du nix kaputt, du in Leningrad arbeiten. Ich bei euch Hiwi, ich gut hatte, jetzt du auch gut haben, verstehn?«

Ich nickte. Unvermittelt gab er mir einen Tritt in den Hintern. Ich schaute ihn erstaunt an. Er zwinkerte mir kameradschaftlich zu. Die anderen hatten vorhin zu uns herübergesehen.
Eine junge Russin in Uniform, groß und kräftig, tippte mir an die Schulter: »Du mitkommen!« Dabei sah sie mich hasserfüllt an. »Du SS, du morgen erschossen!«
Ich zweifelte nicht daran. Das hatte man uns oft genug gesagt.
Die junge Frau schrie mit sich überschlagender Stimme: »Ich Jude, du SS, meine Kinder erschossen, jetzt morgen du!«
»Ich habe keine Kinder erschossen!«, brüllte ich zurück. Sie spuckte mir vor die Füße. »Meine Kinder auch nichts getan und trotzdem tot!«
Mit schnellen Schritten ging sie weg. Ich setzte mich wieder ans Feuer zu den anderen. Sie hatten von dem Gespräch nichts verstanden und beobachteten mich unverhohlen. Ich schlug die Hände vor mein Gesicht. Morgen werde ich erschossen, dachte ich. Ich würde Rosar, meine Eltern und Trudel nie mehr wiedersehen. Ich war voller Angst und Verzweiflung.

Nach und nach entfernten sich die Männer und ich blieb mit einem allein zurück, der mich mit der MP bewachte. Er nahm Brot aus der Tasche und begann zu essen. Ich hatte entsetzlichen Hunger. Ich konnte meinen Blick nicht von dem Brot in seiner Hand abwenden. Der Mann brach ein Stück ab und reichte es mir herüber. Dabei sah er sich ängstlich um. Das Brot war feucht und klebrig, aber es schmeckte mir dennoch. Ich schlang es hastig hinunter.
Jemand rief meinem Bewacher etwas zu. Er packte meinen Arm und zerrte mich zu einer Baracke. An der Tür blieb er stehen und schob mich in einen Raum. Vor einer Wand standen vier Offiziere und studierten eine große Landkarte. An den zahlreichen Fähnchen erkannte ich den Frontverlauf. Ein Offizier sprach mich auf deutsch an: »Zeigen Sie mir, wo Ihre Einheit liegt.«
Ich trat näher und betrachtete die Karte. Dann zeigte ich auf eine Stelle: »Hier bin ich vor vier Tagen weggegangen. Wo sich meine

Einheit jetzt befindet, kann ich Ihnen nicht sagen.«
»Warum gingen Sie weg? Hatten Sie einen speziellen Auftrag?«
Ich verneinte und sagte, ich sei unterwegs zu einem Lazarett. Ich zeigte ihm meine Füße. Als er einen kurzen Blick darauf geworfen hatte, ging er zu einem Schrank und brachte eine Salbe. »Damit einreiben! Setzen!«
Ich bedankte mich und nahm hinter einem langen Tisch Platz, auf dem die Briefe lagen, die mir meine Kameraden zur Post nach Pleskau mitgeben wollten. Es waren auch zwei Päckchen dabei.
Der Offizier nahm einen deutschen Kalender zur Hand und schlug ihn auf: »Zeigen Sie mir ein Ritterkreuz!«
Ich blätterte und wies mit dem Zeigefinger darauf. Im gleichen Moment schlug er mir gegen den Kopf: »Sie lügen!«
Er hielt mir ein Band mit vier Eisernen Kreuzen vor die Nase: »Das ist dein Orden, du Offizier!«
Ich schüttelte energisch den Kopf und erhob mich. Im Kalender zeigte ich ihm meinen Dienstgrad und die Eisernen Kreuze. »Hier, so sehen die aus. Die dort hat jemand einfach auf ein Band gehängt. Diesen Orden gibt es nicht!«
Die drei anderen Offiziere stellten sich um mich herum auf, sodass ich in ihrer Mitte zu stehen kam. Einer gab mir einen Stoß und ich fiel gegen den nächsten, dieser stieß mich wieder zurück. So flog ich unter ihrem Gelächter von einem zum andern.

Das Spiel brach abrupt ab, als ein Soldat die Baracke betrat. Sie ließen mich stehen und sprachen mit ihm. Der Soldat führte mich nach draußen. Wir schritten auf einen Wald zu. Vor einem Hügel blieb er stehen, sagte etwas und zeigte dabei auf meinen Hals. Ich hob die Schultern, weil ich ihn nicht verstand. Immer wieder zeigte er auf meinen Hals, die Maschinenpistole stets auf mich gerichtet. Allmählich begriff ich, dass er mich erschießen wollte. Ich knöpfte den Pelz auf, um meine Brust freizumachen. Er rief: »Halt!«
Zögernd kam er näher und setzte mir den Lauf der MP auf den Oberkörper. Mit der freien Hand zog er an meinem roten Schal, den ich

»Die Kinder lachten und riefen: "Fritz, Fritz!"«

umgebunden hatte. Erleichtert lächelte ich ihn an, öffnete den Knoten und reichte ihm den Schal. Er lächelte zurück. Wir verließen den Wald. Inzwischen war ein Omnibus vorgefahren. Ich musste einsteigen und hinter einem dunkelhaarigen Offizier Platz nehmen. Er drehte sich zu mir um: »Sie sind Deutscher?«

Ich nickte.

»In Ihren Papieren steht SS. Woran erkennt man das?«

Ich schlug meinen Uniformkragen um und zeigte die Runen. Als ich bemerkte, dass andere Offiziere, die mit im Bus saßen, sich nicht um unser Gespräch kümmerten, fragte ich: »Wo bringt man mich hin?«

»In ein Lager, wohin weiß ich nicht«, antwortete er.

»Sie sprechen gut deutsch.«

»Ich bin ein deutscher Jude. Früher wohnte ich in Frankfurt.«

Damit wandte er sich ab.

»Ich habe Hunger!«, sagte ich zu seinem Rücken.

Ohne sich noch einmal umzudrehen, gab er dem Fahrer eine kurze Anweisung. Dieser reichte mir ein Stück Brot.

Während der Fahrt schaute ich aus dem Fenster. Auf der Straße wimmelte es von Soldaten. Ständig hupten Autos. Wir überholten etliche Pferdewagen. Viele Häuser waren abgebrannt. Ich sah zersprengte Brücken, die wieder von Zivilisten behelfsmäßig aufgebaut wurden. Einmal hielt der Bus und ich durfte zum Pinkeln aussteigen. Der kalte Wind biss mir ins Gesicht.

Es wurde schon dunkel, als wir erneut anhielten. Draußen empfing mich ein Offizier: »Kommen Sie mit!«

Wir gingen in ein schmales Haus. Ich fasste mit der Hand an meinen Hals, weil ich noch immer Schmerzen hatte. Der Offizier glaubte wohl, ich hätte Durst und brachte mir heißen Tee. Seit zwei Tagen hatte ich weder etwas Warmes getrunken noch gegessen. Ich schloss beide Hände um die Tasse und schlürfte langsam das heiße Getränk. Es tat mir unendlich gut. Der Offizier sah mich an: »Sie sind noch sehr jung!«

»Neunzehn!«, sagte ich.

Ich musste mich an einen Tisch setzen, auf dem etliche Papiere lagen. Der Offizier saß mir gegenüber.
»Ich stelle jetzt Fragen. Sie sagen nur ja oder nein. Verstanden?«
»Ja, ich habe verstanden.«
»Waren Sie im Jungvolk?«
»Ja.«
»Waren Sie in der HJ?«
»Ja.«
»In der Partei?«
»Nein.«
»Sind Sie Offizier?«
»Nein.«
»Ritterkreuzträger?«
»Nein.«
Ich beantwortete eine Frage nach der anderen, von der Einberufung bis zu meiner Gefangennahme.
Als der Offizier das Verhör beendet hatte, sah er mich nachdenklich an: »Ich habe schon viele vernommen, aber Sie sind der erste, der zugibt, in der HJ gewesen zu sein. Alle anderen waren Anti-Nazis.«
»Warum soll ich lügen? Ich stehe zu dem, was ich bin.«
Er blätterte in den Papieren. »Es wird ein längerer Urlaub für Sie werden. Es ist schon ein Unglück, mit einem Urlaubsschein in Gefangenschaft zu geraten.«
»Wie lange, glauben Sie?«
»Das kann man nicht sagen. Erst muss einmal der Krieg zu Ende sein. Wissen Sie noch alles, was Sie mir eben gesagt haben?«
»Ja, es war die Wahrheit!«
»Gut, dann lernen Sie es auswendig und immer wenn Sie gefragt werden, erzählen Sie dasselbe. Es ist wichtig für Sie!«
Ich nickte zustimmend.
»Die Vernehmung ist beendet!«
Er winkte einen Soldaten heran. Wir stapften im tiefen Schnee durch die Dunkelheit. Der Soldat ging hinter mir. Ich überlegte, wie ich von

hier abhauen könnte. Von der Front hörte ich nichts mehr. Drei Männer kamen uns entgegen. Sie fragten meinen Bewacher etwas, das ich nicht verstand. Er antwortete nur kurz. Völlig überraschend schlug mir einer der Russen ins Gesicht. Der Schlag riss mir die Beine weg und ich fiel in den Schnee. Wütend schrie er auf mich ein und trat mir in die Rippen. Das einzige Wort, das ich verstand, war »Faschist«. Die anderen Männer hielten ihn fest. Als die drei weiterzogen, rappelte ich mich hoch. Mein Oberkörper schmerzte, ich konnte kaum atmen.

Am Feuer wurde mir gleich zu warm. Am Rücken dagegen fror ich erbärmlich. Ich war heilfroh, als ein Pritschenwagen hielt und ich aufsteigen musste. Im Führerhaus sah ich zwei Männer. Mit mir auf der offenen Ladefläche saß ein Soldat mit finsterem Gesichtsausdruck, der seine Maschinenpistole auf mich richtete. Der Wagen schaukelte über die steinhart gefrorene Erde. Ich wurde unbarmherzig durchgeschüttelt. Dazu kam die schreckliche Kälte. Immer wieder führte der Soldat, der mich bewachte, eine Schnapsflasche zum Mund. Ein tiefer Schluck hätte mir auch gut getan, aber der Bursche sah nicht danach aus, dass er seinen Schnaps mit jemandem teilen würde.

Eine Lampe, die am Führerhaus angebracht war, schien mir ins Gesicht. So konnte man mich ununterbrochen beobachten. Durch das kleine Fenster zur Kabine sah ich, dass der Beifahrer eingeschlafen war. Als mein Bewacher ebenfalls kleine Augen bekam, war die Gelegenheit gekommen, zu türmen. Während wir durch einen kleinen Birkenwald fuhren, riss der Soldat immer wieder die Augen auf. Erst als der Wald hinter uns lag, schlief er endlich ein. Rechts und links der Straße konnte ich in der Dunkelheit kleine Schneehaufen erkennen. Dort würde ich, ohne Lärm zu machen, hineinspringen. Um zu prüfen, wie fest der Russe schlief, erhob ich mich. Er rührte sich nicht. Mit einem Satz schwang ich mich über die niedrige Seitenwand und landete auf einem Schneehügel, der unerwartet unter meinem Gewicht zusammenbrach. Gleichzeitig hörte ich fürchterliches Geschrei. Der Lkw stoppte. Der Posten über mir auf dem Wagen schoss. Arme hielten mich fest,

Lampen erhellten mit einem Mal die Dunkelheit. Langsam konnte ich erkennen, worauf ich gesprungen war. Rechts und links der Straße hatten sich Russen eingegraben. Sie lagen auf Zeltplanen, über sich Sperrholz oder Kartons und darauf Schnee. In diesen Iglus waren sie gut gegen die Kälte geschützt. Durch meine unglückliche Landung und die Knallerei war die ganze Gesellschaft wach geworden. Mein Bewacher schimpfte auf mich ein und trat nach mir. Beim Wiederaufsteigen auf den Lkw spürte ich den harten Stoß eines Gewehrkolbens im Rücken, der mir Tränen in die Augen trieb. Darüber hinaus wurde ich bestraft, indem ich weder meine Mütze noch die Kapuze überziehen durfte. Als ich schon glaubte, meine Ohren würden vor Kälte abfallen, zog ich die Kapuze über, aber der Russe schlug sie mir wieder herunter. Nach einer Weile hielt ich die Kälte einfach nicht mehr aus und stülpte die Kapuze erneut über. Dabei machte ich eine drohende Gebärde mit der Faust und ein wütendes Gesicht und brüllte: »Du kannst mich am Arsch lecken!«

Das war wohl die Sprache, die er verstand, denn er sah mich verdutzt an und ließ mich gewähren. Er litt augenscheinlich nicht so unter der Kälte wie ich, denn beim Rauchen zog er die Handschuhe aus. Ich spürte meine Füße nicht mehr und sorgte mich um meine Erfrierungen. Irgendwann ließ ich den aufsteigenden Tränen freien Lauf. An meinem Mund angekommen, bildeten sie kleine Eisklümpchen.

Als es heller wurde, stoppten wir vor einer Brücke, die offensichtlich kurz zuvor eingestürzt war. Dick vermummte Männer und Frauen schleppten Baumstämme heran und legten sie über den Graben nebeneinander. Die Stämme banden sie mit Stricken zusammen. Bevor wir uns über das Provisorium wagten, stellten sich die Leute neben die Stämme und drückten diese mit den Schultern fest zusammen. Unser Lkw setzte vorsichtig auf die Baumstämme auf und erreichte langsam die andere Seite. Die Russen jubelten und lachten ausgelassen über ihre Leistung.

Irgendwann, ich war halb erfroren, stand der Posten auf, klopfte auf das Dach der Führerkabine und rief etwas auf Russisch. Der Fahrer bog nach links ab, wo ein allein stehendes Haus auftauchte. Der kleine, eingezäunte Garten war von Schnee freigeräumt, zwei Männer sägten Holz. Als der Wagen hielt, stellte ich erleichtert fest, dass es Deutsche waren. Sie unterbrachen ihre Arbeit und kamen mir entgegen. Beide waren etwa zehn Jahre älter als ich. Ihre Gesichter unter den Bartstoppeln waren blass und ausgezehrt. Wir schüttelten uns die Hand: »Aller guten Dinge sind drei!«, lachte der eine. »Ich bin der Paul und das ist Heinz. Wir kommen beide aus dem Ruhrpott, sind von Anfang an dabei. Haben sie dich auch geschnappt?«

Mein Bewacher schob mich in einen Raum, Paul und Heinz kamen mit. Hinter uns wurde die Tür abgeschlossen. »Daran gewöhnst du dich schnell«, bemerkte Heinz.

Außer einem Ofen konnte ich kein Mobiliar entdecken, aber es war warm in dem kahlen Raum.

»Du bist sicher müde, leg' dich ins Stroh. Mit Betten können wir leider nicht dienen«, sagte Heinz.

»Sind wir hier nur zu Dritt?«, fragte ich.

»Ja, und wenn die einen Transport zusammen stellen wollen, dauert das noch seine Zeit.«

Ein Russe brachte Brot und Kaffee. Allmählich wurde mir warm und ich zog den Pelz aus.

»Bist du lebensmüde?«, rief Paul. »Du bist von der SS! Mach' bloß die Litzen ab, oder willst du, dass wir erschossen werden?«

»Beruhigt euch, erstens haben die Russen meine Papiere und zweitens lebe ich nach drei Tagen Gefangenschaft immer noch.«

Sie gaben erst Ruhe, bis ich mit den Zacken einer Säge die Litzen abgetrennt hatte.

Die beiden wollten wissen, wie die Russen mich geschnappt hätten. Auch sie waren im Schlaf erwischt worden. Sie waren bei einer Feldküche beschäftigt gewesen und hatten abends noch einen zur Brust genommen. Als es hell wurde, stand der Russe vor ihnen.

Obwohl ich zum Umfallen müde war, musste ich mit nach draußen. Während Heinz und Paul Holz sägten, hackte ich es klein. Die hereinbrechende Dunkelheit erlöste mich von meiner Arbeit. Man brachte uns eine dünne Wassersuppe, mehr gab es nicht. Im Nebenraum entdeckte ich einen Behälter, den wir nachts als Klosett benutzten mussten. Schnell zog ich die Tür zu, denn hier drinnen stank es jetzt schon fürchterlich.

Mitten in der Nacht hörte ich einen Lkw vorfahren. Im gleichen Augenblick scheuchte ein Russe uns hoch und trieb uns über den Hof. Ich schauderte, der Wind wehte eisig. Wieder ein offener Wagen. Ich hatte wenigstens meinen Pelz, meine beiden Kumpel zitterten schon, bevor wir abfuhren. Ein Russe schmiss einen Sack Kartoffeln auf die Ladefläche und wir fuhren los. Wir saßen eng nebeneinander und versuchten, uns gegenseitig warm zu halten. Bei jedem Schlagloch flogen wir auseinander. Paul fluchte: »Verdammte Scheiße, müsst ihr unbedingt nachts bei dieser Kälte mit uns durch die Gegend fahren?«

Er schaute ganz erschrocken, als unser russischer Posten in bestem Deutsch erwiderte: »Wir fahren zu eurer eigenen Sicherheit bei Nacht. Ihr kommt nach Leningrad und da sind die Leute nicht gut auf euch zu sprechen.«

Betroffen schwiegen wir.

Nach stundenlangem Geschaukel sahen wir Lichter in der Ferne. Das musste Leningrad sein. Die Stadt bot einen trostlosen Anblick, überall nur zerstörte Häuser und ausgebrannte Fabriken. Die Straßen waren nur notdürftig frei geräumt. An den Rändern lagen Autowracks und Panzer. Ärmlich gekleidete Zivilisten eilten zur Arbeit. Wir sahen uns wortlos an, hier konnte uns nichts Gutes erwarten.

Der Lkw hielt in einem Fabrikhof. Unser Posten warf sich den Sack Kartoffeln über die Schulter. Als einige heraus fielen, stürzten ein paar Männer herbei und hoben sie hastig auf.

»Habt ihr das gesehen?«, fragte Paul. »Wir kommen vom Regen in die Traufe.«

Das Fabriktor wurde hinter uns geschlossen und Soldaten kamen, um

uns abzuholen. Sie stießen uns herum und schrien: »Dawei, dawei!« Das kannten wir bereits. Hinter dem nächsten Tor, in einem kleinen Hof, ließ man uns erst einmal stehen. Hin und wieder liefen ausgemergelte Gestalten über den Hof, ohne uns zu beachten. Es waren deutsche Gefangene. Ihre Kleidung bestand zum Teil nur aus Lumpen.
Ein Russe führte uns in ein Gebäude, das aus mehreren Räumen bestand, alle ohne Türen. In einem Raum lagen bergeweise Schuhe, im nächsten Mäntel und Uniformen. Wir mussten uns bis aufs Hemd ausziehen. Ein Offizier betrachtete eingehend meinen Pelz und legte ihn über den Arm.
«Moment», sagte ich und nahm ihn wieder an mich. Er versetzte mir eine schallende Ohrfeige. Ich zeigte auf die Innentasche und zog einige Fotos heraus. Er nahm mir die Bilder aus der Hand. »Papa?«, fragte er beim ersten.
»Ja.«
Er zerriss es. Mit dem Foto meiner Mutter machte er das gleiche. Als er das Bild von Rosar anschaute, nahm ich es ihm blitzschnell weg. Wieder schlug er mir ins Gesicht und riss mir Rosars Foto aus der Hand.
»Braut?«, sagte er.
Ich gab keine Antwort.
Ganz langsam und genüsslich zerriss er das Bild. Die kleinen Papierschnipsel trudelten zu Boden. Kalte Wut stieg in mir hoch. Ohne zu überlegen, trat ich ihm mit voller Kraft gegen das Schienbein. Dabei stieß ich wüste Schimpfworte aus. Jemand packte mich von hinten und hielt meine Arme fest. Dann sausten Schläge auf mich nieder. Ich spürte sie kaum. Ich war viel zu wütend.

Die Russen nahmen uns alles weg, sogar das Taschentuch. Wir mussten uns alte, löchrige Klamotten überziehen. Meinen warmen Pullover hatte ich so weit in die Nähe der Türöffnung geworfen, dass man ihn nicht mehr sah. Als wir aus dem Raum getrieben wurden, hob ich ihn schnell auf und steckte ihn unter meinen schäbigen Mantel.

»Überall nur zerstörte Häuser und ausgebrannte Fabriken.«

Meine Schuhe durfte ich behalten, weil mir wegen des Verbandes keine anderen passten.
Als wir erneut draußen in der Kälte standen, fuhren zwei weitere Lkw mit Gefangenen vor. Sie mussten ebenfalls ihre Kleidung tauschen. Anschließend wurden wir zu einem großen Saal gebracht. Man war gerade dabei, den Boden mit Stroh auszulegen. Ich stieß Paul an: »Siehst du den Ofen da hinten in der Ecke? Du saust gleich los und belegst dort drei Plätze. Verstanden?«
»Ich bin doch nicht doof!«
Als wir tatsächlich Plätze in der Nähe des Ofens ergattert hatten, sagte Paul, die Idee hätte auch von ihm stammen können.
»Warum kam denn keiner drauf?«, fragte ich.
»Weil wir nur von der Wehrmacht kommen. Ihr von der SS seid ja die Elite. Ihr ward schon immer besser. Und weil du so schlau bist, kannst du uns gleich Kochgeschirre besorgen, denn es gibt bald Suppe.«

Ich zog los und traf ausgerechnet auf den Offizier, dem ich den Tritt versetzt hatte. Mit Händen und Füßen gab ich ihm zu verstehen, dass ich drei Kochgeschirre brauchte. Als ich schon abziehen wollte, weil er nicht reagierte, stand er auf und brachte mir drei Stahlhelme. Ich bedankte mich und lief stolz zu den anderen. Die beiden schauten mich entgeistert an: »Daraus sollen wir essen, wo die ihre blöden Köppe drin hatten?«
»Ist mir doch egal. Jedenfalls sind die besser als gar nichts!«
Ich machte mich daran, das Innenleder abzuziehen. Dann marschierte ich mit meinem neuen Gefäß zum Suppenempfang. Nachher war der Boden des Helms gerade mit Suppe bedeckt. Ich setzte den Helm an den Mund und trank die Brühe aus. Genauer gesagt bestand sie nur aus heißem Wasser mit etwas Salz darin. Rundum hörte ich nur Gemecker. Paul stellte fest: «Von dieser Suppe wird nicht mal eine Maus satt.»
»Hunger werden wir wohl noch öfter haben und wer weiß, wie lange das hier dauert. Ihr müsst euch auf einige Jahre gefasst machen«, bemerkte ich nüchtern. Das hätte ich lieber nicht sagen sollen, denn

alle erklärten mich für total verrückt. Ich hatte keine Lust mehr, mit ihnen zu diskutieren, und breitete meinen Mantel auf dem Stroh aus, um mich schlafen zu legen. In der Nähe des Ofens war es wenigstens etwas warm.

Am nächsten Morgen stellte sich ein etwa vierzigjähriger Soldat namens Lehmann als unser Gruppenführer vor. Gemeinsam traten wir zum Haareschneiden an. Es wurde ein Radikalschnitt. Manch einem schossen Tränen in die Augen, wenn seine Haarpracht zu Boden fiel. Wir besaßen zwar keinen Spiegel, aber der Anblick des kahl geschorenen Nachbarn war Spiegel genug. Einige Kameraden bekamen den ersten Lagerkoller. Sie ertrugen den Gedanken nicht, für lange Zeit unter diesen menschenunwürdigen Umständen und mit ständigem Hunger hier ausharren zu müssen. Nur mit Mühe konnten sie davon abgehalten werden, gegen den Stacheldraht zu laufen, was ihren sicheren Tod bedeutet hätte, denn die Posten schossen ohne Vorwarnung.

Im Lager waren inzwischen fünfhundert Gefangene untergebracht. Es wurde dringend eine Latrine benötigt, aber die Erde war knochenhart gefroren. Die Werkzeuge, die man uns zur Verfügung stellte, waren äußerst primitiv. Da die Grube, die auszuheben war, sehr groß werden sollte, schufteten wir mit mehreren Leuten fast zehn Tage bei eisiger Kälte. Unsere tägliche Essensration bestand aus einem Stück klebrigem Brot und einer Wassersuppe. Der Hunger wurde unser ständiger Begleiter. Mit jedem Tag magerten wir mehr ab.

Vor der Küchenbaracke fand ich morgens eine kleine Möhre. Ich steckte sie schnell in den Mund. Sie war steinhart gefroren, aber ich kaute so lange darauf herum, bis sie entfernt nach Möhre schmeckte. Stunden später fing es an mit Magenkrämpfen, dann bekam ich Durchfall. Jede halbe Stunde schleppte ich mich zusammengekrümmt zum Klo. Als ich nichts mehr in den Därmen hatte, schied ich nur noch blutigen Schleim aus. Mir war sterbenselend zumute.

Gegen Morgen, ich lag in einer Art Dämmerzustand, hörte ich: »Antreten, wir werden verlegt!» Unverzüglich standen alle abmarschbereit. Wir besaßen kein einziges Gepäckstück, nur die Kleidung, die um unseren Körper schlotterte. Vor dem Lager wimmelte es von schwer bewaffneten russischen Soldaten. Schäferhunde bellten aufgeregt an kurz gehaltenen Leinen. Immer mehr Gefangene wurden von allen Seiten herangetrieben, so dass wir am Ende Tausende waren.
In Sechserreihen marschierten wir los. Rechts und links unserer Kolonne wurden wir im Abstand von zwei Metern von Russen begleitet. Heinz, der neben mir marschierte, blickte mich besorgt an: «Geht es dir immer noch nicht besser?«
»Nein, es zerreißt mir die Gedärme. Ich halte es nicht mehr aus!«
»Zieh' doch einfach die Hose runter. Ein Klosett findest du hier sowieso nicht.«
Ich ging in die Hocke. Die Kolonne geriet ins Stocken. Ein Russe stieß mir den Gewehrkolben ins Kreuz und schrie: »Dawei, dawei!«
Es half alles nichts. Jede hundert Meter krümmte ich mich unter einem neuen Krampf und zog die Hose herunter. Vor Schwäche konnte ich mich kaum auf den Beinen halten. Um mich herum wurde laut gemault, wenn ich mich hinhockte, aber Paul und Heinz stellten sich schützend neben mich.

Wir schauten ungläubig, als ein Lastwagen mit aufgebauter Kamera heranrollte und im Schritttempo vor uns herfuhr. Dabei wurden wir ununterbrochen gefilmt.
»Wir kommen in die Wochenschau!«, rief Paul. »Klaus, zeig' denen doch mal deinen schönen Arsch!«
Alle lachten, nur mir war nicht danach zumute.
Je näher wir der Innenstadt von Leningrad kamen, umso mehr Menschen sammelten sich am Straßenrand. Sie beschimpften uns lautstark. Kinder bewarfen uns mit Schnee. Unsere Bewacher hielten aufgebrachte Männer, die mit Stöcken bewaffnet waren, davon ab, auf uns loszugehen. Jetzt wurde mir klar, warum wir so stark bewacht wurden. Der

Hass der Bevölkerung auf uns war unverkennbar. Sie hatte zu viel unter uns erleiden müssen. Wieviel Opfer hatte der Krieg in dieser Stadt gefordert? Dazu kamen die Entbehrungen und der Hunger.

Als der Bahnhof in Sichtweite kam, atmeten wir erleichtert auf. Eine lange Reihe von Güterwagen stand zu unserer Verladung bereit. Ich hielt mich dicht an Heinz und Paul, um mit ihnen gemeinsam in einen Waggon zu gelangen. Alles schob und drängte, um sich einen möglichst guten Platz auf einer der Pritschen zu sichern. Oben und unten entlang der Seitenwände mussten je zehn Mann unterkommen, so dass wir mit vierzig Leuten in einem Waggon zusammengepfercht wie die Heringe lagen.
Bis die Tausende von Gefangenen verladen und namentlich erfasst waren, vergingen Stunden. Wir froren erbärmlich. Bevor der Zug sich endlich in Bewegung setzte, erhielten wir ein Stück Brot und Kaffee.

Unsere Notdurft mussten wir durch ein Loch im Boden des Waggons verrichten. Es war andauernd besetzt. Im Dunkeln konnte man nur mit Mühe und Not die Öffnung treffen. Tagsüber klappte es besser, wenn man den Lichtschein von unten sah. Ich hatte mich bewußt in die Nähe des Lochs gelegt, denn mein Durchfall hielt weiter an. Jedesmal, wenn ich eine »Sitzung« hatte, beschwerten sich die Kameraden über den bestialischen Gestank.
»Am liebsten würde ich das Schwein rausschmeißen«, hörte ich eine Stimme aus der Dunkelheit, wenn ich wieder einmal die Öffnung verfehlt hatte.
Die Luft im Wagen wurde unerträglich. Es stank nach Schweiß, Urin und Scheiße. Das winzige Oberlicht an der Decke sorgte kaum für Frischluft. Wenn ich nach einem Gang auf das Loch wieder an meinen Platz wollte, suchte ich ihn vergeblich, denn inzwischen hatten sich meine Nachbarn breit gemacht. Ich legte mich einfach oben auf die Männer, bis es ihnen zuviel wurde und sie auseinanderrückten. Langsam rutschte ich wieder in meine alte Lücke.

Zwischen den Krampfanfällen döste ich vor mich hin. Manche Kameraden unterhielten sich. Meist redeten sie von der Zeit vor dem Krieg. Von der ungewissen Zukunft sprach keiner. Einige Männer lagen stumm auf ihren Pritschen und starrten zur Decke. Nachts, wenn ich die Hand nicht vor den Augen sah und stundenlang wach lag, hörte ich bisweilen unterdrücktes Schluchzen. Wenn einer ausrastete und mit den Fäusten gegen die Waggonwände donnerte, hielten ihn die Kameraden fest und versuchten, ihn zu beruhigen.
Die Fahrt zog sich endlos hin. Einmal fuhr der Zug, dann hielt er wieder aus unerfindlichen Gründen. Es hatte den Anschein, als rangierten wir ziellos durch die Gegend, weil man nicht wusste, wohin mit uns.
Jeden Morgen gab es ein Stück Brot und Kaffee und dann den ganzen Tag nichts mehr. Das Brot schlangen wir sofort hinunter, damit es uns keiner stahl.

Nach der zweiten Nacht, die ich schlaflos verbracht hatte, fühlte Paul meine Stirn und behauptete, ich hätte Fieber. Als der Zug anhielt, meldete ich mich bei einem deutschen Transport-Arzt. Er untersuchte mich flüchtig und meinte, ich hätte die Ruhr und gehöre ins Revier. Er gab mir Kohletabletten. Ich nahm gleich die doppelte Menge.
Mein Durchfall ließ nach. Auch meine Füße schmerzten nicht mehr. Das ständige Liegen hatte ihnen gutgetan.

Nach drei Tagen waren wir endlich am Ziel. Wir sammelten uns am Bahnhof und marschierten in Richtung der Wachtürme, die von weitem zu sehen waren. Dort musste unser Lager sein. Wir kamen an Fabrikhallen vorbei, vor denen Arbeiter standen. Sie waren über und über mit rotem Staub bedeckt. Staunend blickten sie uns hinterher. Paul zeigte auf riesige rote Halden: »Hier wird Bauxit abgebaut. Das wird wohl unsere künftige Arbeit sein.«
Alle Wachtürme waren bereits besetzt, als wir uns dem Lager näherten.
»Die erwarten uns schon«, sagte ich, »vielleicht gibt es zum Empfang Kaffee und Kuchen.«

»Hör' bloß auf, von Essen zu reden«, bemerkte Heinz, dessen Wangen eingefallen waren und der in seinem überlangen Mantel einer Vogelscheuche ähnelte.
Die Baracken hatten jeweils drei Kamine. Wir hofften, dass auch drei Öfen darin standen. Rings um das Lager waren fünf Reihen Stacheldraht gespannt. An hohen Masten hingen Scheinwerfer. Russen mit unbeweglichen Mienen erwarteten uns am Tor.

Zuerst wurden wir gezählt. Es dauerte eine Ewigkeit, bis wir vorgerückt waren. Heinz war der erste und besorgte uns einen Pritschenplatz in der oberen Reihe in Ofennähe. Wir schätzten, dass mindestens vierhundert Mann in einer Baracke untergebracht wurden. Die an der Tür lagen, hatten den schlechtesten Platz. Ständig war Durchzug, wenn Leute zur Latrine mussten. Dafür lagen wir im warmen Mief.
Unser Lagerkommandant, ein ehemaliger Oberleutnant, stellte sich vor. Er redete von Ordnung und Disziplin. Wer sich dem Stacheldraht nähere, werde erschossen.
Als es hieß »Essen holen«, schnappten wir unsere Stahlhelme und zogen los. Die Suppe war nicht besser als in Leningrad: Heißes Wasser mit einem Hauch von Einlage.

Die ersten vier Tage waren wir mit Schneeschaufeln und dem Säubern der Unterkünfte beschäftigt. Wir schrubbten den Fußboden unserer Baracke mit aufgetautem Schneewasser. Von Baracke zu Baracke legten wir Wege frei und häuften den Schnee zu beiden Seiten mannshoch auf. Solch riesige Berge von Schnee hatte ich in meinem Leben noch nicht gesehen.

Man teilte uns in Brigaden ein. Am nächsten Tag sollten wir zu Außenarbeiten eingesetzt werden. Als wir aufwachten – es war noch stockfinster –, heulte draußen ein stürmischer Wind. Wir zogen alles, was wir an Kleidung besaßen, über und stellten uns im Freien auf. Bis alle angetreten und gezählt waren, spürten wir unsere Hände und Füße nicht mehr. Wir hatten zwar Handschuhe erhalten, aber die taugten nichts. In einem nahe gelegenen Wald sägten wir Holz und stapelten die Scheite am Wegrand auf. Die Kälte war kaum zu ertragen. Das einzige Lagerfeuer, an dem wir uns hätten aufwärmen können, war nur für die Posten bestimmt. Man durfte nicht einmal in seine Nähe kommen. Gegen drei Uhr nachmittags dunkelte es bereits. Wir waren froh, ins Lager zurückkehren zu können, denn wir waren dermaßen durchgefroren, dass es Stunden dauerte, bis die Glieder allmählich auftauten.

Jeden Morgen marschierten wir in den Wald. Viele Kameraden waren so geschwächt, dass sie während der Arbeit lautlos in den Schnee sanken und liegen blieben.

Ich steckte meinen langen Mantel in die Hose. So waren wenigstens meine Nieren geschützt. Wenn die Temperatur unter dreißig Grad minus sank, durften wir im Lager bleiben, bis das Thermometer wieder stieg. Manche Kameraden verletzten sich absichtlich, um ins Lazarett zu kommen, weil sie die Kälte nicht ertrugen.

An einem besonders kalten Tag, der eisige Nordwind blies mir durch jedes Knopfloch, meine Füße waren gefühllose Klumpen, schrie ein Kamerad, der in meiner Nähe eine Birke fällte, laut auf. Ich ließ meine Säge fallen und lief zu ihm hinüber. Er kniete im Schnee, der sich um ihn herum langsam rot färbte. Eine tiefe Wunde, aus der Blut schoss, klaffte in seinem Oberschenkel. Die Posten schlenderten gemächlich auf uns zu. Sie dachten wohl, wieder einer, der ins Lazarett will. Ehe sie den Verletzten abtransportieren ließen, riss ich ihm den Schal vom Hals und band sein Bein oberhalb der Wunde ab. Ob das arme Schwein sich die Verletzung beigebracht hatte oder es ein Unfall war, darüber wollte ich nicht nachdenken. Tauschen wollte ich jedenfalls nicht mit ihm. Als er weggebracht wurde, verlor er das Bewusstsein.

»Die Kälte war kaum zu ertragen.«

März 1944

Noch immer fiel Schnee, aber es gab Tage, an denen plötzlich einsetzendes Tauwetter die Wege innerhalb des Lagers in knöcheltiefen Matsch verwandelte. Wir bauten Stege, um die Baracken einigermaßen trocken erreichen zu können. Nach einer klirrend kalten Nacht fanden wir Eisbahnen vor, auf denen man Gefahr lief, sich sämtliche Knochen zu brechen.
Es wurde zwar eine Menge Holz herangeschafft, aber dennoch mussten wir sparen. Gegen Morgen war unser Ofen meist kalt. Langsam kroch die Kälte von meinen Füßen aufwärts und ich konnte nicht mehr schlafen. Nur wenn es unbedingt sein musste, verließ ich nachts die Baracke, um die Latrine aufzusuchen. Hinterher war ich so durchgefroren, dass an Einschlafen nicht mehr zu denken war.
Von Tag zu Tag wurden wir übellauniger und unzufriedener. Wir hatten ständig Hunger, froren in unseren dünnen Klamotten, stanken vor Schmutz und waren unrasiert. Wir wuschen uns notdürftig mit Schnee, da das Wasser gefroren war.

Die Arbeit im Wald war beendet und unsere Brigade wurde abwechselnd einem Eisenbahnkommando zugeteilt oder musste Bauxit abbauen, aus dem Aluminium gewonnen wurde. Der Bauxit wurde mit der Spitzhacke aus der Erde gehauen und anschließend auf Loren verladen. Es war eine Knochenarbeit, denn das Zeug war hart gefroren. Als es wärmer wurde und der Bauxit auftaute, blies der Wind uns den roten Staub ins Gesicht und auf die Kleidung. Abends schrubbten wir uns, bis die Haut brannte.

Immer wieder nutzten Gefangene die Außenarbeiten zur Flucht, aber keiner kam durch. Nach ein paar Tagen schleppte man sie halbtot ins

Lager zurück, übersät mit grünen und blauen Flecken. Ihre misshandelten Körper sollten als Abschreckung dienen.

Eines Tages erschien Paul mit der Neuigkeit, er habe einen Trierer kennengelernt, der in der Nachbarbaracke untergebracht sei. Freudig lief ich hinüber und traf auf einen jungen Mann namens Hubert, den ich sogar vom Ansehen kannte, denn er wohnte ebenfalls in der Trierer Innenstadt. Es stellte sich heraus, dass wir sogar gemeinsam die Dewora-Schule besucht hatten. Er war allerdings im evangelischen Teil der Schule gewesen. Wir redeten über unsere Eltern, die sich sicherlich um uns sorgten, und vereinbarten, dass der, welcher zuerst aus der Gefangenschaft käme, die Eltern des anderen benachrichtigen sollte. Damals ahnte ich noch nicht, dass Hubert Jahre vor mir zu Hause sein würde. Von nun an trafen wir uns regelmäßig und sprachen von unserem schönen Trier und gemeinsamen Bekannten.

Als ich in die Baracke trat, in der ein Russe und ein Deutscher eifrig damit beschäftigt waren, den Landsern die Haare zu kürzen und den Bart abzurasieren, erkannte ich Paul im ersten Moment nicht wieder, als er bartlos vor mir stand.
»Bin ich nicht einer der schönsten Kerle hier?«, lachte er. »Schade, dass gerade keine Frau hier ist.«
»Was willst du denn mit der anfangen?«
»Du hast recht. Hundert Gramm Brot wären mir lieber als zehn nackte Weiber.«
Ich fühlte mich gleich besser, als ich rasiert und mit kurzen Haaren die Baracke verließ. Es goss in Strömen und das am Frühlingsanfang.
»Mistwetter!«, schimpfte Paul. »Hoffentlich hört das bald auf. Morgen müssen wir am Bahnhof arbeiten.«

Unter wolkenverhangenem Himmel marschierten wir am nächsten Morgen zum Bahnhof. Es galt, eine bestimmte Anzahl Schienen an einem Tag zu verlegen, eher durften wir nicht ins Lager zurück. Die

Schwellen und Schienen waren zentnerschwer und nur mit mehreren Leuten zu heben. An manchen Tagen halfen Frauen mit. Sie waren kräftiger als wir und hoben zu viert hoch, womit wir mit acht Männern Mühe hatten. Es musste sich bei den Frauen ebenfalls um Gefangene handeln, denn sie wurden bewacht wie wir. Nicht einmal zum Pinkeln durften wir unseren Platz verlassen. Anfangs taten wir uns schwer, im Beisein der Frauen unser Wasser abzuschlagen. Ihnen dagegen machte es nichts aus. Sie ließen ungeniert ihre Hosen herunter und hockten sich breitbeinig hin. Allmählich gewöhnten sich alle an den Zustand, nur ich konnte einfach nicht im Stehen Wasser lassen, wenn mir jemand dabei zusah. So ging ich wie die Frauen in die Hocke und ließ es laufen.

Im Lager erschien die erste Zeitung. Sie hieß »National Komitee Freies Deutschland«. Herausgegeben wurde sie von deutschen Offizieren, die in Stalingrad in Gefangenschaft geraten waren. Die Zeitung enthielt viel Propaganda und Lobreden auf die Russen. Das Papier eignete sich hervorragend zum Zigarettendrehen, denn mittlerweile erhielten wir auch Tabak. Ich tauschte meine Ration meist gegen Brot und rauchte nur noch selten.

Immer häufiger versuchten die Russen, uns politisch zu beeinflussen. Sonntags hielt man uns Vorträge in den Baracken. Als wieder einmal eine Russin ihr Land über alles pries und von Flüssen schwärmte, in denen so viele Fische schwammen, dass kein Schiff untergehen könne, platzte mir der Kragen.
»Warum bekommen wir dann nur Wassersuppen zu essen?«, rief ich provozierend.
Mit hochrotem Kopf antwortete sie, im Moment hätten sie eine Versorgungslücke.
Als ich dann noch fragte, ob sie mir eine Nähnadel leihen könne, um einen Knopf an meine Hose zu nähen, brüllte sie unbeherrscht, wir befänden uns noch immer im Krieg, aber in Moskau sei alles zu haben.

Die ganze Versammlung lachte. Sie brach ihren Vortrag ab und verschwand.
»Junge, du hast Mut!«, bemerkte Paul.
»Was kann mir schon passieren?«
»Sie könnten dich entlassen«, sagte Heinz trocken, »dann stehst du schön da.«

An einem frühlingswarmen Sonntag, Ende April, schlenderte ich mit Paul und Heinz durch das Lager. Aus dem Fenster der Küche wurden gerade Dutzende von leeren Konservendosen auf einen Stapel geworfen.
»Die kommen alle aus Amerika. Die Russen wären sonst schon längst verhungert«, sagte Paul und betrachtete eingehend den Berg Dosen. Er schlug sich mit der flachen Hand an die Stirn: »Mensch, dass ich nicht schon früher daran gedacht habe!«
Wir verstanden überhaupt nichts.
»Schaut euch doch mal die Dosen an. Daraus kann man prima Kochgeschirre machen. Der Stahlhelm stinkt mir schon lange.«
Paul rief zum Wachturm hoch: »He, nimm mal deine Knarre beiseite, ich will mir Dosen holen.«
Der Posten richtete seine MP auf uns und schrie unverständliche Worte herunter. Heinz ging auf den Koch zu, der neugierig aus der Küche gelaufen kam: »Gib uns ein paar leere Dosen. Wir haben kein vernünftiges Kochgeschirr.«
Der Koch rief etwas auf Russisch in Richtung des Postens und fragte uns anschließend, wieviele wir denn brauchten.
»Für drei Kochgeschirre brauche ich zwölf Dosen«, sagte Paul.
Sichtlich zufrieden ließ er sich mit den Dosen auf einem Stein nieder.
»Nun will ich euch mal zeigen, was Papa so gelernt hat.«
Er begann eifrig zu hämmern. Der Koch blieb bei uns stehen und wir sahen staunend zu, wie unter Pauls Händen ein praktisches Kochgeschirr entstand. Für ein Gefäß nahm er vier Dosen, schlug sie flach, gab ihnen eine ovale Form mit einem kleinen Rand unten, legte beide

Ränder zusammen, klopfte darauf und das Geschirr war dicht. Stolz zeigte er sein fertiges Produkt: »Na, was habe ich euch gesagt?«
Gleich nahm er das nächste in Angriff. Der Posten meldete sich erneut.
»Was will der Kerl?«, fragte Paul.
»Er will auch so ein Ding«, antwortete der Koch.
»Für Tabak kann er alles haben«, lachte Paul, und schon landeten Papirossi neben ihm.

Pauls Kochgeschirre wurden ein Renner. Er konnte sich vor Aufträgen nicht mehr retten. Jeden Abend saß er vor der Küche und hämmerte. Hinterher kassierte er Tabak. Zu den Geschirren kamen Schüsseln hinzu. Die Russen gaben ihm Tabak dafür und verkauften sie anschließend an Zivilisten. Andere Gefangene, die ebenfalls Klempner gelernt hatten, halfen Paul, weil er die Arbeit nicht mehr allein schaffte. Als der russische Kommandant Wind von der Sache bekam, setzte er jede Menge Leute ein, die nützliche Dinge produzieren sollten. Ein Schuster, der neue Sohlen aus Holz für seine Schuhe gefertigt hatte, um trockenen Fußes durchs Lager zu gelangen, bekam den Auftrag, sämtliche durchgelaufenen Sohlen zu erneuern. Sogar Wanduhren wurden fabriziert.

Die Russen machten ihre Geschäfte und unsere Kameraden hatten etwas mehr Brot und Tabak. Sie wurden immer erfinderischer und begannen, aus Pflanzen und Brennnesseln Suppen zu kochen. Nach dem Genuss einer dieser Suppen bekam ich nachts starke Bauchschmerzen und suchte anderntags die Ärztin auf. Sie verlangte eine Stuhlprobe und behielt mich gleich da. Wahrscheinlich war die Suppe nicht die Ursache, denn am Abend kamen immer mehr Kameraden, die über Durchfall klagten. Einer starb in der ersten Nacht. Die Russen gerieten in Panik. Im Lager zu sterben, war nicht erlaubt, höchstens im Lazarett in der Stadt. Mittags rollten drei Lastwagen an und wir Kranken wurden weggebracht. Durch die Schaukelei auf dem offenen Lkw wurden die Krämpfe noch schlimmer. Der Fahrer reagierte nicht auf unser Fluchen und Stöhnen und hielt unterwegs nicht ein einziges Mal an.

Als wir vor dem Lazarett vom Wagen kletterten, hatten alle die Hosen voll. Die Krankenschwestern, die uns in Empfang nahmen, schlugen die Hände über dem Kopf zusammen. Sie trieben uns in einen Waschraum, wo wir uns sämtlicher Kleidungsstücke entledigen mussten. Anschließend spritzten die Schwestern uns mit eiskaltem Wasser ab. Wir schrien fürchterlich, aber sie kannten kein Erbarmen.

Sauber und mit einem frischen Hemd bekleidet, belegten wir in einem riesigen Schlafsaal unsere Betten. Sechzig Kranke waren in dem Raum untergebracht. Obwohl wir nichts im Magen hatten, wanderten wir ständig zum Klosett. Nachts schlief ich schlecht. Unaufhörlich lauschte ich auf das Stöhnen, Schnarchen und Furzen der Kameraden.

Um uns aufzupäppeln, kochte man fette Suppen, aber davon wurde es noch schlimmer. Als wieder zwei Patienten starben, beschloss ich, mir selbst zu helfen. Ich lehnte von nun an jegliches Essen ab und trank nur noch schwarzen Tee, der ständig in große Kannen nachgefüllt wurde. Nach drei Tagen ging es mir erheblich besser. Meine Bettnachbarn, die weiterhin die fette Suppe aßen, wurden immer mehr vom Durchfall geschwächt. Mit den Schwestern sprach ich so gut wie nichts. Wenn sie mich etwas fragten, sagte ich: »Nix verstehn!«

Eines Tages setzte sich eine hübsche Krankenschwester, die ich vorher nie gesehen hatte, ans Fußende meines Bettes und fragte in gutem Deutsch, warum ich die Russen hasste. Sie wollten uns doch nur helfen. Sie gefiel mir in ihrer ernsten Art.

»Ich hasse euch nicht, aber leider verstehe ich kein Russisch. In Zukunft werde ich mich allerdings bemühen«, sagte ich.

»Das ist gut. Ich heiße Tamara und wie heißt du?«

Ich versuchte zu lächeln: »Ich heiße Klaus!«

Sie erhob sich. »Wenn du lachst, siehst du gleich viel netter aus.«

»Wo hast du unsere Sprache gelernt?«

»In der Schule. Wir Russen haben eure Kultur und eure Dichter immer geliebt.«

Ich sagte nichts mehr. Ihre Worte machten mich nachdenklich und ich nahm mir vor, mich von nun an für die russische Sprache zu interessieren.
Meine Radikalkur hatte mich gesund gemacht, jedoch war ich noch sehr wacklig auf den Beinen. Sobald ich die Suppe mit der dicken Fettschicht nur anschaute, wurde mir übel. Tamara schimpfte mich aus, so könne ich nie zu Kräften kommen. Manchmal brachte sie mir ein Stück Weißbrot oder eine Handvoll Pellkartoffeln mit Salz. Als mir die Liegerei zu langweilig wurde, bot ich Tamara an, ihr etwas bei der Pflege zur Hand zu gehen. Sie freute sich über mein Angebot, denn oft wusste sie nicht, zu welchem Kranken sie zuerst laufen sollte. Ich half ihr beim Fiebermessen und trug – wenn auch von Ekel geschüttelt – die stinkenden Bettpfannen hinaus.

Nachdem es erneut drei Sterbefälle gegeben hatte, kündigte sich eine Kommission aus Moskau an. Tamara war in heller Aufregung.
»Wenn die auch der Meinung sind, dass unser Essen zu fett ist, muss ich zurück in die Fabrik.«
Ich fragte erstaunt: »Du bist keine ausgebildete Krankenschwester?«
»Doch, ich habe drei Jahre in der Abendschule gelernt und bei Verwundeten geholfen.«
Die Kommission bestand aus vier Ärzten. Sie untersuchten jeden Patienten, fühlten den Puls und drückten auf den Bauch. Anschließend gab einer der Ärzte in perfektem Deutsch bekannt, dass er die Leitung des Lazaretts übernehme.
Er sah mich an: »Sie sind Sanitäter?«
Noch ehe ich antworten konnte, hatte Tamara seine Frage schon bejaht.
Er nahm mich mit in einen Nebenraum.
»Es muss am Wasser liegen«, sagte er, »was meinen Sie?«
»Meiner Ansicht nach ist das Essen zu fett. Die Leute haben im Lager kaum Fett bekommen und nun rebelliert ihr Magen.«
Später lobte Tamara mich, ich sei ein guter Doktor. Der Arzt aus Moskau habe anderes Essen verordnet. Außerdem lasse er eine Baracke räu-

men, damit weniger Kranke in einem Saal zu liegen kämen.
»Donnerwetter!«, sagte ich verwundert, »Das hätte ich von euch Russen nicht gedacht.«
»Er ist kein Russe. Er ist ein Jude aus Deutschland.«
»Dabei hätten gerade die Juden allen Grund, uns zu hassen«, sagte ich.
»Sicher, aber kennst du den Ausspruch von Stalin: 'Die Hitlers kommen und gehen, aber das deutsche Volk bleibt bestehen'?«
»Das hat der tatsächlich gesagt?«

Dreimal am Tag besuchte der Arzt die Kranken. Das Essen wurde wesentlich besser. Es gab auch keinen Todesfall mehr.
Unter den Neuzugängen entdeckte ich Heinz. Er lag auf einer Tragbahre und rang sich bei meinem Anblick ein gequältes Lächeln ab.
»Mensch, Heinz, du siehst ja beschissen aus!«
»Genauso fühle ich mich auch. Ich glaube, ich hab' die Ruhr.«
Ich verabreichte ihm gleich drei Kohletabletten mit schwarzem Tee.

Juli 1944

Die Luft im Schlafsaal war stickig. Die Kranken lagen mit nackten Beinen und entblößtem Oberkörper auf den verschwitzten Laken und litten unter der schon tagelang andauernden Hitze. Ich hatte mich an die Arbeit im Lazarett gewöhnt, obwohl mir meistens die niederen Tätigkeiten zugewiesen wurden. Tamara kam aufgeregt in den Saal und hielt mir eine Zeitung hin. Ich las, dass man am 20. Juli ein Attentat auf Hitler verübt hatte, das jedoch gescheitert war. Die Russen bedauerten, dass Hitler überlebt hatte, denn andernfalls wäre der Krieg sicher bald zu Ende gewesen.

Ich war entsetzt darüber, dass man Hitler hatte umbringen wollen, aber die älteren Kameraden dachten anders darüber. Sie wollten endlich nach Hause zu Frau und Kindern.
In der Zeitung stand ferner, dass fast alle deutschen Städte in Schutt und Asche lägen und die russische Armee immer näher Richtung Berlin vorstoße. Den Krieg zu verlieren, das konnte ich mir einfach nicht vorstellen.
Von Heinz erfuhr ich, dass der Hunger im Lager immer größere Ausmaße annehme und die Arbeit von Woche zu Woche schwerer würde. Etliche Gefangene hätten in ihrer Verzweiflung Fluchtversuche unternommen, die meist missglückt seien. Heinz meinte, ich könne froh sein, im Lazarett zu arbeiten und solle versuchen, so lange wie möglich hier zu bleiben.

In unserem Saal lag ein Lette, der sich mehrmals am Tag seinen Körper massierte oder auf dem langen Gang auf und ab lief. Oft beobachtete ich, dass er ein Stück Brot am Ofen röstete. »Für morgen«, sagte er, verstaute es in seinem Beutel und lächelte hintergründig. Jeder hielt ihn für verrückt. Selbst die Russen ließen ihn gewähren, wenn er seine Laufübungen absolvierte.

Unsere Fenster im Saal bestanden aus sechs schmalen Feldern, von denen jedes etwa dreißig Zentimeter breit war. Eines frühen Morgens sprang unser Lette durch eine dieser Scheiben mit einem gezielten Hechtsprung hindurch. Ziemlich lädiert kam er unten an und man schleppte ihn wieder in unseren Schlafsaal zurück. Nun waren wir in unserer Meinung bestätigt, dass er geistig verwirrt sei. Als nach Tagen eine neue Scheibe eingesetzt wurde, zeigte er lachend darauf und rief: »Tiger, Tiger!«

Zwei Nächte später wurden wir vom Bersten eines Glases aus dem Schlaf gerissen. Wir sprangen aus den Betten, stürzten zum zersplitterten Fenster und konnten gerade noch erkennen, wie der Lette barfuß und behende wie ein Eichhörnchen über die Stacheldrähte kletterte. Ehe die Posten die Situation erfasst hatten und schießen konnten, war er über alle Berge. Jetzt ging uns auf, dass er schlauer war, als wir gedacht hatten. Seine Trainingseinheiten und das geröstete Brot gehörten zu seinem Fluchtplan. Da man uns im Schlafsaal verdächtigte, wir hätten bei seiner Flucht geholfen, wurden die Tabakrationen gesperrt. Tage später berichtete uns ein russischer Offizier, man hätte den Letten aufgegriffen und erschossen. Wir waren bedrückt, denn wir hätten dem schlauen Kerl gegönnt, in die Freiheit zu gelangen.

In der Nachbarbaracke, in die mittlerweile zwanzig Kranke verlegt worden waren, arbeitete Olga, eine kleine, dicke, ziemlich hässliche Krankenschwester. Mit einer Stimme, die zum Glasschneiden geeignet war, schrie sie den ganzen Tag herum. Sie konnte nur ein paar Brocken Deutsch und so wurde sie meist nicht verstanden.
Wenn Tamara frei hatte, blieb sie oft im Lazarett, um mit mir Russisch zu lernen.
»Du musst die Sprache beherrschen, damit du Olga verstehst«, sagte sie mir an einem warmen Tag im September. Wir saßen am Fenster im Sonnenlicht und ich mühte mich ab, die fremden Laute zu verstehen.
»Was soll ich mit Olga?«
»Ich bin nur noch zwei Tage hier!«
Ich sah sie ungläubig an.
»Es ist wahr, Klaus. Ich werde Oberschwester in einem Krankenhaus in der Stadt. Olga ist auch nett, du musst nur lieb zu ihr sein.«
»Nein, nein, dann gehe ich lieber ins Lager zurück.«
»Mach' keine Dummheiten. Der Winter kommt bald, dann bist du gut hier aufgehoben. Du bekommst besseres Essen und was Olga von dir will, ist auch nicht schlimm.«
Ich schaute Tamara in die Augen: »Was will sie denn?«
Sie wurde rot: »Was alle Mädchen wollen – Liebe!«
Ich schlug mir die Hände vors Gesicht: »Aber das ist unmöglich! Nicht mit Olga!«

Auf dem Gang wurde es plötzlich laut. Wir liefen zur Tür, um nachzusehen, was los sei. Vier Russen schleiften ein Bündel von einem Menschen über den Boden. Jeder hatte ein Bein oder einen Arm gepackt. Der halbnackte Körper war mit blauen und grünen Flecken übersät. Trotz des angeschwollenen Gesichts erkannte ich unseren geflohenen Letten. Er wurde in ein winziges fensterloses Zimmer gebracht. Dort fesselte man ihn mit Ketten an ein Bett. Eine korpulente Russin in Uniform wurde zur Bewachung an seine Seite gesetzt. Sie fütterte ihn und pflegte seinen zerschundenen Körper. Wahrscheinlich nahm sie die Pflege sehr ernst, denn vier Wochen später, an einem nebligen Oktobermorgen, waren die beiden verschwunden. Wir hörten nie mehr etwas von ihnen.

Kaum hatten wir einen Patienten entlassen, wurde ein neuer Fall eingeliefert. Die Männer litten unter Lungenentzündung, totaler Unterernährung oder sie hatten sich bei der Arbeit im Freien verletzt. Mit den meisten hatten wir nicht viel Mühe. Sie lagen still und apathisch in ihren Betten und waren froh, für einige Zeit dem Lagerleben entronnen zu sein.

Olga hatte sich einen Soldaten aus der Küche angelacht. Sie konnte nicht genug von dem Kerl kriegen. Jede Nacht verbrachten die beiden zusammen. Derweil musste ich die Wache übernehmen und Olga Bescheid geben, falls etwas Unvorhergesehenes passierte. Es kam oft genug vor, dass ich vor Müdigkeit einnickte. Hinterher war ich erleichtert, wenn nichts vorgefallen war.

Winter 1944/45

Als ich eines Morgens aus dem Fenster schaute, lag eine dicke Schneedecke über der Landschaft. Ich dachte an Tamara und ihren Rat, möglichst lange im Lazarett zu arbeiten. Sie hatte mich nur noch zweimal besucht. Beim letzten Mal sagte sie mir, dass sie wegen Olga nicht mehr käme: »Wenn die mich meldet, komme ich in ein Straflager.«
Beim Abschied spürte ich, dass wir uns beide liebgewonnen hatten, aber ich musste immer noch an Rosar denken. Nicht einmal ihr Foto hatten sie mir gelassen.

Heinz war wieder gesund ins Lager zurückgekehrt. Ich hatte immer weniger Kontakt zu den früheren Kameraden. Jeder musste sehen, wie er zurechtkam und ums nackte Überleben kämpfen.
Kurz vor Weihnachten besorgte ich einen Tannenbaum und stellte ihn in der Mitte des großen Schlafsaales auf.

Es war mein erstes Weihnachten in Gefangenschaft und ich musste häufig an meine Eltern und Trudel denken. Wie war es ihnen inzwischen ergangen? Stand das Haus überhaupt noch? War Trier bisher vom Bombenhagel verschont geblieben? In Gedanken ging ich durch die vertrauten Straßen meiner Heimatstadt. Über einen schmalen Pfad gelangte ich stadtauswärts zur Mariensäule hoch oben auf dem Markusberg. Unter mir schlängelte sich die Mosel durch das Tal und ich schaute über die Dächer der Stadt. Schreckliches Heimweh quälte mich in diesen Tagen und ich hatte niemanden, dem ich mich anvertrauen konnte.

Olga ging mir von Tag zu Tag mehr auf die Nerven. Als ihr Liebesverhältnis aufflog und der Arzt ihr jeden Kontakt zu dem Soldaten unter-

sagte, wurde unser gemeinsames Arbeiten unerträglich. Den Winter wollte ich noch im Lazarett überstehen, aber als es taute und die Sonne schon etwas Kraft hatte, hielt mich nichts mehr. Ich meldete mich beim Arzt, um ins Lager zurückgeschickt zu werden. Er schaute mich nachdenklich an: »Haben Sie sich das auch gut überlegt? Im Lager werden Sie wieder andere Kost bekommen.«
Ich nickte: »Ich weiß, aber ich halte es mit Olga einfach nicht mehr aus.«
Der Arzt lachte: »Olga ist zahm wie ein Lamm, wenn man ihr etwas Liebe gibt. Mögen Sie keine russischen Mädchen?«
»Doch, Herr Doktor, aber darauf steht Straflager!«
Er ließ das Thema fallen: »Am Montag werden Sie ins Lager zurückgebracht. Ihr Entschluss wird Ihnen noch Leid tun.«

Als ich am frühen Mittag im Lager ankam, waren die meisten Kameraden mit Außenarbeiten beschäftigt. Keiner kümmerte sich um mich und ich kam mir ziemlich verloren vor. Mein alter Schlafplatz war während meiner langen Abwesenheit besetzt worden. Abends traf ich auf Heinz und Paul. Sie freuten sich, als sie mich sahen.
»Du siehst prima aus. Warum bist du nicht geblieben? Ist es wegen Olga?«, fragte Heinz.
»Eigentlich ja.«
Paul schüttelte verständnislos den Kopf: »So schlimm kann doch gar keine sein, dass man mit ihr nicht mal ins Bett gehen kann. Die Gefangenschaft hättest du im Lazarett besser überstanden.«
»Du magst ja Recht haben, Paul, aber nach einer Nacht wär' ich die nie mehr losgeworden.«
Die beiden lachten. Paul schlug mir auf die Schulter: »Ja, wenn Olga so eine Furie ist, dann bist du doch besser bei uns aufgehoben. Hast du schon einen Platz zum Schlafen?«
Als ich verneinte, ging er mit mir zum Barackenältesten, doch alles war belegt. Enttäuscht zog ich zur nächsten Baracke.

»Als ich eines Morgens aus dem Fenster schaute, lag eine dicke Schneeschicht über der Landschaft.«

Zum Arbeiten wurde ich wieder meiner alten Brigade zugeteilt, so dass ich wenigstens tagsüber mit Heinz und Paul zusammen war.
Schon eine Woche später musste ich an die Worte des Arztes denken. Es herrschte zwar Tauwetter, aber es war nasskalt. Von den Dächern tropfte ständig Wasser und ich kämpfte mich durch den Matsch. Ich fror ununterbrochen. Die Arbeit im Freien fiel mir anfangs sehr schwer. Tagelang taten mir sämtliche Knochen weh. Dazu kam das schlechte Essen. Abends lag ich mit knurrendem Magen auf meiner Pritsche und bereute meine übereilte Entscheidung.

Mai 1945

Ferdi, mein Nebenmann, stieß mir in die Rippen: »Klaus, aufstehen, wir müssen antreten!«
Ich blinzelte und stützte mich auf den Ellbogen: »Was ist denn los?«
»Keine Ahnung! Vielleicht werden wir entlassen. Draußen hängen jede Menge Fahnen.«
Ich tippte mit dem Zeigefinger an die Stirn: »Denkst du, die flaggen, wenn wir entlassen werden? Vielleicht hat Stalin heute Geburtstag.«
Wir marschierten zum Sammelplatz. Vor dem Wachlokal warteten etliche russische Offiziere. Irgend etwas Besonderes musste passiert sein, denn sie lächelten selbstzufrieden. Ein höherer Offizier trat vor und las von einem Zettel ab: »Heute, am 8. Mai 1945, hat die deutsche Wehrmacht kapituliert. Unsere Armee steht in Berlin. Wir haben Hitler besiegt. Der Krieg ist zu Ende!«
Einige Kameraden wollten klatschen. Mir und den Umstehenden war nicht nach Jubeln zumute. Deutschland hatte kapituliert. Damit hatte keiner gerechnet. Als die Kameraden unsere eisigen Mienen sahen, be-

sannen sie sich schnell und ließen die Arme wieder sinken. Der Offizier hatte wohl Jubel erwartet, denn er schaute uns erwartungsvoll an.
»Der Krieg ist vorbei!«, wiederholte er. »Heute ist arbeitsfrei!«
Jetzt klatschten doch ein paar Männer. Ich dachte an meine Leute zuhause und was der verlorene Krieg für Folgen haben würde.

Ich saß mit Paul vor der Baracke. Der Abend war warm. Es war noch zu früh, um schlafen zu gehen.
»Was meinst du, Klaus. Vielleicht kommen wir in diesem Jahr noch heim. Das wär' doch zu schön.«
Ich schüttelte den Kopf: »Mach' dir bloß keine falschen Hoffnungen. Ich hab' gehört, dass man einen Fünfjahresplan aufgestellt hat, um hier alles wieder aufzubauen.«
»Und was hat das mit uns zu tun?«
»Dass wir mit eingeplant sind. Wir Kriegsgefangenen sollen als eine Art Wiedergutmachung hier arbeiten.«
Paul blickte mich entsetzt an: »Glaubst du, ich will nach Hause kommen, wenn mein Junge in die Schule geht und meine Frau nicht mehr weiß, wie sich ein Mann anfühlt? Ich hab' meinen kleinen Jungen doch erst einmal in meinem letzten Urlaub gesehen.«
Heinz setzte sich zu uns. Paul sagte aufgebracht zu ihm: »Du, der Klaus spinnt. Der glaubt, wir kämen erst nach fünf Jahren wieder heim.«
Ohne die Antwort von Heinz abzuwarten, stand ich auf und ging hinein. Ich legte mich auf meine Pritsche und grübelte. War es richtig, dass ich den anderen jede Hoffnung auf baldige Entlassung nahm? Besser war doch, man machte sich keine Illusionen und wurde dann früher entlassen, als immer wieder enttäuscht zu werden. Ein Jahr Gefangenschaft hatte ich schon hinter mir, aber die Vorstellung, noch fünf Jahre hier auszuharren, schockte auch mich.
Ich dachte an meine Eltern und an meine Schwester. Schon immer war es Trudel besser ergangen als mir. Sie war Vaters Lieblingskind gewesen, konnte sich alles erlauben, wozu ich nie den Mut aufgebracht hätte. Meine Mutter stand mir oft bei, wenn Vater auf mich einschrie. Sicher

war er enttäuscht von mir, weil ich so häufig krank war. Er hatte sich seinen Sohn wohl anders gewünscht. Ich war ein zartes und ängstliches Kind gewesen. Ich fürchtete mich in unserem großen Keller, der meist unbeleuchtet war. Zu der Zeit, als meine Eltern eine Gastwirtschaft in der Nähe unserer Wohnung betrieben, saß ich abends oft im Schankraum und erledigte meine Hausaufgaben. Ich durfte nicht so lange dort bleiben, bis mein Vater gegen Mitternacht schloss. Im Dunkeln rannte ich dann mit klopfendem Herzen über den verlassenen Hof nach Hause. In jeder Ecke vermutete ich Gestalten, die mir auflauerten.
Meine Kindheit lief wie ein Film vor mir ab. War nicht mein ganzes bisheriges Leben verpfuscht? Jetzt war ich fast einundzwanzig Jahre alt und lag als Kriegsgefangener in einer schäbigen Baracke. Ich hatte ständig Hunger, besaß nichts, nicht einmal vernünftige Kleidung. Ich konnte die aufsteigenden Tränen nicht mehr zurückhalten.

In den nächsten Tagen bemerkte ich, dass mir viele Kameraden aus dem Weg gingen oder mich anschauten, als sei ich nicht ganz bei Trost. Meine Voraussage hatte sich also herumgesprochen.
Als man einen Maler suchte, meldete ich mich. Ich bekam den Auftrag, sämtliche Kamine auf den Baracken weiß zu streichen. Die Arbeit machte mir Spaß. Ich saß auf dem Dach in der warmen Sonne, wurde in Ruhe gelassen und konnte meinen Gedanken nachhängen. Hier sah auch niemand, wenn ich vor Heimweh heulte.

Mit Hubert aus Trier traf ich mich des öfteren nach Feierabend. Er arbeitete auf dem Feld und schmuggelte ab und zu ein paar Kartoffeln ins Lager. Als alle Kamine gestrichen waren, sorgte Hubert dafür, dass ich in seine Brigade kam.
Jeden Morgen zogen wir, eine Hacke geschultert, auf die Felder und gruben Kartoffeln aus. Die Russen erlaubten uns sogar, Pellkartoffeln zu kochen. Eine Delikatesse! Wir aßen und aßen, bis wir dachten, wir würden platzen. Abends lag ich auf meiner Pritsche, mein Bauch war hart wie Stein und ich musste ständig rülpsen. Am zweiten Tag verspei-

sten wir nochmals die gleiche Menge Kartoffeln, denn nach langer Zeit wieder einmal richtig satt zu sein, war ein wunderbares Gefühl. Es hielt allerdings nicht lange an, denn wir bekamen einer nach dem anderen Durchfall. Hubert hatte es so schlimm erwischt, dass er ins Revier musste und gleich dabehalten wurde. Ich ging trotz der Krämpfe mit aufs Feld und röstete meine Kartoffeln auf einem Stöckchen im Feuer, bis sie schwarz waren. So hatte ich Kohleersatz gegen meinen Durchfall.

Nach der Arbeit wollte ich Hubert im Revier besuchen, traf ihn aber nicht an. Alle Betten waren leer, kein Sanitäter zu sehen.

Ich fragte eine Ärztin, wo die Kranken wären.

»Heute alle nach Deutschland«, gab sie mir zu verstehen.

Ich stürzte aus dem Zimmer und fand endlich einen Sani. Er bestätigte, dass völlig überraschend alle Kranken, die im Revier lagen, verladen worden waren. Es hieß, sie würden nach Hause geschickt.

»Wer weiß, wo man die hinbringt«, murmelte ich und ging in meine Baracke zurück.

Erst nach Jahren erfuhr ich, dass man die Kranken tatsächlich nach Hause entlassen hatte. Nur ich Idiot war mit meinen Bauchschmerzen morgens zur Feldarbeit erschienen.

In der Nacht hatten die Russen mich wieder einmal zur Vernehmung aus dem Bett geholt. Über eine Stunde beantwortete ich die gleichen Fragen, die sie mir jedesmal stellten, ob ich Mitglied der Hitlerjugend oder in der Partei gewesen sei und so weiter. Nach mir wartete Heinz auf seine Vernehmung. Im Vorbeigehen bot er mir an, wieder in seine Baracke zu kommen. Durch den Krankentransport seien vier Plätze frei geworden. Ich haute mich noch für ein paar Stunden aufs Ohr. Nach dem Wecken regelte ich mit unserem Barackenältesten den Umzug und meldete mich in meinem früheren Quartier an. Heinz und Paul freuten sich ehrlich darüber, dass wir wieder zusammen waren. Sie trugen mir die Geschichte mit der jahrelangen Gefangenschaft nicht mehr nach.

Die nächsten Wochen waren wir damit beschäftigt, Baracken zu bauen. Die neuen Unterkünfte fassten jede mindestens fünfhundert Leute. Wir hörten, dass ein Transport mit Tausenden von Gefangenen erwartet wurde, die nach der Kapitulation in die Hände der Russen geraten waren. In der Nacht vor ihrer Ankunft verluden wir bis zum Morgen Mehl und Brot und hatten dann frei. Wir waren zwar müde, wollten aber den Einzug der Neuen nicht verpassen. Als wir in der Sonne vor unseren Baracken saßen, erblickten wir endlose Menschenschlangen, die auf das Lagertor zumarschierten. Ich ging mit Heinz näher heran und wir schätzten, dass es etwa dreitausend Männer waren.

»Jetzt wird die Suppe noch dünner«, war mein erster Kommentar.

Heinz betrachtete die Gefangenen aufmerksam: »Schau mal, die haben noch ihre richtigen Klamotten an. Die sind noch gar nicht gefilzt worden. Lange wird es nicht mehr dauern, bis sie aussehen wie wir.«

Die ersten Männer marschierten durchs Tor. Sie blickten uns an, als wären wir Wesen von einem anderen Stern. Heinz lachte: »Denen gefällt unser Haarschnitt nicht, oder warum glotzen die so?«

Ich rief einigen Männern, die sich in unserer Nähe aufgestellt hatten, zu, sie würden bald gefilzt werden. Wenn sie uns etwas geben wollten, sei jetzt noch Zeit dazu. Sie könnten ihre Sachen später wieder bei uns abholen. Keiner reagierte. Heinz wurde ärgerlich: »Kapiert ihr das denn nicht? Nach der Entlausung seid ihr alles los. Wir liegen dort drüben in Baracke sechs.«

Nur einer überlegte es sich und reichte mir sein Kochgeschirr, Essbesteck, Nähzeug, Bleistifte und Unterwäsche.

»Wieso habt ihr das ganze Zeug noch?«, fragte ich ihn.

»Man hat uns verschaukelt. Wir waren schon beim Ami, aber dann wurden wir verladen und den Russen übergeben.«

Ein hoch aufgeschossener, spindeldürrer Kerl lachte ihn aus: »Deine Sachen hast du gesehen. Wie konntest du denen da nur vertrauen?«

Ehe ich ihm etwas zurufen konnte, unterbrach ein Posten unser Gespräch.

Nach einer Weile zog Heinz mich am Arm: »Klaus, komm, wir gehen zum Waschraum. Ich möchte mir die Gesichter anschauen, wenn sie rauskommen.«

Vor der Entlausungsbaracke standen schon die ersten mit kahlgeschorenem Kopf und alten Klamotten. Als der lange Kerl rauskam, konnte Heinz sich nicht verkneifen, ihm zu seiner kaum gebrauchten Kluft zu gratulieren: »Mensch, du siehst prima aus in deinen neuen Sachen und der Frisur.«

Der Junge schaute uns nur an. Es hatte ihm die Sprache verschlagen. Jetzt tat er mir doch leid und ich dachte daran, wie geschockt ich damals nach meinem Kahlschnitt gewesen war.

Allmählich merkten die Neuankömmlinge, was ihnen bevorstand. Einige warfen uns ihre Habseligkeiten zu, aber die Bewacher hatten Lunte gerochen und jagten uns weg. Kaum saßen wir wieder vor unserer Baracke, sprach mich ein Landser an, er käme seine Sachen holen. Ich blickte verwundert hoch. Heinz boxte mich in die Seite: »Das ist doch der von vorhin, der dir das Kochgeschirr und die Wäsche gegeben hat.«

Er war es tatsächlich. Ich hatte ihn mit seinem kahlen Kopf nicht wieder erkannt. Wortlos nahm er seine Habseligkeiten entgegen.

»Wenn ich mal eine Nadel brauche, komme ich mir eine leihen«, sagte ich, als er gehen wollte.

»Hier, du kannst eine haben, und danke, dass du meine Sachen aufbewahrt hast.«

Ich steckte mir die Nähnadel – für mich eine kleine Kostbarkeit – an den Kragen. Abends fand ich noch einen fast neuen Pullover, der wahrscheinlich von einem Gefangenen weggeworfen wurde, damit ihn die Russen nicht bekämen. Ich versteckte ihn unter dem Stroh meiner Pritsche. Schon am nächsten Tag war er weg. Paul machte mir Vorwürfe, warum ich ihn nicht zur Arbeit angezogen hätte.

»Bei diesem Wetter? Es ist doch viel zu warm«, entgegnete ich ihm.

»Du bist lange genug in Gefangenschaft. Man nimmt alles mit, was man besitzt.«

Ich hatte wieder etwas dazu gelernt.

Am Sonntag darauf bemerkte ich, wie mehrere Leute einen Mann verprügelten. Als sie endlich von ihm abließen, kam Heinz und brachte mir meinen Pullover. Ein anderer hatte den Kerl beobachtet, wie er den Pullover an sich nahm. Gegen Tabak verpfiff er den Dieb. Ich gab ihm gerne den Tabak und ließ den Pullover nicht mehr aus den Augen. Monate später wurde ich ihn endgültig los, denn eine Russin bot mir ein ganzes Brot dafür.

Wochenlang mussten wir Gräben ausheben. Dabei regnete es ununterbrochen. Unsere Kleidung wurde nicht mehr trocken, denn wir hatten nichts zum Wechseln. Zuhause hätte man sich eine Lungenentzündung geholt, aber hier bekamen wir nicht einmal Schnupfen. Die Erde war nass und schwer. Wenn sich Grundwasser sammelte, standen wir den ganzen Tag bis zu den Knien in der braunen Brühe. Von Tag zu Tag sank unsere Stimmung tiefer. Zusätzlich wurde die Erfüllung der Norm so hoch gesteckt, dass der Anreiz, sich ein Stück Brot dazuzuverdienen, in weiter Ferne lag.
Den neuen Kameraden ging die Arbeit leichter von der Hand, denn sie hatten noch mehr Kraft. Wir ausgemergelten Gestalten hielten uns mehr an unseren Schaufeln fest, als dass wir gruben. Es war eine fürchterliche Zeit. Morgens blieben Kameraden – sie waren meist älter – einfach auf ihren Pritschen liegen. Wenn wir nach vergeblichem Rufen näher hinsahen, mussten wir feststellen, dass sie in der Nacht, von niemandem bemerkt, gestorben waren. Jedes Mal reagierte ich erschrocken und hilflos, wenn wieder ein Kamerad tot hinausgetragen wurde.

In den Baracken, die noch leer standen, hatte man ungarische Soldaten, die in Gefangenschaft geraten waren, einquartiert. Da wir ihre Sprache nicht verstanden, suchten wir auch keinen Kontakt mit ihnen. Die Ungarn waren schon wochenlang im Lager, als eines Morgens ein bestialischer Gestank über den Baracken hing. Wir beobachteten, dass ein Zaun um die Behausungen der Ungarn gezogen wurde. Ein Lastwagen fuhr vor und man schleppte Tote ins Freie. Sie wurden wie verendetes Vieh auf die Ladefläche geworfen. Als ich mit Paul näher herankam und wir uns erkundigen wollten, was los sei, brüllten die Russen, wir sollten abhauen, hier sei Quarantänegebiet, es sei eine Typhusepidemie ausgebrochen. Da die ungarischen Gefangenen keine eigene Latrine besaßen und jetzt durch den Zaun isoliert waren, schissen sie zwischen ihre Baracken, wo immer sie gingen oder standen. Der Geruch war kaum zu ertragen. Ausgerechnet zu dieser Zeit hatte der Regen aufgehört und die Sonne schien warm. Riesige Mückenschwärme fielen über das Lager her.

Irgendwie hatte man erfahren, dass ich im Lazarett gearbeitet hatte und so musste ich täglich das Essen von der Küche zu den Kranken bringen. Die meisten verweigerten jegliche Nahrung und ich schleppte das Essen wieder zurück. So verschwand mancher Kübel in unseren Baracken.

Ein Lastwagen transportierte die Toten ab. Wenn er zurückkam, war oft die Ladefläche nur mit einer Plane ausgelegt. Darauf waren Brote gestapelt. Über Neuansteckungen machten sich die Russen keine Gedanken, denn Gefangene hatten sie im Überfluss.

Als die Zahl der Toten auf zweihundert gestiegen war, erschien eine Kommission, die aus sechs deutschen und zwei russischen Ärzten bestand. Die Nahrung wurde umgestellt und alle noch halbwegs Gesunden in eine separate Baracke gelegt. Es wurden Spritzen und jede Menge Kohletabletten verteilt. Die Lage besserte sich von Tag zu Tag. Die Zahl der Sterbefälle ging zurück. Es hieß, dass die Epidemie dreihundertsechzig Menschenleben gefordert hatte.

Die Baracken der Ungarn wurden frisch gestrichen, der Zaun entfernt und die Pritschenauflagen verbrannt. Meine Arbeit hier war beendet und ich wurde erneut in die Brigade von Heinz und Paul gesteckt.
Allmählich wurde es kälter. Morgens war die Landschaft von Reif über-

zogen und in dichten Nebel gehüllt. Wir dachten mit Grauen an den nächsten Winter.

Eines Nachts, ich lag im Tiefschlaf, wurde ich wachgerüttelt.

»Steh' auf, du musst sofort zum Lagertor.«

»Was soll ich denn da?«

»Du sollst all deine Sachen mitbringen.«

»Ich allein?«

»Nein, es sind mehrere.«

Ich packte meine Habseligkeiten und weckte Heinz und Paul.

»Macht's gut, ihr beiden, ich glaube, ich werde versetzt.«

Sie rappelten sich hoch und ließen es sich nicht nehmen, mit mir zum Tor zu kommen. Fast hundert Leute hatten sich schon versammelt. Niemand wusste, was los war. Als meine Kameraden sich von mir verabschiedet hatten, überfiel mich eine schwermütige Stimmung. Hier im Lager konnte ich mich auf Freunde verlassen, die mir in der Not halfen. Was jetzt auf mich zukam, war ungewiss.

Ein Russe verlas unsere Namen und dann wurden wir schwer bewacht zum Güterbahnhof getrieben, wo wir auf drei Waggons verteilt wurden. Ein Kamerad stieß mich an: »He, du bist doch der, dem ich die Nadel geschenkt habe.«

In der Dunkelheit des Wagens konnte ich nicht viel sehen, aber ich erkannte ihn an der Stimme. Er hieß auch Heinz und kam aus Magdeburg. Er erzählte mir, er habe gerade ein Jurastudium begonnen, als er eingezogen wurde.

»Du bist doch noch gar nicht lange im Lager. Wieso wirst du auch verlegt?«, wunderte ich mich.

»Keine Ahnung, vielleicht weil ich bei der SS war.«

»Du warst bei der SS? Seltsam, ich auch, aber du kamst doch in Wehrmachtsuniform an.«

Er lachte: »Beim Transport schon, aber die Russen hatten meine Papiere.«

Als ich in die Runde rief: »Wer von euch war bei der SS?«, antwortete mir ein einstimmiges »Ich«. Sogleich schwirrten die tollsten Vermu-

tungen durch den Wagen. Man hatte uns also ausgesondert. Wahrscheinlich landeten wir alle im Straflager.
Heinz legte sich auf eine Pritsche und meinte, wir müssten erst einmal einen kühlen Kopf behalten. Er berichtete, dass er verwundet in einem Lazarett in Berlin gelegen hatte, als die Amis ihn festnahmen. Nach der Kapitulation lieferten sie ihn an die Russen aus. Man gab ihm Wehrmachtsklamotten und steckte ihn in einen Transport.
Wir beide stellten fest, dass wir nicht gerade vom Glück verfolgt wurden. Wenn es irgendwie möglich war, wollten wir zusammenbleiben.
Die ganze Nacht zitterten wir vor Kälte in dem ungeheizten Waggon.
Als es hell wurde, hielt der Zug und wir mussten aussteigen.

»Sieht nicht besonders einladend aus«, sagte Heinz und betrachtete die Gegend. Ich war ganz seiner Meinung, denn man sah nur Wald und in der Ferne vereinzelt stehende Häuser. Holz und abgesägte Baumstämme lagen um uns herum. Eine dünne Schneedecke hatte sich über dem ganzen Durcheinander gebildet. Nach den ersten Schritten hatten wir bereits nasse Füße. Als wir eine Weile marschiert waren, tauchte unten im Tal ein riesiges Sägewerk auf. Wir sahen Holz, soweit das Auge reichte.
»Das wird wohl unsere künftige Arbeit sein«, bemerkte Heinz, »aber ich sehe weit und breit kein Lager.«
Es gab auch kein Lager. Wir wurden im Dorf in einer schäbigen Turnhalle untergebracht, wo wir als erstes ein Feuer in einem mächtigen Steinofen anzündeten. Holz war genug vorhanden. Anschließend verteilten wir Stroh auf dem Fußboden. Es gab erst etwas zu essen, nachdem unsere Namen anhand einer Liste aufgerufen worden waren. Ein Russe erklärte uns in gutem Deutsch die Arbeit, die in den nächsten Monaten auf uns zukam. Zuerst sollten wir einen weitläufigen Platz einebnen und mit Stacheldraht einzäunen. Anschließend musste jede Menge Holz gesägt werden. Daraus sollten wir Baracken für etwa fünftausend Mann bauen. Falls wir gut und schnell arbeiten würden, bekämen wir auch genug Holz zum Heizen.

Ich sagte zu Heinz, der neben mir stand: »Ich habe schon einmal Baracken gebaut. Die Arbeit ist immer noch besser als im Wasser zu stehen und Gräben auszuheben. Das viele Holz hier hat auch sein Gutes, dann brauchen wir im Winter garantiert nicht zu frieren.«
Am nächsten Morgen begann wir mit dem Planieren des Platzes. Die Arbeit ging uns in die Knochen. Abends fielen wir todmüde auf unser Strohlager.
Es wurde von Tag zu Tag kälter. Wir waren froh, als wir mit dem Platz fertig waren, denn die Erde ließ sich durch den Frost immer schwerer bearbeiten. Wir spannten den Stacheldraht und dann ging es ans Bauen. Tagelang hämmerten, klopften und sägten wir, bis die erste Baracke stand. Sie war für etwa hundert Leute gedacht. Der Ofen wurde von den Russen gebaut. Als wir die Pritschen fertigstellten, war uns klar, dass wir bald hier einziehen würden.
Der Winter hatte uns inzwischen fest im Griff, aber wir verfügten über solche Mengen Holzabfall, dass wir ständig ein Feuer in Gang hielten, an dem wir unsere klammen Finger aufwärmen konnten.

Winter 1945/46

Kurz vor dem Umzug in unsere Baracke hatte ich vorsorglich meinen Mantel in der Nähe des Ofens über eine Pritsche gelegt in der Hoffnung, dass sich die Kameraden davon täuschen ließen. Mein Manöver klappte und ich belegte zusammen mit Heinz ein warmes Plätzchen. Aus verschiedenen Lagern trafen immer mehr Gefangene ein. Wenn wir uns umhörten, waren alle in der SS oder der Partei gewesen. Man hatte hier ein Sonderlager geschaffen.

Fast den ganzen Winter über bauten wir Baracken. Nach ihrer Fertigstellung marschierten wir jeden Tag vier Kilometer zu einer riesigen Bauxithalde, die abgebaut werden musste. Am späten Nachmittag trotteten wir in der Dämmerung völlig zerschlagen und mit rotem Staub bedeckt zu unseren Unterkünften. Meine Hände waren voller Blasen, so dass ich nur noch mit Handschuhen arbeiten konnte. Je größer das Lager wurde, umso schlechter wurde das Essen.

An einem Sonntag im Februar mussten wir zur ärztlichen Untersuchung antreten. Wir standen vollkommen nackt in einer Reihe. Eine Ärztin und fünf Krankenschwestern begutachteten uns genauestens. Dann stießen sie uns mit brutaler Gewalt eine Spritze in den Rücken. Es tat höllisch weh. Einige Kameraden wurden sogar ohnmächtig.
Mit meinen geringen Russischkenntnissen versuchte ich der Ärztin zu erklären, dass wir noch immer Menschen seien. Darauf antwortete sie mir auf deutsch, jede Schwester müsse einmal lernen, und ihr Vieh sei ihnen dafür zu schade. Es entstand ein heftiger Tumult. Die Untersuchung musste abgebrochen werden. Die Ärztin verließ unter wütenden Beschimpfungen eilig die Baracke. Sie lief schnurstracks zum Lagerleiter, um sich zu beschweren. Umgehend erschien der Kommandant. Wir mussten draußen antreten. Er verlangte eine Entschuldigung. Wir dachten nicht daran, uns zu entschuldigen. Er ließ uns einfach stehen und ging. Ein paar Männer stimmten »Die Fahne hoch...« an. Immer mehr fielen ein. Wir sangen aus vollen Kehlen die Lieder der Nazizeit, deren sämtliche Strophen wir auswendig kannten, bis hin zum Deutschlandlied. Unser Atemhauch stieg in der kalten Luft empor und vermischte sich zu einer einzigen Wolke. Wir sangen zwei volle Stunden. Dann ließ man uns abtreten.

Ich war bereits zwei Jahre in Gefangenschaft. Von Entlassungen wurde nie gesprochen. Manchmal in der Nacht, wenn ich durch die Geräusche der Kameraden geweckt wurde und nicht mehr einschlafen konnte, dachte ich an Rosar. Ich versuchte, mir ihr schönes Gesicht

vorzustellen, aber es gelang mir nicht mehr. Ihre Züge verschwammen vor meinen offenen Augen, die in die Dunkelheit starrten. Nichts war mir von ihr geblieben.
Im Frühjahr arbeitete ich abwechselnd im Bauxitabbau oder war mit Heinz dem Holzkommando zugeteilt. Als wir hörten, dass Maler gesucht würden, meldeten wir uns sofort. Wir strichen die Baracken und die Kamine. Nach den vorherigen schweren Arbeiten konnten wir uns dabei regelrecht ausruhen. Kein Vorgesetzter trieb uns an, man ließ uns in Ruhe.

Der Sommer '46 war glühend heiß und trocken. Das Wasser wurde immer knapper. An manchen Tagen musste es aus der Stadt mit Wagen gebracht werden. An die tägliche Körperreinigung war nicht mehr zu denken. Die meisten Kameraden bekamen Läuse. Ständig kratzten sie sich. Ich opferte sogar hin und wieder meinen Tee oder Kaffee, um mich damit zu waschen, aber davon bekam ich nur braune Ränder am Hals.

Als bereits im September starker Frost einsetzte, atmeten wir einerseits auf, dass die Dürre vorbei war, andererseits dachte jeder wieder an den langen harten Winter. In einer eiskalten Nacht war ich einem Kommando von dreißig Mann zugeteilt, das Kohle abladen sollte. Die Kohle war im offenen Waggon steinhart gefroren. Heinz fluchte ununterbrochen: »Verdammte Scheiße! Wenn die Idioten nasse Kohle in einen offenen Waggon laden, müssen sie doch wissen, dass die sofort friert. Wir können ja sehen, wie wir das Zeug rauskriegen.«
Ich musste ihm zustimmen, denn im Sommer hätten wir höchstens zwei Stunden für diese Arbeit gebraucht. Jetzt schufteten wir die ganze Nacht.

Erschöpft und durchgefroren kamen wir erst morgens im Lager an, als die Kameraden zur Arbeit gingen. Wir aßen einen Kanten Brot und warfen uns auf die Pritschen. Es fiel mir wie immer schwer, bei Tageslicht einzuschlafen. Irgendwann musste ich aber eingedöst sein, denn ich schreckte hoch, als unser Lagerkommandant plötzlich in unserer Baracke stand: »Alles fertig machen und mit sämtlichem Gepäck am Lagertor antreten.«

Wir maulten los, dass wir die ganze Nacht gearbeitet hätten und unseren Schlaf brauchten, stießen jedoch auf taube Ohren.

»Ich muss unverzüglich einhundertzwanzig Mann abstellen und da brauche ich euch.«

Wir besaßen nichts, was wir hätten packen können, außer unseren wenigen Kleidungsstücken. Die zogen wir übereinander und gingen zum Tor. Wenigstens war Heinz bei mir. »Schlechter als hier kann es auch nicht mehr werden«, brummte er vor sich hin. Wir kletterten auf bereitstehende Lastwagen und fuhren los. Die Sonne kam hinter dicken Wolken hervor und die Kälte wurde erträglich. Mit uns auf dem Wagen saßen drei Russen. Ich fragte einen, wo sie uns hinbrächten. Er sagte nur: »Tischwin.«

Die Stadt war mir als große Bahnstation zwischen Leningrad und Moskau bekannt und ich sagte es Heinz.

»Scheiße«, fluchte er, »sicher wieder ein Bahnkommando. Diese Knochenarbeit habe ich fast ein Jahr gemacht. Allerdings ist die Arbeit gesünder als Bauxit abzubauen.«

Nach etwa fünf Stunden Fahrt sahen wir die ersten Häuser und Fabriken. Einer der Russen gab mir zu verstehen, wir wären gleich am Ziel.

»Ist doch prima, dass du ein paar Brocken Russisch gelernt hast. So kannst du dich wenigstens etwas unterhalten«, sagte Heinz.

»Ich hätte schon viel früher damit anfangen sollen. Es wäre oft hilfreich gewesen.«

Als wir am Bahnhof vorbeifuhren, herrschte dort allerhand Betrieb. Heinz lachte auf: »Klaus, sieh dir mal die Häuser an, da hängen noch die Wehrmachtsschilder dran.«

Tatsächlich konnte ich deutsche Wegweiser und Schilder wie Ortskommandantur und Einheitsnummer entdecken. Die Häuser waren die üblichen Blockhütten, aber wenig zerstört. Einige Zivilisten lächelten uns sogar zu. Kinder liefen hinter dem Wagen her und schrien: »Fritz, Fritz!« Wie oft hatte ich das in den letzten Jahren schon gehört.

Wir ließen die Stadt hinter uns und hielten nach einer Viertelstunde Fahrt vor einem Lager, das aus fünf Baracken bestand. Erwartungsvoll stiegen wir ab. Ein Offizier begrüßte uns in Deutsch und erklärte, dass er uns jetzt verschiedene Berufe nennen würde. Sobald der Beruf aufgerufen würde, den wir gelernt hätten, sollten wir vortreten. Zuerst wurde nach Schreinern und Zimmerleuten gefragt. Viele meldeten sich. Als Maler an die Reihe kamen, packte ich Heinz am Arm und zog ihn mit nach vorn. Er wehrte sich: »Bist du verrückt, ich habe doch keine Ahnung von dem Beruf. Wenn das mal gut geht.«
Aber da er schon vorgetreten war, blieb er auch brav neben mir stehen.
»Mach' dir nicht in die Hosen, Heinz. Für die Russen sind wir alle Spezialisten. Hier kann man gar nichts falsch machen.«
Nach uns wurden Schlosser und Klempner aufgerufen. Wieder traten etliche Männer vor.
Abends in der Baracke unterhielten wir uns mit den anderen Malern. Heinz stellte mit Erleichterung fest, dass nur zwei echte Kunstmaler darunter waren. Es hieß, wir sollten den Bahnhof von Tischwin wieder aufbauen. Wir freuten uns alle auf diese Aufgabe und hofften, endlich wieder etwas zu arbeiten, das auch Spaß machte.

Diesmal klappte es nicht so gut mit Plätzen am Ofen, aber wir bekamen auf unseren ergatterten Pritschen noch ein Teil der Wärme ab. Da wir nur einhundertzwanzig Mann im Lager waren, erschien uns die Suppe gleich etwas dicker und sättigender. Wachtürme gab es auch keine, nur Stacheldraht rings um die Baracken. Als wir am nächsten Morgen draußen antraten, schien sogar die Sonne. Wir sahen es als gutes Zeichen.

Ein Dutzend Offiziere und Zivilisten erwarteten uns. Sie hielten Pläne in den Händen und riefen jede Facharbeitergruppe einzeln auf. Man sagte uns, der Bahnhof von Tischwin sei von den Deutschen zerstört worden. Nun hätten wir die Gelegenheit, ihn wieder aufzubauen. Wenn die Arbeiten genau nach Plan und zur Zufriedenheit der Russen ausgeführt würden, könnten wir nach Fertigstellung des Bahnhofs nach Hause fahren. Das glaubte ich natürlich nicht, aber es war das erste Mal, dass von Entlassung gesprochen wurde. Ein Fünkchen Hoffnung regte sich nun doch in mir.

»Hoffentlich ist der Bahnhof nicht so zerstört, dass wir zehn Jahre zu seinem Wiederaufbau brauchen«, bemerkte einer neben mir und grinste sarkastisch.

»So kann man es auch sehen«, stimmte Heinz zu.

Wir kamen nicht dazu, uns Gedanken zu machen, denn wir zogen gleich los zum Bahnhof. Für jede Berufsgruppe war ein Russe zuständig, der die Arbeit überwachen sollte. Am Bahnhof angekommen, mussten wir feststellen, dass es viel zu tun gab. Malerarbeiten waren erst später gefragt und so halfen wir bei den Zimmerleuten mit. Die Baustelle wurde kenntlich gemacht, indem wir sie mit langen Seilen absperrten. Wenn der Russe, der für uns zuständig war, etwas zu sagen hatte, kam er zu mir, denn ich konnte mich am besten mit ihm verständigen. Nach Tagen hatte er begriffen, dass wir unsere Arbeit gewissenhaft ausführten, und so wies er uns morgens die Aufgaben für den Tag zu und ließ sich anschließend nicht mehr blicken. Eine strenge Bewachung gab es also nicht mehr, nur die Bahnpolizei, die überwiegend für Zivilisten zuständig war, patroullierte in unserer Nähe. Einige Räume im Bahnhof, die nicht gänzlich zerstört waren, ließen sich heizen. So wärmten wir uns darin zwischendurch etwas auf. In dem kleinen Saal, in dem wir arbeiteten, waren wir wenigstens vom Wind geschützt. Bei den Malerarbeiten versuchten wir, unser Bestes zu geben. Obwohl die Farbe ständig fror und wir sie immer wieder auftauen mussten, bekamen die Wände einen freundlichen Glanz. Meist schauten uns neugierige Zivilisten bei der Arbeit zu. Sie nickten anerkennend und sagten immer wieder »karascho«, was auf Deutsch »gut« hieß.

Nach drei Wochen hatten wir den Saal fertiggestellt. Die Russen schleppten Möbel herbei und richteten ihn als Büro ein.
Bei den Aufräumarbeiten wurde viel alter Kram gefunden, der sich manchmal als brauchbar erwies. Aus Messingstücken und alten Rohren wurden im Lager von einem findigen Goldschmied Damenringe fabriziert, die sehr gelungen aussahen. Am Abend bot er mir an, die Ringe in Tischwin zu verkaufen. Heinz begutachtete den Schmuck und sagte: »Die Ringe sehen wie echt aus, Klaus, die werden wir bestimmt los.«
»Was willst du dafür?«, fragte ich den Mann.
Er hob verlegen die Schultern: »Ich weiß nicht, vielleicht etwas Brot.«
»Gut«, sagte ich, »du bekommst für jeden Ring ein Pfund Brot von mir. Was ich dafür kriege, soll dich nicht interessieren.«
Er war einverstanden und übergab mir sechs Ringe.
Morgens auf dem Weg zum Bahnhof hielt ich die erste Russin an, die mir begegnete, und zeigte ihr einen Ring. Sie schob ihn gleich über einen Finger und behielt ihn an. Aus ihrer Tasche zog sie ein rundes Brot und reichte es mir. Heinz geriet total aus dem Häuschen: »Mensch, das sind mindestens vier Pfund. Da hast du ein prima Geschäft gemacht.«
»Heinz«, sagte ich stolz, »von vier Pfund können wir drei Pfund futtern.«
Hinter uns hörte ich rasche Schritte. Ich drehte mich um. Es war die Russin von vorhin, die uns nachgelaufen kam.
»Die hat was gemerkt«, flüsterte Heinz mir zu.
Atemlos zeigte die Frau auf ihren Korb. Sie hatte noch Brot darin und wollte einen zweiten Ring dafür. Ich kramte in meiner Hosentasche und übergab ihr einen Ring mit einem blauen Stein. Aus alten Zahnbürsten hatte man kleine Krönchen ausgesägt und sie so geschickt eingesetzt, dass es täuschend echt aussah.
Brot hatte ich jetzt genug. Morgen würde ich Rubel verlangen.
Abends wartete der Goldschmied schon am Tor auf uns. Er hatte Tränen in den Augen, als ich ihm seinen Anteil überreichte.
»Gleich morgen mache ich neue Ringe«, sagte er und lief mit dem Brot unterm Arm zu seinem Quartier.

»Meist schauten uns neugierige Zivilisten bei der Arbeit zu.«

»Sie sagten immer wieder »karascho«, was auf Deutsch »gut« hieß.«

Winter 1946/47

Das Geschäft mit den Ringen florierte. Wenn ich genug Brot hatte, verlangte ich Rubel. Ich wollte mir einen Vorrat für schlechtere Tage anlegen. Jeden Tag aßen wir uns satt. Außerdem war es ein schönes Gefühl, dass der Goldschmied ebenfalls gut leben konnte.
Es gab auch russische Frauen, die einen Stempel im Ring suchten. Wenn ich ihnen dann ausführlich erklärte, das Gold käme aus Finnland und die machten keinen Stempel, waren sie zufrieden.
»Du bist ja ein ganz raffinierter Schwindler«, sagte Heinz, als meine Überredungskünste wieder einmal von Erfolg gekrönt waren.
»Was kann ich dafür, wenn die Weiber so blöd sind. Hauptsache, wir haben genug Brot«, lachte ich.

Wir hatten Mittagspause und saßen in dem Saal, in dem wir gerade mit Malerarbeiten beschäftigt waren, auf dem Fußboden. Ich drehte mir eine Zigarette. Heinz hing seinen Gedanken nach. Er nahm die Sache mit den Ringen nicht so leicht wie ich.
»Wir sind ganz schön tief gesunken«, sagte er nach einer Weile.
»Sie haben recht, Herr Staatsanwalt, aber hier geht es ums nackte Überleben. Wenn wir nach Hause kommen, werden wir wieder zu ehrlichen Bürgern.«
Heinz sah mich nachdenklich an: »Wenn wir eines Tages zuhause sind und du erzählst von der Gefangenschaft, werden dir nur die guten Tage in Erinnerung sein, weil du sie beschreiben kannst und sie auch jeder versteht. Aber den Dreck, den Hunger, die Kälte und das Heimweh, das verstehen nur die, die es selbst erlebt haben.«
»Eben«, sagte ich, »deshalb wollen wir jetzt leben. Daheim will ich von Russland nichts mehr wissen.«

Allmählich sprach sich im Lager unser gut gehender Handel herum und manch einer versuchte, ebenfalls Ringe herzustellen. Die neuen Stücke entsprachen bei weitem nicht der Qualität des Schmucks unseres Goldschmiedes und so ging die Nachfrage zurück. Da Heinz und ich aber mit dem Verkauf angefangen hatten und bei den Russen bekannt waren, wurden immer wieder Ringe oder auch Armbänder bestellt. Meist verkaufte ich nur gegen Rubel, denn Geld konnte man besser in den Taschen verbergen und es hielt sich auch länger als Brot.

Die Maurerkolonne hatte gute Arbeit geleistet. Die Wände waren verputzt, so dass es genug für uns Maler zu tun gab. Wir gönnten uns tagsüber kaum eine Minute Pause. Dazu spielte das Wetter noch verrückt. An einem Tag taute es, in jeder Ecke tropfte es durch, und wir hatten alle Hände voll zu tun, die Stellen abzudichten. Am nächsten Tag herrschte klirrender Frost und verwandelte unsere Farbe in einen steinharten Klumpen.

An Weihnachten sank das Thermometer auf vierzig Grad unter Null. Wir froren erbärmlich. Trotz der Kälte war uns in diesem Jahr etwas feierlicher zumute, da wir uns satt essen konnten. Kurz nach Neujahr waren es nur noch zehn Grad minus. Schon sprachen wir von warmem Wetter, da die Sonne von einem strahlend blauen Himmel schien.

»Wir froren erbärmlich.«

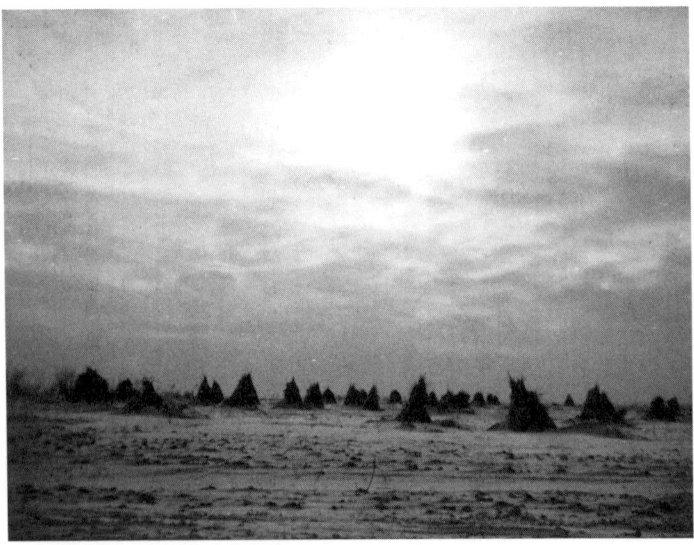

1947

Die Arbeiten machten gute Fortschritte. Im Frühjahr, als die Temperaturen stiegen, erfasste uns ein Hochgefühl und wir schufteten pausenlos. Der Bahnhof, wir sprachen inzwischen von »unserem« Bahnhof, wurde zusehends prächtiger. Immer mehr Russen kamen herbei, um das Bauwerk zu bestaunen. Die beiden Kunstmaler erwiesen sich als Meister ihres Faches. Sie bemalten die Innenkuppel des Bahnhofsgebäudes in luftiger Höhe mit den kunstvollsten Motiven. Als endlich die Arbeiten im Juni abgeschlossen waren, sollte die Wiedereröffnung des Bahnhofs gefeiert werden. Am Tag der Einweihung fielen die Menschen wie die Wandalen in die Säle ein. Ihre Holzkoffer polterten zu Boden oder gegen die frisch gestrichenen Wände, so dass an manchen Stellen der Putz wieder abblätterte. Bestürzt darüber, wie man sich in den renovierten Räumen aufführte, beschwerten wir uns, bekamen aber zur Antwort: »Nitschewo«, ist egal. Wir hatten unsere Norm, den Bahnhof wieder herzustellen, erfüllt. Alles andere war gleichgültig.

Einige Russen standen unter der Kuppel und betrachteten die Bilder hoch oben mit einem Fernglas. Sie erkannten Stalin und sonstige Generäle in Uniform und stießen begeisterte »Ah's« und »Oh's« aus. Ein Soldat entdeckte allerdings etwas, das wir nicht sehen konnten. Auf einem Orden an Stalins Brust hatte er ein Hakenkreuz erkannt. Mit hochrotem Kopf schrie er: »Sabotage«. Es entstand ein Riesenwirbel. Umgehend musste ein neues Gerüst aufgebaut werden. Die beiden Maler wurden immer blasser. Der Kommandant bestieg höchstpersönlich das Gerüst, um sich die Sache näher anzuschauen. Um ganz sicher zu gehen, rief er noch jemanden herauf. Zu guter Letzt musste auch ich noch hinaufsteigen. Mir wurde schwindlig in dieser Höhe, aber was ich dazu noch entdeckte, trieb mir den Angstschweiß aus allen Poren. Die

Maler hatten nicht nur Hakenkreuze auf die Orden gemalt, sondern Hitler und Göring sowie sonstige Größen in ihrem Kunstwerk verewigt.
Unten angekommen, musste ich den Malern übersetzen, dass sie sofort verhaftet seien und in ein Gefängnis gebracht würden.
»Was habt ihr euch bloß dabei gedacht?«, konnte ich sie noch fragen.
»Wer denkt denn auch soweit, dass die Russen mit Ferngläsern die Bilder betrachten. Es sollte doch nur eine kleine Rache sein«, sagte einer der beiden und hob bedauernd die Schultern.
Auch wir übrigen Anstreicher mussten sofort zurück ins Lager und bekamen ein paar Tage Hausarrest.

An einem Julitag erschien ein Russe und verlangte erneut nach Malern. Er begrüßte mich freundlich, als ob nichts vorgefallen wäre. Wir sollten eine Großküche renovieren. Er nahm mich in einem Wagen mit in die Stadt. In einem geräumigen Haus zeigte er mir Zimmer für Zimmer, das gestrichen werden musste. Der Russe fragte mich, ob wir das bis Weihnachten schaffen würden. Da wir zwölf Maler waren, wären wir leicht in vier Wochen fertig geworden, aber ich wollte hier länger arbeiten und meinte, bis Weihnachten wäre alles erledigt, allerdings seien zwölf Arbeiter zuviel. Die würden sich nur gegenseitig in den Füßen herumstehen. Sechs Leute seien genug. Er begriff zwar nicht, was ich ihm zu erklären versuchte, aber schließlich sagte er, ich solle die Arbeiter aussuchen.
»Aber bring' mir keine Faschisten!«, drohte er mir.

Im Lager suchte ich die Leute aus. Wir durften sogar ohne Bewachung zu unserer neuen Arbeitsstelle marschieren. Morgens zogen wir, ein Lied pfeifend, los und fühlten uns nach langer Zeit wieder frei und unbeschwert. Oft ließen wir uns Zeit, um die Gegend ein wenig anzuschauen. An vielen Häusern entdeckten wir noch die deutsche Schrift und konnten erkennen, welche Einheit hier gelegen hatte. Die russischen Zivilisten bestaunten uns, wenn wir so alleine daherkamen.

Da es sich um eine Volksküche handelte, in der wir arbeiteten, kamen die Russen in ihrer Tischzeit herüber und nahmen ihre Mahlzeit ein. Wir bekamen das gleiche Essen. Die Arbeit gefiel uns immer besser. Zuerst einmal kratzten wir die alte Farbe von den Wänden. Damit hatten wir tagelang zu tun. Zeitweise musste ich die Leute in ihrem Eifer bremsen, denn bis Weihnachten war noch lange hin. Es fehlte des öfteren an Werkzeug, Kalk oder Farbe. Dann hieß es: »Wird morgen gebracht«, aber nichts tat sich. Wir geduldeten uns, denn wir hatten alle Zeit der Welt. Bis Ende August hatten wir gerade mal zwei Zimmer fertiggestellt. Niemand störte sich daran, ganz im Gegenteil. Alle staunten über unsere gute Arbeit.

An einem Morgen, es war Mitte September, stapften wir durch tiefen Schnee.

»Jetzt geht der Scheißwinter schon wieder los«, schimpfte Heinz und spuckte in den Schnee. In der Großküche wurde zwar geheizt, aber der Kalk, der draußen aufbewahrt wurde, war hart gefroren. Ich wies den zuständigen Russen darauf hin. Er sagte, ich solle kleine Stücke heraushauen und auftauen.

»Dann dauert es aber länger«, gab ich zu bedenken.

Er hob die Schultern und zog die Mundwinkel herunter. Es war ihm egal. Eines Tages war der Kalk alle. Wir warteten und warteten. Ohne Kalk konnten wir nicht arbeiten. Es war abzusehen, dass wir hier bald aufhören mussten. Heinz wollte sich mit dem Zustand nicht zufrieden geben. Ständig überlegte er, woher wir Kalk nehmen könnten. Endlich fiel mir ein, dass am Bahnhof noch Fässer mit Kalk in einer Hütte abgestellt waren.

»Wie willst du den denn herschaffen?«, fragte Heinz.

»Mit einem Pferdeschlitten.«

Heinz schaute mich ungläubig an: »Hast du unter der Kälte gelitten?«

Am nächsten Morgen erzählte ich unserem Russen, dass ich Kalk besorgen könnte, aber einen Schlitten dazu brauche. Er sagte nichts und ging

»Mein Pferdchen war sehr folgsam und wir kamen gut durch den Schnee.«

weg. Mittags stand ein Pferd mit Schlitten vor dem Haus. Ich zog mir meine Mütze tief ins Gesicht. Man sollte mich für einen Russen halten. Mein Pferdchen war sehr folgsam und wir kamen gut durch den Schnee. Am Bahnhof stieg ich ab und ging auf den Schuppen zu, der etwas abseits stand. Vor der Tür waren zwei russische Frauen damit beschäftigt, Holz zu sägen. Ich spazierte wortlos an ihnen vorbei und betrat den Schuppen. Tatsächlich standen da noch zwei Fässer mit hart gefrorenem Kalk. Ich kippte sie um und rollte sie nacheinander zum Schlitten. Ich schaffte es nicht, sie allein auf den Wagen zu heben. Sie waren zu schwer. Die Frauen halfen mir bereitwillig. Minuten später war ich schon wieder unterwegs. Die Russen staunten nicht schlecht, als sie die beiden Fässer sahen. Jetzt hatten sie genügend Kalk und konnten den bestellten unter der Hand teuer verkaufen.

Wir bemühten uns, nicht jedes Zimmer gleich aussehen zu lassen. Da uns nur Kalk zur Verfügung stand, gewannen wir aus Ziegelsteinen rote

Farbe. Mit einem Leinenlappen tupften wir Muster auf die Wände, was hübsch aussah, oder malten Striche mit einem Lineal. Unser Einfallsreichtum gefiel den Russen, aber dennoch trauten sie uns seit der Bahnhofsgeschichte nicht mehr. Einige glaubten, in den Strichen auf den Wänden Hakenkreuze zu erkennen. Unsere Erklärungen halfen nichts, es blieben Hakenkreuze. In meiner Wut erklärte ich dem Russen, dass er am nächsten Tag nicht mehr mit uns zu rechnen brauche. Im Lager erzählten wir, die Arbeit in der Großküche sei beendet, insgeheim darauf hoffend, dass man uns wieder holen würde, aber es meldete sich niemand mehr. Wir trauerten unserer Stelle nach, weil das Essen reichlich gewesen war und wir nicht zu frieren brauchten.

Die Temperaturen fielen wieder auf um die vierzig Grad unter Null. Sobald man die Barackentür öffnete und nach draußen trat, blieb einem die Luft weg. Der Atem gefror in Sekundenschnelle, rund um den Mund bildeten sich kleine Eisklümpchen. Es herrschte eine Kälte, wie ich sie nie vorher erlebt hatte.

1948

Wir wurden doch noch einmal als Maler gebraucht. Die Kinder hatten Ferien und wir sollten die Schulräume streichen.

»Wie sollen wir denn bei dieser Kälte pinseln?«, beschwerte sich Heinz.

An dem Morgen, als es losgehen sollte, zeigte das Thermometer einundvierzig Grad unter Null. Wir durften die Baracken nicht verlassen. Ein Zivilist fuhr in einem Auto vor und brachte Heinz und mich zur Schule. Das Gebäude war natürlich nicht geheizt. Die Fensterscheiben waren total vereist. Sämtliche Gänge und Räume mussten angestrichen werden. Dabei sollten uns zehn Russen helfen. Am nächsten Tag begannen wir mit der Arbeit. Der steinhart gefrorene Kalk wurde mit einer Axt in Stücke gehauen und auf einem Feuer aufgetaut. Sobald wir an der eiskalten Zimmerdecke einen Quadratmeter gestrichen hatten, war die Farbe erneut steif. Tags darauf war das Geschmier allerdings weiß und das genügte den Russen. Wenn wir uns über die schlechte Arbeit aufregten, lachten sie nur. Für die langen Korridore bekamen wir sogar rote Farbe, die wir mit Leinöl mischten, womit wir einen warmen Glanz erzielten. Wir strichen die linke Seite des Ganges, die Russen die rechte. Erst nach Tagen stellten wir fest, dass die Seite der Russen ganz stumpf wirkte. Sie hatten das Leinöl nicht untergemischt, sondern verscherbelt.

Im Februar waren wir mit dem Anstreichen der Schule fertig. Als eine Kommission eintraf, um die Arbeit zu begutachten, behaupteten unsere russischen Kollegen, sie hätten die Wände gestrichen, die den schönen Glanz aufwiesen. Wiederum bekamen wir zu hören, man sei enttäuscht von uns.
»Jetzt habe ich endgültig vom Anstreichen die Nase voll«, sagte Heinz. Er meldete sich gleich zu einem anderen Kommando. Da ich bei ihm bleiben wollte, meldete ich mich ebenfalls, und wir wurden erneut zu Holzarbeiten eingeteilt. Als Maler waren wir freie Menschen gewesen, im Wald dagegen wurden wir streng bewacht.

Seit Tagen ging das Gerücht um, unser Lager würde aufgelöst. Manche Kameraden hofften, dass es jetzt nach Hause ginge, aber ich als geborener Pessimist glaubte nicht daran.
Als es an einem klirrend kalten Morgen tatsächlich soweit war, konnten wir nicht losfahren, da es dreiundvierzig Grad minus waren. Erst am Mittag bei dreißig Grad fuhren wir auf offenen Wagen los. Wir zitterten und fluchten ununterbrochen. Glücklicherweise dauerte die Fahrt nur etwa zwei Stunden. An einem See hielten wir an. Tausende von Baumstämmen, die man während des Sommers durch den Kanal

in den See geschleust hatte, waren nun in dem dicken Eis gefangen. Kaum hatte ich meine Befürchtung ausgesprochen, dass es unsere Arbeit werden würde, das Holz aus dem Eis zu hacken, als wir auch schon völlig ausgemergelte Gestalten entdeckten, die mit Brecheisen versuchten, die Stämme frei zu bekommen. Andere schleppten das herausgeschlagene Holz zu einem Lastwagen. Um ein Feuer standen Russen. Kein Gefangener durfte sich zum Aufwärmen nähern.
»Mein Gott, Heinz, wo sind wir hier gelandet? Wie gut hatten wir es in Tischwin.«
Heinz sah über den See und nickte stumm. Ein Mann mit grauer Gesichtsfarbe fragte uns nach Tabak.
»Sind wir hier in einem Straflager?«, fragte ich, nachdem ich ihm etwas von meinem Tabak abgegeben hatte.
»Das weiß ich nicht, ich war noch in keinem anderen.«
»Wie lange bist du denn schon hier?«, fragte Heinz.
»Drei Jahre. Im Sommer, wenn es heiß ist, kann man es am See ganz gut aushalten, aber die Winter sind grausam.«

Ich fand mit Heinz einen Platz in der Mitte der Baracke, ziemlich weit vom Ofen entfernt. Es war lausig kalt.
»Um das verdammte Lager liegt so viel Holz, aber warm ist es doch nicht«, schimpfte ich, als ich auf meiner Pritsche lag und meine Füße nicht warm werden wollten. Die Suppe, die wir bei unserer Ankunft bekommen hatten, bestand aus heißem Wasser. Es war nur eine Frage der Zeit, wann wir ebenso aussehen würden wie die unterernährten Figuren, die wir am See beobachtet hatten.
Gleich an unserem ersten Arbeitstag mussten wir feststellen, dass es die größte Schinderei war, die wir in der Zeit der Gefangenschaft erlebt hatten. Die Stämme saßen so fest im Eis, dass man sie mit dem Brecheisen kaum lösen konnte. Meine Finger wurden sofort in den nassen Handschuhen steif. Erst in der Mittagspause durften wir ein Feuer anzünden. Der Tag kam uns endlos lang vor. Heinz saß am ersten Abend zusammengekauert auf seiner Pritsche und heulte.

»Das halt' ich nicht aus«, schluchzte er, »lieber krepiere ich oder haue ab.«
Mir ging es nicht besser, aber ich wollte es ihm nicht zeigen. Ich versuchte, ihn zu trösten, aber er hörte mir gar nicht zu. Er wurde von Weinkrämpfen geschüttelt.

Da es in der Baracke nicht warm wurde, froren wir ständig in unseren nassen Klamotten. Wenn wir morgens aufstanden und zur Arbeit in die Kälte mussten, waren sie immer noch klamm.
Ein Kamerad hackte sich mit dem Beil den linken Daumen ab, nur um ins Lazarett zu kommen. Wie ich später hörte, lagen die Kranken dort in den Betten unter einer dünnen Decke und froren ebenso wie wir.

Nachts brannte auf der Latrine kein Licht. Also bemühte sich niemand und machte sein Geschäft, wo es ihm gerade beliebte. In die Scheiße treten konnte man nicht, weil sie gleich gefror.

Wir waren seit einem Monat im Lager, als mir während der Arbeit plötzlich schwindlig wurde. Der See verschwamm vor meinen Augen, dann wurde es mit einem Mal Nacht. Als ich aufwachte, lag ich im Revier. Man stellte fest, dass es sich nur um einen Schwächeanfall gehandelt hatte, also wurde ich nach zwei Tagen wieder entlassen. Die Schinderei ging weiter.

Manchmal brach die Sonne durch die Wolken. Wir spürten die Wärme im Gesicht und auf den nassen Klamotten und schöpften wieder etwas Hoffnung. Als Tauwetter einsetzte, versanken wir knöcheltief im Matsch. Dafür steckten die Baumstämme nicht mehr so fest im Eis. Die Russen brachten Pferde, die mit Ketten das Holz herauszogen. Man trieb uns noch mehr an, denn man wollte das Tauwetter nutzen.

Von Tag zu Tag wurde es wärmer. Wo man ging und stand, tropfte es von oben. Ständig waren meine Kleider durchnässt. Meine Schuhe be-

kam ich überhaupt nicht mehr trocken. Im Lager mussten wir Stege bauen, weil es kein Vorwärtskommen durch den Matsch gab.
Ludwig, der seinen Schlafplatz ganz in meiner Nähe hatte, begegnete mir, als ich auf dem Weg zur Latrine war. Um die linke Hand trug er einen dicken Verband.
»Sag' bloß, du hast dir auch den Daumen abgehackt?«, fragte ich ihn.
»Du Arsch, seh' ich so aus? Du redest vielleicht einen Stuss! Ich bin mit der Axt abgeruscht. Der Daumen blutet wie ein Schwein. Die anderen sind auch abgerutscht, die haben allerdings keinen Daumen mehr. Und dir wollte ich meinen Posten anbieten.«
»Komm, Ludwig, war doch nur ein Scherz. Du wolltest wirklich, dass ich für dich in der Küche Holz hacke?«
»Klar, aber nur solange, bis ich wieder einsatzfähig bin.«
Er stieß mir mit dem gesunden Arm in die Rippen: »Nun los, du halbe Portion, ein bisschen Essen kann dir nicht schaden.«
Ich meldete mich gleich in der Küche. Man zeigte mir einen riesigen Holzstapel. Es werde viel Brennmaterial gebraucht, ich müsse mich ranhalten. Guten Mutes griff ich nach der Axt und ging fast in die Knie, so schwer war das Ding. Das Holz, das überwiegend aus Wurzeln bestand, war hart wie Stein. Ich quälte mich ab und musste feststellen, wie schwach ich in diesen Wochen geworden war. Aber die Hoffnung auf ein gutes Essen ließ mich durchhalten. Abends lag ich mit entsetzlichem Muskelkater und angeschwollenen Armen auf meiner Pritsche.
»Das legt sich bald«, beruhigte mich Ludwig und machte mir Mut. Auch Heinz meinte, ich solle bloß nicht schlappmachen.

Die Arbeit ging mir immer besser von der Hand. Wenn ich mich satt gegessen hatte, dachte ich an die Schinderei am See und war ganz zufrieden. Es wurde immer wärmer und die Wege im Lager trockneten allmählich.
Als ich bereits vier Wochen in der Küche Holz gehackt hatte, hörte ich abends von Heinz, dass die Russen wieder ihre Vernehmungen aufgenommen hätten.

»Wir beide kommen morgen früh dran.«

»Scheiße! Geht das schon wieder los?«

»Ich habe gehört, der Russe, der die Vernehmungen durchführt, soll sehr freundlich sein. Er bietet sogar Zigaretten an«, sagte Heinz.

»Da ist was faul, das sind die Schlimmsten. Da musst du vorsichtig sein!«

»Ach, Klaus, du mit deinem Misstrauen. Ich sag' schon nichts Falsches.«

»Du bist hier der Jurist, aber Vorsicht ist die Mutter der Porzellankiste.«

Sommer 1948

Morgens drängelte ich mich in der Schlange der Kameraden, die vor dem Vernehmungsbüro warteten, zu den vordersten durch, da ich pünktlich in der Küche erscheinen musste. Die Kameraden ließen mich gewähren. Keiner war scharf darauf, vernommen zu werden. Ein Unterleutnant bat mich höflich, Platz zu nehmen. Vor mir auf dem Schreibtisch waren Zigaretten, Schokolade und Kuchen aufgebaut. Der Duft von Kaffee stieg mir in die Nase. Alarmglocken begannen in meinem Kopf zu läuten.

»Wenn Sie rauchen möchten, bitte greifen Sie zu.«

»Danke, ich rauche nicht.«

»Dann vielleicht ein Stück Schokolade oder Kuchen?«

»Heben Sie die Süßigkeiten für die anderen Kameraden auf, ich arbeite in der Küche.«

»Dann sind Sie also satt, aber Schokolade gibt es doch keine in der Küche.«

»Bitte, ich möchte wirklich nichts.«

Er erhob sich und sah auf mich herunter: «Haben Sie etwas gegen mich?«
»Nein, wie kommen Sie darauf?«
»Wie ist Ihr Name?«
»Klaus Jacobs.«
»Sind Sie in Ost- oder Westdeutschland geboren?«
»Ich bin in Trier geboren, an der Grenze zu Luxemburg, und wohnte auch dort.«
Der Unterleutnant ging zu einer Wandkarte: »Zeigen Sie mir Ihre Stadt.«
Ich erhob mich und wies mit dem Finger darauf.
»Das ist sehr weit weg von hier, aber Sie kommen ja bald nach Hause – oder zweifeln Sie daran?«
»Nein. Wir bekommen es immer wieder gesagt. Einmal muss es ja stimmen.«
»Ihre Papiere scheinen in Ordnung zu sein, trotzdem muss ich die Vernehmung durchführen, weil es die Vorschrift so will. Bei Ihnen gab es doch auch viel Papierkrieg, oder?«
»Kann sein, aber damit hatten die Offiziere zu tun.«
»Wieso nur die Offiziere? Wenn ihr Hühner oder ein Schwein geschlachtet habt, musstet ihr das doch melden.«
»Ich habe weder Hühner noch Schweine gesehen. Ich war an der Front.«
»Ach so, ihr habt das Vieh einfach heimlich gefressen und nichts gemeldet? Sehr schlau!«
»Wir haben überhaupt nichts heimlich gefressen. Wir erhielten unsere Verpflegung, sonst nichts.«
»Kein Soldat war satt. Wenn er ein Hühnchen haben konnte, hat er es sich organisiert.«
»Ich habe nie ein Hühnchen gesehen.«
»Wollen Sie uns damit unterstellen, wir hätten keine Hühner oder Schweine?«
»Ich unterstelle Ihnen gar nichts, aber da, wo ich war – Sie können es

aus meinen Papieren sehen – gab es keine. Wie es anderswo ausgesehen hat, weiß ich nicht.«
Er stellte sich dicht vor mich hin: »Sie lehnen alles ab, was ich Ihnen anbiete, reagieren vollkommen stur, sind Sie ein Feind unseres Volkes?«
»Wollen Sie mich zwingen, etwas zu sagen, das nicht stimmt?«
»Keiner zwingt Sie zu irgend etwas, aber schließlich waren Sie es, der in Russland eingefallen ist.«
»Hitler hat mich nach Russland geschickt. Sie haben Stalin gehorcht. Befehl ist Befehl!«
»Aber Sie haben alles zerstört.«
»Darum sind wir noch immer hier, weil wir es wieder aufbauen müssen.«
»Sie können gehen!«, sagte er mit unbewegtem Gesicht.

Den draußen Wartenden zischte ich »Vorsicht« zu. Obwohl ich zum Dienst in die Küche musste, wollte ich Heinz noch warnen, aber er hatte schon die Hand an der Klinke des Vernehmungszimmers. Ich schaute ihn durchdringend an und legte den Finger auf meine Lippen.
Etwas später betrat er sichtlich erleichtert die Küche.
»Hast du mein Warnzeichen verstanden?«
»Klaus, du mit deinem Misstrauen. Der Kerl war gar nicht übel. Er hat mich kaum vernommen, nur über den Papierkram geschimpft. An der Front hätte es ihm besser gefallen. Dort hätten sie immer einen Riesenspaß gehabt, wenn sie den Deutschen Hühner klauen konnten, aber die hätten ja sowieso den Russen vorher gehört.«
»Du Idiot hast ihm natürlich Recht gegeben und gesagt, ihr hättet das auch so gemacht.«
»Du siehst immer so schwarz. Was sollen die Russen denn jetzt noch von uns wollen, wo wir seit Jahren hier sind.«
Als Heinz gegangen war, wurde ich das ungute Gefühl einfach nicht mehr los. Der Russe hatte mir zuviel auf die Hühner und Schweine gepocht. Das konnte er als ein Vergehen an russischem Eigentum auslegen. Dafür bekam man fünfundzwanzig Jahre, aber das wollte ich

Heinz lieber nicht sagen. Mit einer Riesenwut im Bauch schlug ich mit meiner Axt auf das Holz ein.

In der kommenden Nacht wurden wir geweckt. Unser Lagerleiter und zwei Offiziere standen in der Baracke. Jeder hielt Papiere in den Händen.
»Alle, die aufgerufen werden, fertigmachen und mit sämtlichem Gepäck am Tor erscheinen«, bellte der Lagerleiter. Ein Name nach dem anderen wurde vorgelesen. Jeden Moment rechnete ich damit, aufgerufen zu werden. Mein Name fiel nicht, aber der von Heinz. Er wurde weiß wie eine Wand und umklammerte meinen Arm: »Klaus, oh Gott!« Mehr brachte er nicht heraus.
»Es wird nicht so schlimm werden«, versuchte ich, ihn zu trösten.
Ich hatte schon öfter mit dem Lagerleiter in der Küche geplaudert und fragte ihn leise, wohin denn die Leute gebracht würden.
Als er sich sicher war, dass keiner zuhörte, flüsterte er: »Ins Gefängnis nach Moskau.«
Schweigend ging ich neben Heinz zum Lagertor. Während ich mit den Tränen kämpfte, hörte ich Heinz schluchzen und schniefen. Sechs Pritschenwagen standen schon abfahrtbereit, um die etwa hundert Mann, die sich versammelt hatten, aufzunehmen. Beim Abschied umarmten wir uns. Mir fielen keine mitfühlenden Worte mehr ein.
Beim Aufsteigen auf den Wagen rief Heinz mir mit heiserer Stimme zu: »Du hast meine Adresse. Wer zuerst nach Hause kommt, schreibt der Familie des anderen.«
»Geht in Ordnung, Heinz. Mach's gut.«
Als ich mit hängendem Kopf zu meiner Baracke zurückschlurfte, konnte ich noch nicht ahnen, dass Heinz erst drei Jahre nach mir die Heimat wiedersehen würde.

Ich legte mich auf meine Pritsche und blieb wach. Die Gedanken ließen sich nicht abstellen. Wieder hatte ich einen guten Freund verloren. Stand Heinz den Gefängnisaufenthalt in Moskau überhaupt durch?

Was wurde jetzt aus mir? Ich verließ die Baracke. Draußen war es bereits hell. Vor der Tür setzte ich mich auf einen Baumstumpf. Wie lange sollte dieses Elend hier noch weitergehen?

Die Zustände im Lager wurden jetzt im Sommer noch katastrophaler als im Winter. Da das Wasser aus dem See nur für die Küche bestimmt war, wuschen sich alle Gefangenen an einem kleinen Tümpel, der faulig roch. Nach der Körperpflege war man nicht sauberer als vorher. Ab und zu konnte ich mir Wasser aus der Küche besorgen. Wenn es einmal kräftig vom Himmel goss, zogen wir uns alle splitternackt aus und sprangen wie die Kinder im Regen umher. Anschließend fühlten wir uns wie neu geboren.

Ludwigs Hand war noch immer angeschwollen und so arbeitete ich weiterhin in der Küche. Heinz' Pritsche war nun von einem Mann um die fünfzig belegt, der stark rauchte. Sobald ihm der Tabak ausging, qualmte er Tee oder Baumrinde. Der Kerl stank ganz fürchterlich. Dazu schnarchte er in der Nacht, dass ich stundenlang kein Auge zumachte und mich unruhig hin und her wälzte. Wenn er mit weit geöffnetem Mund auf dem Rücken lag und ganze Wälder absägte, stieß ich ihn grob an. Dann drehte er sich auf die Seite und schnarchte weiter. In Gedanken schmiedete ich die raffiniertesten Mordpläne.

Inzwischen hatte sich eine Lagerpolizei gebildet, die überwiegend aus polnischen Gefangenen bestand. Sie fühlten sich wie die Herren, weil sie Russisch sprachen. Als sie wieder einmal unangenehm aufgefallen waren – sie hatten Kameraden angeschwärzt –, lag einer der Polen morgens tot in der Jauchegrube.
Die Aufregung war groß. Niemand wusste, wer für seinen Tod verantwortlich war. Drei Tage später schwamm eine zweite Leiche in der Jauchegrube. Panik brach unter den Polen aus. Sie zogen sich zurück und traten nicht mehr in Erscheinung. Die Russen verkündeten, die Täter sollten sich stellen. Keiner meldete sich. Einen ganzen Sonntag

mussten wir in der glühenden Hitze draußen stehen. Abends hatte sich noch immer keiner gemeldet. Es kam nicht heraus, wer die Polen umgebracht hatte.

Gleichzeitig mit der Gesundmeldung von Ludwig wurden Handwerker gesucht. Ich meldete mich sofort. Bereits drei Tage später wurden wir verladen. Ich weinte dem Lager keine Träne nach.
Die Sonne schien von einem strahlend blauen Himmel. Wir genossen die Fahrt auf dem offenen Wagen. Auf den Feldern, die sich bis zum Horizont erstreckten, arbeiteten Männer, Frauen und Kinder. Sobald sie uns erblickten, unterbrachen sie ihre Arbeit und starrten uns an.
»Was glotzen die so? Haben die noch keinen Gefangenen gesehen?«, sagte einer neben mir.
»Doch«, bemerkte ich, »aber so Dreckschweine wie wir sind ihnen noch nicht untergekommen. Was denkst denn du, wie wir aussehen mit unseren langen Haaren, unrasiert und vor Schmutz starrend?«
»Ach so«, sagte er kleinlaut, »daran hab' ich gar nicht gedacht.«

Am späten Nachmittag hielt der Wagen auf einem riesigen Platz, wo wir von Russen erwartet wurden. Ein Offizier gab uns bekannt, dass wir an dieser Stelle ein Lager bauen müssten. Die Bretter und Schindeln sollten von uns hergestellt werden. Eine Latrine war bereits aufgebaut, daneben befanden sich drei Waschräume. Nach dem Essen konnten wir uns ausgiebig waschen. Abends erschienen zwei Frisöre, die uns rasierten und die Haare schnitten. Unsere Laune stieg mit jeder Stunde, die wir hier verbrachten. Wir freuten uns geradezu auf die kommende Arbeit.
Ich wurde am nächsten Morgen in der Ziegelproduktion eingesetzt. In eigens dafür gebaute Holzkästen drückten wir den Lehm, damit er die richtige Form annahm. Anschließend wurden die weichen Ziegel, die wir aus der Form genommen hatten, in der Sonne getrocknet. Wir staunten nicht schlecht, als wir später die harten Ziegelsteine in der Hand hielten. Bis wir die Anstreicherarbeiten ausführen konnten, dauerte es noch eine Weile.

Meine Nähnadel hütete ich weiterhin wie einen Schatz, und als ich noch Garn organisieren konnte, stickte ich mir das Wort »Trier« vorn auf meine Mütze. Fast jeder machte das so, um zu zeigen, woher er kam. Erst war ich enttäuscht, als sich niemand aus meiner Gegend meldete, aber dann sprach mich auf dem Weg zur Arbeit ein Mann aus Waldrach an, einem Dorf inmitten von Weinbergen, das etwa zehn Kilometer von Trier entfernt liegt. Nach ein paar Sätzen, die wir miteinander wechselten, stellte ich fest, dass er mir unsympathisch war. In der Folgezeit suchte ich keinen Kontakt mit ihm und auch er ließ mich in Ruhe. Ich kam ganz gut mit zwei Berlinern aus, die mit mir in der Baracke lagen. Sie munterten mich etwas auf und brachten mich wieder zum Lachen, da sie ständig über alles und jeden Witze rissen.

Die Russen hatten mich in die nächste Ortschaft mitgenommen. Dort sollte ich unserem Offizier die Bude streichen. Der Raum war klein, und da die Wände nur zu weißen waren, hatte ich meine Arbeit schnell erledigt. Ich setzte mich vor die Haustür in die Sonne und wartete darauf, dass man mich abhole. Aus dem Nachbarhaus kam eine Frau und fragte mich, ob ich vielleicht noch etwas Farbe übrig habe, unter ihrem Fenster sei die Farbe abgeblättert. Da sie aber auch keinen Pinsel besaß, ging ich mit ihr hinein und besserte die Stelle aus. Die Frau stellte mir einen Teller mit Suppe auf den Tisch und ich begann hastig zu löffeln.

Plötzlich rief sie: »Oh Madonna, schnell unter das Bett!«

Ich hatte zwar keine Ahnung, warum sie so erschrak, aber ich kroch dennoch darunter. Im gleichen Moment betraten drei Russen den Raum. Jetzt verstand ich ihre Aufregung. Es hätte wohl Folgen gehabt, wenn die Frau mit einem Gefangenen in einem Raum erwischt worden wäre. Unter dem Bett war es sehr staubig. Ich hielt meine Nase zu, um nicht niesen zu müssen. Die Zeit, die ich so eingezwängt lag, kam mir wie eine Ewigkeit vor. Ich war erleichtert, als die Russen ihren Wodka ausgetrunken hatten und verschwanden. Ich klopfte mir den Staub aus den Klamotten, nachdem ich wieder zum Vorschein gekommen war.

Trotz des Schrecks mussten wir beide lachen. An der Tür reichte mir die Frau ein Stück Brot.
Am gleichen Abend musste ich abermals zur Vernehmung. Diesmal saß ich einer Russin gegenüber. Sie hielt sich nicht mit langen Fragen auf, sondern wollte nur wissen, warum ich in diesem Lager sei. Hier dürften sich keine Kriegsverbrecher aufhalten.
»Ich bin kein Kriegsverbrecher!«, erwiderte ich aufbrausend.
»Ich habe ihre Papiere vor mir liegen und kann daraus ersehen, dass Sie bei der SS waren. Für mich sind Sie ein Kriegsverbrecher, denn ich bin Jüdin.«
Als ich mich verteidigen wollte, schnitt Sie mir das Wort ab: »Sie können gehen. Sie kommen nach Leningrad.«

Wieder einmal stand ich zusammen mit mehreren Kameraden am Lagertor. Das gleiche Spiel wie immer begann. Die Posten, die sich sonst ganz gut mit uns verstanden, brüllten herum und jagten uns auf die Wagen. Dabei stießen sie uns die Gewehrkolben in den Rücken. Vier schwer bewaffnete Soldaten kletterten mit uns auf den Lkw. Sie führten zwei Hunde mit sich. Die Fahrt ging an einem Fluss vorbei, der wenig Wasser mit sich führte und träge dahinfloss. Auf der Straße herrschte reger Verkehr. Wir konnten nicht weit von einer großen Stadt entfernt sein. Die ersten Zwiebeltürme tauchten auf, wir hatten Leningrad erreicht. Seitdem ich das erste Mal hier gewesen war, hatte sich einiges verändert. Ein großer Teil der zerstörten Häuser war wieder aufgebaut oder notdürftig bewohnbar gemacht worden. Überall waren Handwerker bei der Arbeit. Man konnte schon wieder etwas vom alten Glanz der Stadt erahnen.

Unser Gefangenentransport erregte kein Aufsehen. Niemand blickte uns nach, wenn wir vorbeifuhren. Vor einem breiten Steingebäude hielten wir an. Beim Absteigen bemerkten wir weitere Gefangene, die sich hier aufhielten. Einer von ihnen, ein junger Kerl mit weißblondem Haar, zählte uns ab und meldete einem neben ihm stehenden

»Die Russen hatten mich in die nächste Ortschaft mitgenommen.«

»Aus dem Nachbarhaus kam eine Frau und fragte mich, ob ich vielleicht noch etwas Farbe übrig habe.«

Mann mittleren Alters: »Es sind fünfzehn Leute, Herr Hauptmann!«
Ich traute meinen Ohren nicht. Der Mann war Zivilist, wieso die Anrede Hauptmann? Ein Kamerad stieß mich an und hob wortlos die Schultern. Als der Mann auch von anderen mit Hauptmann angesprochen wurde, konnte ich nicht mehr an mich halten und platzte heraus: »In was für einen Verein sind wir denn hier geraten? Wissen die noch nicht, dass der Krieg vorbei ist?«
Der Mann baute sich vor uns auf: »Ich bin Hauptmann Steinhauer, der Lagerkommandant. Wir gerieten als geschlossene Einheit in Gefangenschaft, das heißt, jeder hat seinen Vorgesetzten wie an der Front. Damit keine Schlamperei entsteht, behält jeder seinen Dienstgrad. Ich lege großen Wert darauf, mit 'Hauptmann' angesprochen zu werden.«
Wir brachen in schallendes Gelächter aus. Mit hochrotem Kopf brüllte er uns an: »Ich lasse mir von eurem disziplinlosen Haufen nicht alles kaputt machen. Das weitere wird sich finden.«
Damit drehte er sich auf dem Absatz um und stapfte wütend ins Haus.
Bereits am gleichen Abend folgte unsere Strafe. Der Hauptmann hatte den Befehl erteilt, uns die Haare ratzekahl schneiden zu lassen. Unser Protest stieß auf taube Ohren. Er hatte die Russen auf seiner Seite.

Schnell stellten wir fest, dass unser neues Quartier durch die strenge deutsche Führung sehr gut organisiert war. Die Aufgänge und Flure waren peinlich sauber. In der Nacht herrschte absolute Ruhe. Das Gebäude, das aus vier Etagen bestand, war bis auf den letzten Platz belegt. Wir teilten uns mit etwa sechzig Mann einen Schlafsaal, der so geräumig war, dass man sich darin noch gut bewegen konnte. Sämtliche Schlafsäle verfügten über eine Heizung. Wir brauchten den Winter also nicht zu fürchten. Die Küche und der Speisesaal waren im Erdgeschoss untergebracht. Man holte sich sein Essen und verspeiste es auf der Stube. Abwechselnd waren wir zum Saubermachen der Räume eingeteilt. Alles lief ab wie in einer deutschen Kaserne.

Unser russischer Lagerkommandant war ein ehemaliger deutscher Jude. Die Kunstmaler, die sich im Lager aufhielten, bekamen von ihm den Auftrag, Ölgemälde anzufertigen, die er anschließend verkaufte. Außerdem gründete er eine Musikband. Als Gegenleistung für die Gemälde brachte er schon mal der Küche einen Sack Mehl oder Kleie, um unsere Suppe damit aufzubessern. Sein großes Hobby war der Speiseplan. Er schrieb nicht einfach 'Reissuppe', sondern 'Hühnerboullion mit Reis', was wesentlich besser klang. Ob man von dem Huhn etwas in der Suppe fand, war nicht so wichtig. Die Gefangenen kamen gut mit dem Kommandanten aus. Er war bei allen beliebt.

Man hatte erst die Absicht, uns zwischen den anderen Gefangenen zu verteilen, aber wir wollten unbedingt zusammenbleiben. Max, ein Kölner, der vor dem Krieg eine Gastwirtschaft betrieben hatte, war der Meinung, dass wir den vornehmen Haufen hier erst einmal erziehen müssten. Hans, einen schon älteren Kameraden, hatten wir zu unserem Sprecher ernannt. Er hatte eine Unterredung mit dem 'Hauptmann', in der er klarstellte, dass erstens der Krieg seit über drei Jahren vorbei sei, zweitens wir von der SS uns noch nie etwas von der Wehrmacht hatten sagen lassen und drittens wir nur dem Lagerleiter unterstellt seien. Unsere Hartnäckigkeit hatte Erfolg, denn wir blieben tatsächlich zusammen.

Am nächsten Tag wurden wir von einer Ärztin und zwei Schwestern untersucht. Da wir inzwischen alle etwas Russisch sprachen, fielen unsere Bemerkungen während der Untersuchung entsprechend aus. Wir freuten uns diebisch, wenn die Schwestern rot anliefen. Am Ende war unsere gesamte Gruppe arbeitsfähig geschrieben worden.

»Ich bin gespannt, zu welcher Arbeit die uns stecken«, sagte Max, als er mit mir auf den Lkw kletterte. Für uns fünfzehn Leute gab es nur einen Wachposten.

»Die sind hier aber nicht ängstlich«, bemerkte ich. »Ob noch keiner in

den Jahren versucht hat abzuhauen?«
Hans lachte: »Von den Kameraden flieht doch keiner, die müssen erst mal ihren Kompaniechef fragen.«
»Willst du etwa abhauen?«, fragte Max.
»Warum nicht? Wenn sich die Möglichkeit ergibt.«
Ich sah Max an: »Ich glaube, der spinnt. Nach drei Jahren, wo alles bei den Russen wieder normal verläuft, fällt doch jeder Deutsche sofort auf.«
»Schon möglich«, sagte Hans, »aber als blinder Passagier auf einem Schiff, vielleicht noch einem deutschen, das könnte doch gehen. Macht euch nicht in die Hosen, war nur so eine Idee. Sobald wir unseren Fünfjahresplan erfüllt haben, schicken sie uns sowieso nach Hause.«
Wir hielten vor einem Fabriktor. Was wir sahen, erinnerte uns an ein Schlachtfeld. Kisten, ausgediente, rostige Elektrokarren und Schrott aller Art lagen in wildem Durcheinander über den ganzen Hof verstreut. Die Elektrokarren stammten, wie wir feststellten, aus Deutschland. Wir hatten die Aufgabe, alles aufzuräumen. Manche Eisenteile bekamen wir kaum angehoben und Max fluchte, wenn er die defekten Elektrokarren nutzlos herumliegen sah.
»He, Krämer«, rief er einem Kameraden zu, »du kannst doch alles. Wie wäre es denn, wenn du aus drei oder vier Karren einen funktionierenden machen würdest?«
Krämer schaute sich die Dinger eingehend an: »Möglich wäre das schon, aber ich müsste wissen, ob wir auch länger hier sind.«

Am nächsten Tag machte er sich mit zwei weiteren Kameraden an die Arbeit. Am Abend hatten sie tatsächlich einen Karren zum Laufen gebracht. Wir umringten die Männer und freuten uns über die Arbeitserleichterung. Jetzt konnten wir die schweren Lasten auf dem Karren zum Sammelplatz fahren. Die Russen staunten nicht schlecht, als sie sahen, was die Männer geleistet hatten. Sie meldeten es umgehend ihrem Direktor. Dieser kam eiligst auf den Hof und gab Krämer den Auftrag, möglichst viele der Elektrokarren instand zu setzen. Er versprach jedes Werkzeug, das er brauche. Bis zum Ende der Woche funktionierten acht Karren. Der Direktor brachte zwei Brote, die wir unter uns aufteilten.

Nach vierzehn Tagen war unsere Arbeit auf dem Fabrikhof beendet und wir wurden zu einem Friedhof gebracht. Dort sollten wir Grabsteine abbauen. Es handelte sich um einen sehr alten Friedhof. Viele Gräber waren gewaltsam geöffnet worden, Gruften eingestürzt. Alles, was wir an Marmor fanden, holten wir heraus. Auf manchen Grabsteinen konnten wir erkennen, dass hier Deutsche und Adlige aus der Zarenzeit ihre letzte Ruhe gefunden hatten. Wir stapelten den Marmor übereinander. Er wurde zum Bau eines Puschkin-Denkmals, das während des Krieges zerstört worden war, in die Innenstadt gebracht. Die Baustelle lag in der Hauptstraße. Wenn wir den Marmor dort abluden, sahen uns immer russische Einwohner zu. Die älteren Leute bekreuzigten sich noch immer, sobald sie uns sahen. Manchmal gab man uns auch ein Stück Brot. Der Hass, den wir im Jahr 1944 in den Gesichtern der Menschen gesehen hatten, war verschwunden.

In der Nacht waren gewaltige Mengen Schnee gefallen und das im September. Selbst die Russen sagten, so früh hätte es noch nie geschneit. Wir waren damit beschäftigt, Schnee zu räumen und die Straßen frei zu schaufeln. Bis zum Bahnhof hatten wir uns schon vorgearbeitet und eine Pause verdient. Um uns herum herrschte helle Aufregung, bis wir erfuhren, dass ganz in der Nähe ein Tankwagen voller Likör stehen solle. Ich schaute Max ungläubig an: »Likör im Tankwagen, das gibt's doch gar nicht.«
»Doch«, meinte ein Kamerad, »ich habe selbst probiert. Die Russen trinken das Zeug wie Wasser.«
»Mit dem Likör machen wir uns doch den ausgehungerten Magen kaputt«, gab ich zu bedenken, aber viele sausten los in Richtung Tankwagen.
Hans schlug sich gegen die Stirn: »Alkohol, na klar, die saufen Methyl-

alkohol, das ist reines Gift.«
Wir suchten nach unserem Posten, um ihn zu warnen, aber er war wohl bei den anderen. Die Russen schienen inzwischen ebenfalls misstrauisch geworden zu sein, denn wir hörten sie wild durcheinander schreien. Als die ersten Krankenwagen um die Ecke bogen, wussten wir, dass es einige erwischt hatte. Polizei tauchte auf und jagte alle Schaulustigen weg. Uns wiesen sie an, ins Lager zurückzugehen, wir wüssten wohl den Weg. Fünf unserer Leute lagen bei den Kranken. Jemand schrie verzweifelt: »Ich bin blind!«
Tags darauf erfuhren wir, dass ein halbes Dutzend Russen und zwei Gefangene gestorben waren.

Als es zu schneien aufhörte, kam die Kälte. Dass wir die Baracke gegen ein Steinhaus eingetauscht hatten, spürten wir erst jetzt ganz gewaltig. Die Räume waren gleichmäßig geheizt, durch keine Ritze pfiff der Wind.

Unsere neue Arbeitsstelle war eine Seifenfabrik. Dort wurden Knochen ausgekocht. Die daraus gewonnene Brühe war sehr fett. Kam die Brühe ins Freie, erstarrte sie zu reinem Talg. Einer der Kameraden tat etwas davon in seine Suppe. Es schmeckte ihm prima. »Sieht aus wie Boullion«, sagte er, »und Fett brauchen wir, um durch den nächsten Winter zu kommen.«
Ich war anfangs noch etwas skeptisch, aber als alle davon probierten und nichts passierte, tat ich mir auch davon in die Suppe. Vorher hatte ich einen russischen Zivilisten gefragt, ob das Fett überhaupt essbar sei. Er verzog zwar angewidert das Gesicht, meinte aber, während der Blockade hätten sie ganz andere Sachen gegessen.
Wir überlegten, wie wir den Talg unbemerkt ins Lager schmuggeln könnten, um ihn gegen Brot oder Tabak einzutauschen. Ein Stück Talg wäre garantiert aufgefallen, da man am Lagertor ständig kontrolliert wurde. Nach Tagen fiel mir endlich die Lösung ein. Ich fragte Max, ob er noch seine Gamaschen besitze.

»Klar«, sagte er, »die trage ich doch den ganzen Winter über.«
»Das ist sehr gut. Solange der Talg noch nicht hart ist, rollen wir ihn zurecht und du wickelst ihn um deine Beine. Darüber ziehst du die Gamaschen.«
Es klappte, wie ich es mir vorgestellt hatte. Unser Geschäft begann zu florieren. Jeder wollte Fett, um seine Suppe aufzubessern. Erst als ein Kamerad misstrauisch fragte, ob wir vielleicht Menschenknochen in der Fabrik kochten, verging mir schlagartig der Appetit.

Als wir eines Spätnachmittags von der Arbeit kamen, stand ein Haufen Kameraden dicht gedrängt vor einer Wandzeitung, die an einer der Baracken angeschlagen war. Ich stellte mich auf die Zehenspitzen, um über die Köpfe hinweg zu lesen, was die Aufmerksamkeit so in Anspruch nahm. Ich las, dass sich ein Herr Konrad Adenauer für die Heimkehr der Kriegsgefangenen eingesetzt habe. In Kürze sollten alle nach Hause entlassen werden. Das war die erste gute Nachricht seit langer Zeit. Ich sah, dass sich einige Kameraden verstohlen die Tränen abwischten. Um in Ruhe über die ganze Sache nachdenken zu können, ging ich geradewegs zur Latrine. Sollte dieser Zeitungsartikel tatsächlich stimmen? Was war, wenn wir uns Hoffnung machten und dann bitter enttäuscht wurden? Ich war voller Zweifel und doch konnte ich eine heitere Stimmung, die sich langsam in meinem ganzen Körper auszubreiten begann, nicht unterdrücken. Als ich von der Latrine in meine Baracke zurückkehrte, fand ich eine Karte auf meiner Pritsche. »Was soll ich denn damit?«, wandte ich mich an Max.
»Das siehst du doch. Es ist eine Rot-Kreuz-Karte, um nach Hause zu schreiben.«
Ich lachte auf: »Wieder ein neuer Trick? Der Iwan will doch nur sehen, was wir schreiben. Die Post kommt nie zuhause an.«
»Ist doch egal, schreib einfach mal, das hat sicher mit diesem Adenauer zu tun.«
Ich tat Max den Gefallen und kritzelte halbherzig ein paar Zeilen auf die Karte.

Winter 1948/49

Wieder einmal ging es auf Weihnachten zu und ich dachte schon nicht mehr an die Rot-Kreuz-Karte, die ich sieben Wochen zuvor abgeschickt hatte. Unser Lagerkommandant war dafür berühmt, dass er sich zu jedem Weihnachtsfest etwas Besonderes für die Gefangenen ausdachte. So erzählten es jedenfalls die Kameraden, die sich von Beginn an im Lager aufhielten. In diesem Jahr bekam die Küche den Auftrag, Hühner, die der Kommandant besorgt hatte, bis zum Fest aufzubewahren. Die Hühner hingen im Freien hoch oben an einem Draht und wurden streng bewacht. Wo er das Federvieh her hatte, interessierte uns wenig, wir freuten uns auf das Festessen.

Am Heiligen Abend bekam jeder Gefangene einen Hühnerschenkel. Anstelle von Suppe gab es Hirsebrei. An meinem fünften Weihnachtsfest in russischer Gefangenschaft schmeckte es mir am besten. Krämer, unser Mann für alle Fälle, hatte für jeden einen Holzlöffel geschnitzt, ein nützliches und wertvolles Geschenk. Wir trugen den Löffel stets bei uns, denn es hätte ja mal Brei regnen können.

Ende Januar begann ich zu fiebern. Ich hatte weder Schmerzen noch sonstige Anzeichen einer Krankheit. Tagelang verbrachte ich im Revier, langweilte mich und wurde immer teilnahmsloser. Max besuchte mich jeden Abend, erzählte von der Arbeit und beschwerte sich über die Kälte. Ich könne dankbar sein, im Revier liegen zu dürfen. Eines Abends – ich dämmerte vor mich hin – stieß Max die Tür dermaßen temperamentvoll auf, dass ich zusammenzuckte.
»Klaus, du hast Post!«, rief er – vom Laufen heftig atmend – und wedelte mit einer Karte vor meinem Gesicht herum. Als ich sie endlich zu fassen bekam, erkannte ich die Handschrift meiner Mutter. Sie lebte

also noch. Tränen ließen die Buchstaben vor meinen Augen verschwimmen. Andere Kameraden aus der Krankenstube waren aus ihren Betten gekommen und standen erwartungsvoll um mich herum.
»Max, lies du vor, ich kann nicht.«
Max überflog die Zeilen und platzte heraus: »Schaut euch den vornehmen Pinkel hier an. Das sind ja Kapitalisten: Kino, Textilgeschäft, Fabrik und so weiter.«
»Du sollst nicht dumm quatschen, sondern vorlesen.«
»Das steht hier, ehrlich! Deine Schwester hat ein Textilgeschäft, dein Vater eine Dachziegelfabrik und im Herbst eröffnen sie ein Kino.«
»Donnerwetter!«, staunten die Kameraden.
Sogar der Arzt hatte den Auflauf bemerkt und gesellte sich zu uns. Ich nahm die Karte wieder an mich.
»Lies vor!«, riefen sie alle. Es stimmte tatsächlich, was Max gelesen hatte. Dass ich noch lebte, wussten meine Eltern bereits seit 1945, als Hubert, mein Kamerad aus dem Lager, nach Hause kam und sie besuchte. Der Arzt legte seine Hand auf meinen Arm und lächelte mich zuversichtlich an: »Ich glaube, jetzt sind Sie wieder gesund.«

Am anderen Morgen hatte ich normale Temperatur und fühlte mich voller Tatendrang. Als ich in meine Bude kam, empfing mich Hans: »Siehst du, du Pflaume, nicht schreiben wollen und dann als erster Antwort bekommen, das hat man gern. Kannst du die Karte einen Tag entbehren?«
»Warum?«
»Schau dir das Schwarze Brett an, dann weißt du es. Da hängen Karten, auf denen steht, dass es den Menschen im Osten prima geht und die im Westen verhungern.«
Ich heftete meine Karte neben die Schreckensmeldungen und schrieb daneben: »So sieht es wirklich im Westen aus.«

Im Lager sprach alles von meinen Nachrichten aus der Heimat. Als immer mehr Post eintraf, beruhigten sich die Gemüter. Nicht alle hörten Positives von ihren Angehörigen. Manch ein Kamerad erfuhr erst jetzt, dass Frau und Kinder bei einem Bombenangriff ums Leben gekommen waren. Frauen schrieben, dass sie geglaubt hätten, ihr Mann sei tot, sodass sie inzwischen mit einem anderen lebten. Zwei Männer, die schlechte Nachrichten von Zuhause hatten, wurden mit ihrem Schicksal nicht fertig. Sie hingen morgens am Balken des Latrinendaches.

Wir stapften im tiefen Schnee durch den Wald.
»Wenn wir nicht bald nach Hause kommen, bin ich erfroren«, schimpfte Max und kreuzte die Arme vor der Brust. »Diese verdammten Winter. Daran kann sich doch kein Mensch gewöhnen. Morgen sollen wir ein neues Kommando kriegen. Wer weiß, was da wieder auf uns zukommt. – He, ihr Säcke, ich rede mit euch. Ich bin doch kein Alleinunterhalter.«
»Halt die Luft an, du verkühlst dir nur den Bauch«, sagte ich und zog meinen Kopf tiefer zwischen die Schultern.
»Wenn ich nicht spreche, ist mir noch kälter. Wohin gehen wir eigentlich?«
»Ich glaube, wir sollen Holz aus einer alten Stellung abbauen.«
»Hoffentlich können wir dort wenigstens ein Feuerchen machen.«
»Wo ist denn Hans abgeblieben?«, fragte ich.
»Der ist zur Vernehmung bestellt worden«, meldete sich Gerd, unser Kleinster.
»Ach du große Scheiße, was wollen die Russen denn noch alles wissen?«
Vor uns aus dem Schnee ragten eingefallene Stellungen, marode Bunker und mit Holz abgestützte Schützengräben. Ich wusste gleich, dass wir tagelang zu tun haben würden. Spanische Reiter, verwitterte Stahlhelme und zerstörte Geschütze wiesen darauf hin, dass hier einmal die Front verlaufen war.
Wir sollten alles brennbare Holz aufstapeln. Es würde später mit Schlitten abgeholt werden. Ich entfachte aus Birkenrinde ein Feuer. Als es lichterloh brannte, legte ich ordentlich Holz nach.
In der Mittagspause saßen wir um das wärmende Feuer und löffelten

unsere Suppe. Als die Kameraden sich wieder an die Arbeit gemacht hatten, sammelte ich noch einmal Holz, weil das Feuer stark heruntergebrannt war. Ich hatte mich ungefähr zwanzig Meter entfernt, als die Feuerstelle mit einem ohrenbetäubenden Knall in die Luft flog. Instinktiv lagen sämtliche Kameraden in Deckung. Als wieder Ruhe eingekehrt war, schauten wir vorsichtig nach, was die Explosion ausgelöst hatte. Ein kreisrundes, tiefes Loch gähnte uns entgegen. Wir entdeckten ausgebrannte Handgranatenstiele.

Max war leichenblass: »Im Boden müssen Handgranaten gelegen haben. Als die Erde durch das Feuer auftaute, flog das Zeug in die Luft. Nicht auszudenken, was passiert wäre, wenn die Dinger explodiert wären, als wir beim Essen saßen. Hoffentlich gibt es keine Minen hier in der Gegend.«

Während wir noch diskutierten, ob wir unter diesen Umständen die Arbeit fortsetzen sollten, befahl uns der Russe weiterzumachen. Jetzt waren wir doppelt vorsichtig. Bevor ich ein Feuer anzündete, untersuchte ich die Erde ringsherum.

Nach zwei Wochen hatten wir Berge von Holz aufgestapelt. Jetzt konnten die Schlitten kommen. Während einer Pause fragte ein Russe aus dem Lager nach Hans. Als er sich meldete, hieß es, sofort mitkommen. Hans fragte, ob er sich von seinen Kameraden verabschieden dürfe, was ihm erlaubt wurde.

»Hans, was soll der Quatsch?«, fragte ich.

»Ich hab' jeden Tag damit gerechnet, wollte euch aber nichts sagen. Bei meiner letzten Vernehmung haben sie mir mein Hochzeitsbild vorgelegt, das sie sich irgendwie besorgt hatten. Ich war hoher SS-Offizier und hab' in Uniform geheiratet.«

»Scheiße«, war das einzige, was mir in diesem Moment einfiel.

»Dawei!«, schrie der Russe und stieß Hans mit dem Gewehrkolben von uns weg.

Als wir nach der Arbeit in unser Quartier zurück kehrten, war Hans verschwunden. Wir saßen auf unseren Pritschen und konnten uns lange nicht beruhigen. Mir fiel kurz vor dem Einschlafen ein, dass heute der 15. Februar 1949 war und sich der Tag meiner Gefangennahme zum fünften Mal jährte.

Gegen elf Uhr vormittags kam die Sonne zum Vorschein. Über uns wölbte sich ein blauer Himmel. Die Temperatur war auf etwa fünfzehn Grad minus gestiegen, für russische Verhältnisse fast schon warm. Zusammen mit Otto, einem Berliner um die fünfzig, und Heinrich aus Bremen war ich eingeteilt worden, das Holz ins Lager zu transportieren. Während wir mit einem Schlitten unterwegs waren, wurde der zweite beladen. Gerade kamen wir wieder aus dem Lager und fuhren zur Front, wie wir es nannten. Otto konnte gut mit Pferden umgehen. Er saß zwischen uns und hielt die Zügel. Ich schloss die Augen und hielt mein Gesicht der Sonne entgegen. Otto erzählte von seiner Frau und den beiden Kindern. Heinrich schnaufte laut. Ihm ging das Gerede mächtig auf den Wecker. Zu oft schon musste er sich dieselben Geschichten anhören. Ich lächelte. Jeder hatte mal seinen Heimwehtag.
Als wir ankamen, war der zweite Schlitten schon beladen. Wir brauchten nur noch unsere Pferde davor zu spannen. Ich rief Max zu, der mit aufgeladen hatte: »Mehr konntet ihr aber auch nicht draufladen. Wie sollen die Pferde das denn schaffen?«
Otto bemerkte mit einem abschätzenden Blick: »Die Gäule packen das schon. Klaus, setz' dich obendrauf.«
»Nee, das ist mir zu hoch. Ich setz' mich hinten auf die Stämme.«
Otto und Heinrich nahmen vorn Platz, während ich am hintersten Ende etwas unbequem auf den Stämmen saß, jederzeit zum Absprung bereit, falls der Schlitten ins Wanken geriet.
»Alles klar?«, rief Otto.
»Es kann losgehen«, gab ich zurück.
Die Pferde zogen, kamen aber nicht von der Stelle. Erst als ein paar Leute schoben, setzten wir uns langsam in Bewegung. Wir waren noch keine zweihundert Meter gefahren, als plötzlich die Welt mit einem entsetzlichen Getöse unterging. Eine gewaltige Druckwelle erfasste

mich wie eine riesige Hand, die mich durch die Luft schleuderte. Dann wurde es dunkel.

Als ich aus meiner Bewusstlosigkeit erwachte, begriff ich erst nicht, was passiert war. Ich lag auf dem Rücken im tiefen Schnee und hob ganz vorsichtig meinen Oberkörper. Etwa vierzig Meter vor mir lag ein Pferd regungslos auf der Seite. Das zweite galoppierte wiehernd im Kreis herum. Wo vorher der Schlitten stand, sah ich ein schwarzes Loch in der Erde und rundherum einen Berg von zersplittertem Holz. Mühsam stand ich auf. Wo waren Otto und Heinrich? Gerade als ich um Hilfe rufen wollte, kamen Leute angerannt. Ich taumelte auf sie zu. Ehe ich sie erreicht hatte, sah ich Otto. Er lag vor einem Baum und schaute in den blauen Himmel. Blut lief ihm aus Nase und Mund und versickerte im Schnee. Er war tot. Die Kameraden kümmerten sich um Heinrich, der stöhnend in einem flachen Tümpel lag. Sie zogen ihn aus dem Wasser. Seine Beine waren zerfetzt. Rings um seinen Körper färbte sich der Schnee blutrot.

Von einem Holzkommando, das etwas weiter entfernt arbeitete, wurde ein Schlitten angefordert. Man bettete Otto und Heinrich auf den Schlitten. Ich weigerte mich, aufzusteigen. Ich stand wohl unter Schock. Noch einmal wollte ich nicht auf eine Mine fahren. Einen Teil der Wegstrecke legte ich zu Fuß zurück. Erst unten im Tal ließ ich mich überreden, neben dem Kutscher Platz zu nehmen. Hinter uns bellten zwei Schüsse. Man hatte die Pferde erlöst. Der Kutscher sah zu mir herüber: »Und was ist mit dir? Bist du verletzt?«

Ich brachte kein Wort heraus. Ich zitterte. Meine Zähne schlugen aufeinander. Er reichte mir seine Zigarette: »Hier, nimm ein paar Züge, das beruhigt.«

Nach einer Weile konnte ich ihm antworten: »Ich glaube, ich bin nicht verletzt. Ich bin durch die Druckwelle nach hinten geflogen. Ich hatte verdammtes Glück.«

»Das brauchst du den Russen aber nicht zu sagen. Du hast Kopfweh,

»Eine gewaltige Druckwelle erfasste mich wie eine riesige Hand.«

also hast du eine Gehirnerschütterung. Du musst dich unbedingt ein paar Tage im Revier ausruhen.«
Die Vorstellung von einigen Tagen Erholung gefiel mir. Als wir uns dem Lager näherten, legte ich mich hin. Mit einer Gehirnerschütterung war nicht zu spaßen.

Im Lager wurden wir schon erwartet. Es herrschte helle Aufregung. Heinrich wurde sofort in die Stadt ins Lazarett gebracht. Er starb, nachdem man ihm beide Beine amputiert hatte. Ich lag im Revier und wurde als Überlebender ehrfürchtig bestaunt. Der russische Sanitäter fotografierte mich sogar. Ein Russe gab mir zu verstehen, es hätte sich bei dem Unglück um deutsche Minen gehandelt, also müssten auch Deutsche daran sterben.

Als ich bereits vierzehn Tage im Revier lag, sagte man mir, dass ich anderntags entlassen würde. Max, der mich gerade besuchte, freute sich: »Es wird Zeit, dass wir wieder ein vernünftiges Gespräch führen können. Die anderen reden den ganzen Tag vom Essen und geilen sich auf.«
»Was arbeitet ihr denn zurzeit?«
»Es wird dir gefallen. Wir vergrößern den Leningrader Flugplatz.«
»Und was ist mit dem Holz?«
»Das ist nicht mehr unsere Arbeit. Das erledigen jetzt russische Pioniere.«

Am Tag meines Arbeitsantritts begrüßten mich die Kameraden wie einen Totgeglaubten. Sie freuten sich aufrichtig über meine schnelle Genesung. Am Flughafen war eine Großbaustelle entstanden. Ein Dutzend Lastwagen kam und fuhr ständig zum Be- und Entladen. Wochenlang waren wir mit dem Verlegen von Schienen beschäftigt. Anschließend stellten wir Förderbänder auf.
Anfang Mai, die Sonne hatte mächtig an Kraft gewonnen, konnten wir mit dem Betonieren beginnen. Große, wabenförmige Felder wurden

mit Beton ausgegossen und geglättet. Als das erste Feld fertig war, durften wir Schluss machen. Am nächsten Tag hieß es, dass wir zwei Felder fertigstellen müssten, ehe Feierabend wäre. Wir legten uns mächtig ins Zeug, waren um drei Uhr am Nachmittag fertig und marschierten ins Lager zurück. Jetzt hieß es, dass drei Uhr zum Aufhören zu früh sei, also mussten wir drei Felder ausgießen. Das Spiel ging so lange weiter, bis wir schließlich acht Felder zustande brachten, was schon an Schwerstarbeit grenzte.

Sommer 1949

Die russischen Arbeiter waren stinksauer auf uns, weil wir immer schneller arbeiteten. Aufgrund unserer Leistung wurden auch sie angetrieben, zumal sie bessere Verpflegung erhielten. Das passte ihnen natürlich nicht.

Die Monate vergingen, der Flugplatz wurde immer größer. Die ersten Maschinen landeten bereits auf den Bahnen, die wir anfangs gegossen hatten. Der Flugbetrieb brachte etwas Leben in unseren tristen Alltag. Wir versuchten, mit den Reisenden Kontakt zu bekommen, aber das wurde uns untersagt. Einmal gelang es mir, einem älteren Herrn den Koffer zu tragen. Er schenkte mir zwei Äpfel. Ich betrachtete die Äpfel in meiner Hand wie ein Wunder.

Als ich abends ins Lager kam, rief mich der »Hauptmann« zu sich. Er hatte sich inzwischen damit abgefunden, dass ich ihn nicht mit seinem Dienstgrad anredete.

»Sie sind doch Maler?«, fragte er mich.

»Na ja, eigentlich bin ich Dekorateur, aber während meiner Gefangenschaft habe ich oft als Maler gearbeitet.«

»Ich habe etwas für Sie. Ich brauche elf Mann. Einer fehlt mir noch.«
»Ich habe noch jemanden.«
»In Ordnung. Morgen früh um neun erscheinen Sie mit dem Mann am Lagertor. Die Arbeit dauert etwa vier Wochen. Ihre Plätze werden freigehalten.«
Max fragte mich neugierig, was man von mir gewollt habe.
»Morgen früh muss ich am Lagertor sein.«
»Mein Gott, erst Hans und jetzt du?«
»Nein, beruhige dich, ich habe eine Malerstelle.«
»Schön für dich, und ich kann hier versauern.«
Ich klopfte ihm auf die Schulter: »Du kommst natürlich mit, oder hast du keine Lust?«
Er strahlte wie ein Pfannkuchen.

Mit dem Ruf: »Haltet unsere Betten frei!« verabschiedeten wir uns am nächsten Tag von den Kameraden und gingen zum Tor.
Die Sonne schien und als auch noch ein Bus auf uns wartete, waren wir vollends zufrieden. Ein Russe, nicht gerade hoch gewachsen, stellte sich als unsere einzige Begleitung vor. Er hieß Kopeke. Wir lachten, weil Kopeke das kleinste russische Geldstück war. Er erklärte uns, dass die Fahrt nach Karelien gehen werde. Wir hätten es gut bei ihm, falls wir nicht versuchten wegzulaufen. Wir versprachen ihm absoluten Gehorsam. Kaum, dass der Bus sich in Bewegung gesetzt hatte, war Kopeke, den Kopf an die Scheibe gelehnt, eingeschlafen. Wir genossen die Fahrt, die an Seen und Wäldern vorbeiführte. Überall wurde gearbeitet und aufgebaut. Erst gegen Abend hielt der Bus mitten in einem Wald. Wir entdeckten hübsche Holzhäuser mit Veranden und kleinen Vorgärten, versteckt hinter Hecken und Büschen. Kopeke sagte stolz, das seien Datschas der russischen Prominenz. Wir sollten diese Häuser reparieren sowie außen und innen anstreichen. In einem geräumigen Haus wurden wir einquartiert. Jeder bekam ein Bett für sich. Max konnte sein Glück nicht fassen: »Ist das ein vornehmer Laden. Hier könnte man es lange aushalten. Wenn das Essen noch stimmt, kann uns nichts mehr passieren.«

Es gab sogar einen Koch. Gleich am ersten Abend löffelten wir einen riesigen Topf Hirsebrei und sanken selig und satt in die Betten.
Kopeke vertraute uns absolut. Sein Gewehr lehnte ständig in einer Ecke, allerdings machte er Jagd auf finnische Frauen, die uns stets neugierig beobachteten.
Jeden Morgen wurde ich von der Sonne geweckt, die mir warm ins Gesicht schien. Wir waren schon einige Tage in unserer Datscha, als ich nach dem Aufstehen feststellte, dass Max nicht mehr in seinem Bett lag. Wenig später kam er atemlos angerannt.
»Wo kommst du denn schon her?«
»Ich hab' einen Waldlauf gemacht und etwas Wunderbares entdeckt.«
»Mach' es nicht so spannend, Junge.«
Max lächelte: »Ihr werdet es nicht glauben. Fünf Minuten von hier ist das Meer mit richtigem Sand und Strand und so. Wasser, soweit das Auge reicht. Ich wollte schon reingehen, aber ohne Hose traute ich mich nicht.«
Als Kopeke kam, fragten wir ihn gleich, ob hier tatsächlich ein Meer sei.
»Kommt alle mit«, sagte er mit einer einladenden Handbewegung. Das ließen wir uns nicht zweimal sagen. Max hatte nicht übertrieben. Nach ein paar Minuten Wegstrecke standen wir überwältigt vor einem herrlichen Sandstrand, dahinter das klare blaue Wasser. Wir zogen die Schuhe aus und liefen zum Spülsaum. Wie Urlauber stakten wir durch das seichte Wasser, das erst nach etwa fünfzig Metern tiefer wurde. Kopeke rief, wir sollten erst zur Arbeit gehen. Am Abend könnten wir schwimmen, dann sei das Meer auch wärmer.
»Wenn die blöden Weiber nicht andauernd herumständen, könnten wir sogar nackt baden«, sagte Max.
»Was sollen die mit uns unterernährten Kerlen anfangen?«, fragte ich kopfschüttelnd.

Max und ich waren mit dem Außenanstrich eines Hauses beschäftigt. Farben und Pinsel standen uns reichlich zur Verfügung, was uns doch etwas wunderte.

»Wenn es um die Häuser der feinen Leute geht, ist alles da, sogar bei den Russen«, bemerkte Max, der auf der Leiter stand und um die Fenster herum strich. Wie jeden Tag standen Zivilisten in unserer Nähe und schauten uns bei der Arbeit zu. Bis zum Abend hatten wir jede Menge Aufträge, allerdings besaßen die Leute keine Farbe. Bei einer jungen Frau konnte ich einfach nicht »nein« sagen.
»Die sieht gut aus, da gehst du sicher allein hin«, sagte Max.
»Bist du verrückt? Natürlich kommst du mit!«
Die junge Frau gab mir noch durch Zeichen zu verstehen, dass ich Farbe mitbringen solle. Ich nickte ihr zu.
Abends war weit und breit nichts von Kopeke zu sehen. Die Kameraden gingen allein zum Strand. Max und ich füllten einen Eimer mit Kalk und ein wenig blauer Farbe zum Mischen und machten uns auf den Weg zum Haus der Frau. Sie erwartete uns schon vor der Tür und war erfreut, dass wir Wort gehalten hatten. Eine Verständigung zwischen uns war kaum möglich, denn sie sprach Finnisch und ein wenig Russisch. Wir sollten zwei kleine Zimmer streichen, die es wirklich nötig hatten. Jeder übernahm einen Raum und in wenigen Stunden waren wir fertig. Die junge Frau strahlte und reichte jedem von uns zehn Rubel. Wir wehrten uns, aber sie bestand auf unserem Lohn. Sie gab uns zu verstehen, dass sie Geld hätte, aber keine Farben.
Als Kopeke am späten Abend endlich auftauchte, fragten wir ihn vorsichtig, ob wir für die jungen Frauen arbeiten dürften. Er war einverstanden, machte aber zur Bedingung, dass wir um zehn Uhr abends zurück sein müssten.
Das Geschäft lief glänzend. Fast jeden Abend hatten wir zu tun und verdienten uns Rubel und Esswaren. Max konnte sein Glück kaum fassen: »Wenn die im Lager wüssten, wie gut es uns hier geht.«

Nachdem wir mit dem Außenanstrich der Datschas fertig waren, machten wir uns ans Weißen und Tapezieren der Zimmer. Es standen sogar Tapeten zur Verfügung. Ein Finne sollte uns bei der Arbeit helfen. Die Räume waren ziemlich klein, so dass wir innerhalb einer Woche vier

»Als Kriegsgefangener im Lager 2 in Leningrad.«

Häuser komplett fertig hatten. Eine russische Kommission informierte sich über den Stand und die ordentliche Ausführung der Arbeiten. Als ich hörte, dass sich in einem Nebenraum ein Mitglied der Kommission über schlampig ausgeführte Arbeit lautstark aufregte, ging ich gleich nachsehen.

Schon beim Betreten des Zimmers bemerkte ich die Katastrophe. Unser finnischer Helfer hatte die Tapete auf den Kopf gestellt und an die Wand geklebt. Auf die Frage, wer der Verursacher dieser Pfuscharbeit wäre, stand der Finne regungslos und blass etwas abseits und sagte kein Wort. Ich wusste selbst nicht warum, aber ich meldete mich und gab an, ich hätte die Tapete falsch herum geklebt. Die wüstesten Schimpfworte prasselten auf mich herab. Davon war »nix Spezialist« das harmloseste. Ich sollte augenblicklich ins Lager zurück. Das war allerdings gar nicht in meinem Sinne und so zeigte ich ihnen die drei weiteren Räume im Haus, die ich mit Max tapeziert hatte. Ich überzeugte die Kommission davon, dass dort die Arbeit einwandfrei ausgeführt war. Mit dem Auftrag, das verpfuschte Zimmer in Ordnung zu bringen, war die Sache erledigt. Am nächsten Tag bedankte sich der Finne mit einem Brot bei mir.

Sonntags lag ich mit Max am Strand. Wir aalten uns in der Sonne wie die Urlauber. Ganz in unserer Nähe stand eine schöne schwarzhaarige Frau und schaute zu uns herüber. Max stieß mich an: »Die will was von uns.«
»Vielleicht hat sie einen Auftrag«, murmelte ich schläfrig.
»Nein, die will was anderes. Ich geh' mal ins Wasser, vielleicht traut sie sich dann.«
Max erhob sich und verschwand in Richtung Meer. Tatsächlich kam die junge Frau jetzt zu mir und setzte sich neben mich. Mir wurde ganz heiß, als sie mich ansprach, aber ich verstand sie nicht. Erst allmählich wurde mir klar, dass sie mir zu erklären versuchte, sie sei die Ehefrau des finnischen Anstreichers. Auch sie wollte sich bei mir bedanken. Aus der Tasche ihres bunten Sommerkleides zog sie eine kleine spitze Tüte und gab sie mir. Neugierig schaute ich hinein und zählte vier Pralinen, eine Kostbarkeit. Als Max zurückkam, verabschiedete sie sich. Wir legten uns auf den Rücken und ließen die Pralinen ganz langsam im Mund zergehen.

Nach vier Wochen war unsere Mission leider beendet. Es fand sich nichts mehr, was wir noch hätten anstreichen können. Als wir abfuhren, winkten uns viele Hände nach. Wir würden diese freundlichen Menschen vermissen.

Wie versprochen, fanden wir im Lager unsere alten Schlafstätten noch vor. Die Kameraden wollten genauestens über unseren Ausflug unterrichtet werden. Da wir viele Rubel verdient hatten, wollten wir die anderen an unserem Glück teilhaben lassen. Einem Kommando, das in der Stadt arbeitete, gaben wir den Auftrag, Brot mitzubringen. Abends feierten wir unser Wiedersehen. Jeder durfte soviel Brot essen, wie er wollte.

Schon am nächsten Morgen marschierten wir wieder raus zum Flugplatz. In der Zwischenzeit waren die Arbeiten ein gutes Stück vorangekommen. Den ganzen Tag über war ich damit beschäftigt, Wasser auf den Beton zu spritzen, damit er nicht zu schnell trocknete. Nebenbei half ich einigen Leuten, ihre Koffer zu tragen. Abends hatte ich drei Rubel, einen Apfel und eine Birne in meiner Tasche. Am Nachmittag war ein deutsches Flugzeug gelandet. Einem vornehm gekleideten Herrn bot ich meine Dienste an. Während ich seine Koffer trug, lief er fünf Meter vor mir her, sich ständig umschauend. Als er glaubte, die Luft sei rein, berichtete er mir in kurzen Sätzen, dass unser Bundes-

»Im Lager wartete Post aus der Heimat auf mich.«

kanzler, Konrad Adenauer, mit den Russen verhandelt habe. Bis Ende 1949 sollten alle Kriegsgefangenen entlassen werden. Vor Schreck ließ ich fast die Koffer fallen. Als ich ihm sagte, wie lange ich schon hier sei, konnte er es nicht fassen. Ein Posten rief mich zurück. Schnell verbreitete sich die Neuigkeit unter den Kameraden. Die nächsten Tage war für Gesprächsstoff gesorgt.

Ende Juli war der Ausbau des Leningrader Flughafens abgeschlossen. Die Landebahnen waren gewaltig vergrößert worden, so dass mehrere Maschinen gleichzeitig landen konnten. An unserem letzten Arbeitstag kam Max ins Grübeln: »Mensch, wenn ich überlege, dass ich mit so einer Maschine in ein paar Stunden zuhause wäre, könnte ich heulen. Wenn dieser Adenauer tatsächlich etwas ausgehandelt hätte, müssten wir es langsam merken.«
»Max, ich glaub', dass an den Gerüchten was dran ist und sich bald was tut.«
»Gerüchte hin, Gerüchte her, ich hab' langsam die Schnauze voll. Meine Frau schreibt: 'Warum kommst du nicht?' Sowas Blödes! Als ob wir nicht nach Hause wollten. Verdammte Weiber!«
»Du hast aber heute eine Stimmung, komm, rauch' mal eine.«
Ich reichte ihm meinen Tabak. Am schnellen Zugreifen bemerkte ich, dass er auf dem Trockenen saß. Daher wohl seine Laune. Nach einigen tiefen Zügen ging es Max schon wieder besser.
»Das nächste Mal sagst du Bescheid, wenn dein Tabak alle ist«, sagte ich und verpaßte ihm eine Kopfnuss.
Im Lager wartete Post aus der Heimat auf mich. Sogar ein kleines Foto war beigelegt. Das war etwas ungewöhnlich und so hatten die Kameraden es schon betrachtet, ehe ich den Brief lesen konnte.
»Wer ist denn die Schöne? Deine Frau oder deine Braut? Ist das dein Kind?«, stürmten Fragen auf mich ein.
»Nun mal langsam, Leute. Also, die hübsche junge Frau auf dem Foto ging mit mir zur Schule, schreibt sie jedenfalls. Allerdings kann ich mich nicht an sie erinnern. Das Kind gehört ihrer Schwester.«

»Du weißt nicht mehr, wer sie ist? Das nennt man fortschreitende Verkalkung«, bemerkte ein älterer Kamerad. Alle brachen in wieherndes Gelächter aus.
»Ihr könnt mich mal!« Ich erhob mich von meiner Pritsche, nahm den Brief und das Foto an mich und ging nach draußen, wo ich meine Ruhe hatte.
Abends fragte mich Max: »Wer ist das Mädchen denn nun?«
»Eine Schulkameradin. An ihre Schwester kann ich mich dunkel erinnern, an sie überhaupt nicht.«
»Da scheinst du ja was versäumt zu haben«, lachte Max, »so wie die aussieht.«
»Das lässt sich nachholen.«

Aus Pappe bastelte ich einen Bilderrahmen und heftete das Foto ans Schränkchen über meinem Bett. Wenn ich es abends betrachtete, wurde mein Heimweh noch schlimmer.
Zum Beantworten des Briefes fand ich so schnell keine Zeit, denn es hieß schon wieder: 'Packen, wir werden versetzt!' Die meisten Kameraden hofften, dass es jetzt nach Hause ginge, aber mein Pessimismus hatte wieder die Oberhand gewonnen. Ich glaubte nicht an baldige Heimkehr.
Gruppenweise marschierten wir zum Bahnhof, wo wir in Güterwagen verladen wurden. Erst im Laufe der Nacht setzte sich der Zug in Bewegung, einem unbekannten Ziel entgegen. Am späten Vormittag des nächsten Tages sahen wir durch das Guckloch des Waggons, dass wir uns einer größeren Stadt näherten. Am Bahndamm arbeiteten Gefangene. Das bedeutete wohl, dass wir unsere neue Station erreicht hatten. Als der Zug hielt, konnte ich kurz mit einem Gefangenen sprechen. Er erzählte mir, dass das Lager Tscherepowitz hieß. Es sei riesengroß. Jeden Tag kämen neue Gefangene an, weil angeblich von hier die Heimkehrertransporte starten sollten. Ein größerer Transport sei schon abgefahren. Das waren Nachrichten, die Hoffnungen weckten. Max war gleich guter Dinge: »Jetzt tut sich bestimmt was.«

Etwas schneller als gewöhnlich marschierten wir dem Lager entgegen. In der Stadt waren ganze Straßenzüge neuer Häuser gebaut. Wir kamen an großen Fabriken und etlichen Baustellen vorbei. Das Lager schien tatsächlich sehr groß zu sein. Breite Straßen führten zwischen den unzähligen Baracken hindurch. Es wimmelte nur so von Menschen. Uns Neuankömmlinge betrachtete man interessiert. Ein Mann kam auf mich zu: »Kommst du aus Trier?«
Er hatte es auf meiner Mütze gelesen.
»Ja, ich bin ein Trierer Jung'.«
»Wo hast du gewohnt?«
»Konstantinplatz, an der Basilika.«
»Klar, Mensch, ist doch unsere Kirche. Ich bin evangelisch. Wir haben eine Schneiderei in der Paulinstraße. Ich heiße Norbert Kranzdorf.«
»Gibt es sonst noch Trierer hier im Lager?«, fragte ich.
»Ich habe nur einen einzigen getroffen. Er ist vor einem Monat nach Hause entlassen worden. Wir nannten ihn den Malermeister Biedinger. Er wohnte in der Palaststraße, die ist doch ganz in deiner Nähe.«
»Natürlich kenne ich den Biedinger.«
Unser Gespräch wurde unterbrochen, weil wir auf die einzelnen Baracken verteilt wurden. Ich rief Kranzdorf noch zu, dass wir uns jetzt wohl öfter sehen würden.
»Aber natürlich, sofern ich nicht beim nächsten Heimkehrertransport dabei bin.«
Wir trafen uns fast täglich. Er brauchte nicht mehr zu arbeiten, da die Heimkehrer sich ständig zur Verfügung halten mussten.

Ende September kam Kranzdorf zu mir, um sich zu verabschieden. Er versprach, so bald wie möglich meine Eltern aufzusuchen, um ihnen Bericht zu erstatten.
Im Laufe des Monats Oktober wurde noch ein weiterer Transport zusammengestellt, dann kam die Sache ins Stocken.
Jeden Morgen gingen wir zur Arbeit. Ich war beim Bau und Verputzen von Häusern eingesetzt. Als die Häuser nach zwei Monaten bezugsfer-

(Deutschland.) M
Franzö. Zone

СОЮЗ ОБЩЕСТВ
КРАСНОГО КРЕСТА и КРАСНОГО ПОЛУМЕСЯЦА
СССР

ПОЧТОВАЯ КАРТОЧКА ВОЕННОПЛЕННОГО
Carte postale du prisonnier de guerre

Бесплатно
Franc de port

Кому (Destinataire) Fräulein Margot Goergen
bei Familie Friedel Sommer

Куда (Adresse) Trier-Mosel (Franzö-Zone.)
(страна, город, улица, № дома, округ, село, деревня)
in der Olk 16

Отправитель (Expéditeur) Kgf. Klaus Gregor Jacobs
Фамилия и имя военнопленного
Nom du prisonnier de guerre
UdSSR
Lager 7437

Почтовый адрес военнопленного
Adresse du prisonnier de guerre

тл—4 2675 17. XI—45 г.

»Es dauerte, bis ich den Brief beantworten konnte.«

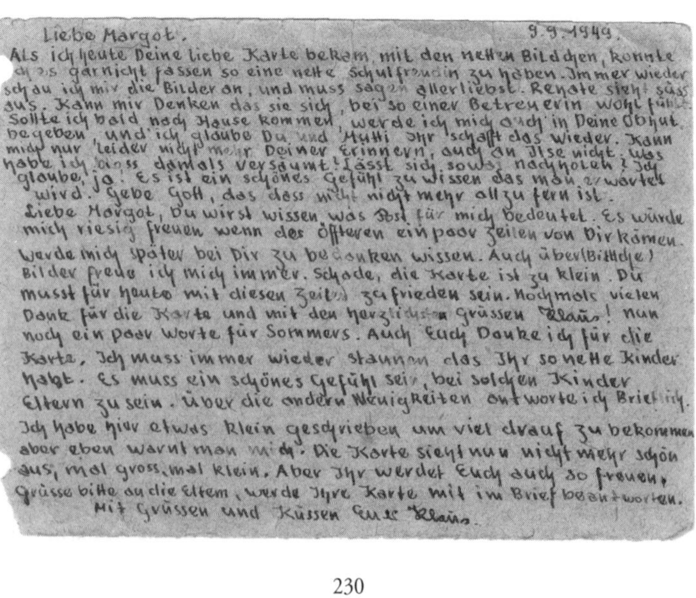
Liebe Margot. 9.9.1949.
Als ich heute Deine liebe Karte bekam, mit den netten Bildchen, konnte ich es garnicht fassen so eine nette Schulfreundin zu haben. Immer wieder schau ich mir die Bilder an, und muss sagen allerliebst. Renate sieht süss aus. Kann mir Denken das sie sich, bei so einer Betreuerin wohl fühlt. Sollte ich bald nach Hause kommen, werde ich mich auch in Deine Obhut begeben, und ich glaube Du und Mutti Ihr schafft das wieder. Kann mich nur leider nicht mehr Deiner Erinnern, auch an Ilse nicht. Was habe ich bloss damals versäumt! Lässt sich so was nachholen? Ich glaube, ja. Es ist ein schönes Gefühl zu wissen das man erwartet wird. Gebe Gott, das dass nicht nicht mehr allzu fern ist.
Liebe Margot, Du wirst wissen was Post für mich bedeutet. Es würde mich riesig freuen wenn des öfteren ein paar Zeilen von Dir kämen. Werde mich später bei Dir zu bedanken wissen. Auch über (Bittchje) Bilder freue ich mich immer. Schade, die Karte ist zu klein. Du musst für heute mit diesen Zeilen zufrieden sein. Nochmals vielen Dank für die Karte und mit den herzlichsten Grüssen Klaus! Nun noch ein paar Worte für Sommers. Auch Euch Danke ich für die Karte, Ich muss immer wieder staunen das Ihr so nette Kinder habt. Es muss ein schönes Gefühl sein, bei solchen Kinder Eltern zu sein. Über die andern Neuigkeiten antworte ich Brieflich.
Ich habe hier etwas klein geschrieben um viel drauf zu bekommen aber eben warnt man mich. Die Karte sieht nun nicht mehr schön aus, mal gross, mal klein. Aber Ihr werdet Euch auch so freuen, Grüsse bitte an die Eltern, werde Ihre Karte mit im Brief beantworten.
Mit Grüssen und Küssen Euer Klaus.

tig waren und wir noch immer keine Ahnung hatten, wann wir entlassen würden, wollten wir uns irgendwie an den Russen rächen. Einer der Kameraden kam auf die Idee, Wanzen zu sammeln, die reichlich im Lager vorhanden waren, und in den Neubauten auszusetzen. Wir waren fleißig beim Einsammeln der Tierchen und bekamen eine ganze Menge zusammen. Es war unsere kleine persönliche Rache, die uns Genugtuung verschaffte.

Winter 1949/50

Als auch im November kein Transport abging, fühlten wir uns verschaukelt. Eine gewisse Unruhe bemächtigte sich der Lagerinsassen. Es begann, unter der Oberfläche zu brodeln. Immer mehr Kameraden sprachen von einem großen Aufstand. Dass etwas im Gange war, bemerkten auch die Russen und sie verstärkten die Wachen. Auf den Türmen wurden Maschinengewehre aufgebaut. Man rüstete sich gegen einen Massenaufstand. Unsere Empörung wurde noch gesteigert durch einen Artikel in der Nationalzeitung. Darin hieß es, der Russe hätte sein Versprechen gegenüber Adenauer gehalten und bis auf wenige alle Gefangenen entlassen. Als wir schließlich die Arbeit verweigerten, zeigten die Russen Härte. Uns war inzwischen alles egal, denn wir glaubten nicht mehr an eine baldige Entlassung.

Max hatte mir eines Tages erzählt, dass er einen Russen beobachtet habe, als er eine Ziehharmonika in einem Nebenraum versteckte. Etwas sei faul an der Sache, denn er habe sich ständig dabei umgesehen. Es war wohl eindeutig, dass das Instrument geklaut war. Also besprachen wir zu viert, uns das Ding zu beschaffen und in der Stadt zu verscheuern. Da ich den weitesten Mantel besaß, sollte ich die Ziehharmonika aus dem Lager schmuggeln. Die anderen klauten das Ding und ich band es mir um den Bauch und spazierte unbehelligt damit aus dem Lager. Innerhalb von zehn Minuten waren wir unsere Beute auf dem Schwarzmarkt los. Für den Erlös kauften wir Brot und Speck. Wir waren sicher, dass der Russe den Verlust der Ziehharmonika nicht anzeigen würde, da es sich um Diebesgut handelte. Wir hatten uns getäuscht! Abends wurde überall danach gesucht. Über Lautsprecher wurde bekanntgegeben, falls sich der Dieb nicht melde, müssten alle Mann solange draußen in der Kälte stehen, bis sich das Instrument wieder gefunden hätte. Schon begannen einige Kameraden in der Baracke zu meutern: »Wenn wir den Kerl finden, der uns diese Scheiße eingebrockt hat, schlagen wir ihn tot.«

Wir schauten uns betreten an. Als der Lagerleiter unsere Baracke betrat, um uns ins Freie zu jagen, überlegte ich nicht lange und trat auf ihn zu: »Ich habe die Harmonika geklaut und verkauft.«

Er nahm mich gleich mit zur Wache, wo ich verhört wurde. Ich nannte keine Namen und nahm die ganze Sache auf mich. Die Russen staunten am meisten darüber, wie ich das Ding unbehelligt durch das Tor gebracht hatte. Als mein Geständnis aufgenommen war, brachte man mich ins Lagergefängnis.

In einen ehemaligen Kartoffelbunker hatte man Zellen eingebaut, die winzig und dunkel waren. Als Wachen wurden gefangene Spanier von der Blauen Division eingesetzt.

In meiner Zelle wimmelte es von Wanzen. Sobald ich mich auf die schmutzige Pritsche legte, krabbelte es unter mir wie tausend Ameisen. Die ganze Nacht verbrachte ich stehend an die Wand gelehnt. Ich machte kein Auge zu. Ich hatte mich in etwas hineingeritten, das mir bitter aufstoßen konnte. Immer wieder schwebte mir der Satz vor Augen: »Vergehen an russischem Eigentum!«

Ich war erleichtert, als man mich am nächsten Morgen aus der Zelle holte und mit mir zum Schwarzmarkt ging. Ich wies auf den Mann, dem ich die Ziehharmonika verkauft hatte. Er wurde kreidebleich, als sie ihn verhafteten, aber ich hatte kein Mitleid mit ihm. Ich wurde ins Gefängnis zurückgebracht. Max durfte mich besuchen. Er machte sich Vorwürfe und wollte sich noch nachträglich stellen, aber ich hielt ihn davon ab. Als ich drei Tage in meiner Zelle verbracht hatte, wurde über Nacht das gesamte Lager aufgelöst. Mit etwa zehn Leuten, die mit mir im Gefängnis saßen, blieb ich zurück. Ich begann zu heulen, als ich bemerkte, wie still es plötzlich im Lager geworden war. Was wurde jetzt aus uns? Was war ich doch für ein Narr gewesen, die ganze Geschichte allein auf mich zu nehmen.

Selbst die Wachen wussten nicht so recht, was sie mit uns anfangen sollten. Sie holten uns aus den Zellen und quartierten uns zusammen in einer Baracke ein. Drei Mann blieben als Wache bei uns. Verpflegung erhielten wir aus einer Kaserne, die sich in der Nähe befand. Arbeit gab es keine für uns, außer dem Fegen der Baracke. Wir stellten fest, dass wir alle auf ein Urteil warteten, also jeder etwas auf dem Kerbholz hatte. Wir wollten uns durch nichts unterkriegen lassen und wurden zu einer verschworenen Gemeinschaft.

Nachdem das Lager geräumt war, sollten Frauen darin einquartiert werden.

Eines Abends betrat eine Russin unsere Stube und schrieb unsere Namen auf. Bei meinem Namen stutzte sie und fragte, ob ich aus Trier komme. Als ich es ihr mehrmals bestätigte, verschwand sie und kam gleich darauf wieder. Unter dem Arm trug sie ein Päckchen. Es war an mich adressiert. An der Seite war die Verpackung aufgerissen. Meine Kameraden schauten gespannt zu, als ich das Päckchen öffnete. Nacheinander kamen Pudding, Schokolade, Bonbons, Kakao und mehrere Konservendosen zum Vorschein. Bei jedem einzelnen Stück wurde begeistert geklatscht. Es fehlten Wollsocken, die im beiliegenden Brief vermerkt waren, aber da ich seit fünf Jahren Fußlappen trug, machte es mir nichts aus. Der Postbote hatte sie wohl dringend benötigt. Wir kochten uns gleich Pudding und strichen Leberwurst aufs Brot, ein Festessen wie zu Weihnachten.

Als die ersten Frauen im Lager eintrafen und wir uns auf etwas Abwechslung freuten, wartete bereits ein Lastwagen, um uns an einen anderen Ort zu bringen. Ein Offizier begleitete uns. Vor Fahrtantritt hatte er uns erklärt, wir kämen vor ein Gericht und müssten mit fünfundzwanzig Jahren Straflager rechnen. Völlig geschockt saßen wir zusammengekauert auf der Ladefläche und ließen die Köpfe hängen. Keiner sprach ein Wort. Jeder war mit seinen eigenen Gedanken beschäftigt.
Wir fuhren in ein russisches Straflager, in dem nur Zivilisten untergebracht waren. Das Frauenlager war durch einen Zaun von dem der Männer getrennt. Schon nach kurzer Zeit stellten wir fest, dass Frauen und Männer sich durch ein Loch im Zaun gegenseitig besuchten. Was sie miteinander trieben, erklärten sie uns durch eindeutige Zeichensprache. Als uns das gleiche Vergnügen angeboten wurde, lehnten wir dankend ab. Schon der Anblick der zerlumpten Frauen verdarb uns den Appetit. Auch deutsche Frauen waren darunter. Sie wirkten heruntergekommen und krank. Eine von ihnen erzählte uns, dass sie jahrelang Tag für Tag vergewaltigt worden war. Es sei die Hölle gewesen, aber wenn man dafür Essen bekäme, wäre es am Ende nicht mehr so schlimm. Wir bedauerten die armen Frauen, konnten ihnen aber nicht helfen.

Wir zehn Leute teilten uns eine kleine Baracke. Obwohl es verboten war, kamen immer wieder Frauen zu uns herüber und bettelten um Tabak oder wollten irgendwelche Sachen tauschen. Wir besaßen aber selber nichts. Sie suchten wohl nur einen Grund, sich bei uns aufzuwärmen. Die Temperaturen lagen inzwischen wieder bei minus vierzig Grad. Sobald ich aus der Barackentür ins Freie trat, blieb mir die Luft weg. Die Kälte brannte wie Feuer in den Atemwegen.
Tagsüber arbeiteten wir in einem Sägewerk und konnten uns Holzabfälle für unseren Ofen mitnehmen. Wir hatten es immer ordentlich warm.

Die russischen Köche waren Strafgefangene wie wir. Manchen hatte man fünfundzwanzig Jahre aufgebrummt, weil sie gemeinsame Sache mit den Deutschen gemacht hatten. Da wir uns bestens mit ihnen verstanden, war unser Essen immer besser als das der Russen, wieder ein Grund für die Frauen, ständig bei uns aufzukreuzen. Sie gingen uns allmählich auf die Nerven. Es passierte schon mal, dass ich im Dunkeln auf der Latrine saß und mich plötzlich eine weibliche Stimme direkt neben mir um Papier bat. Diese Frauen hatten jegliches Schamgefühl verloren.

Eine ganze Weile tat sich im Lager überhaupt nichts. Keiner wollte für uns zuständig sein. Man hatte uns einfach vergessen.
Kurz vor Weihnachten brachte Manfred, mit dem ich mich am besten verstand, ein kleines Bäumchen in unsere Baracke und stellte es zwischen die beiden Fenster. Wir verkauften Holzstücke, die wir aus dem Sägewerk mitgenommen hatten, an die Zivilisten und besorgten uns von dem Erlös Brot und Tabak für den Heiligen Abend. Unsere warme Bude und das Weihnachtsbäumchen war natürlich ein Anziehungspunkt für die deutschen Frauen. So kamen sie am Heiligen Abend zu uns herüber. Außer etwas Tabak und einem Stückchen Brot konnten wir ihnen nichts anbieten. An diesem Abend erfuhren wir, dass die meisten Frauen Rotkreuz-Schwestern oder Luftwaffenhelferinnen gewesen waren, die aufgrund geringfügiger Delikte eingesperrt wurden. Seit ihrer Verhaftung hatten sie ein Martyrium auszustehen. Einige waren schwanger geworden. Die Kinder hatte man ihnen gleich nach der Geburt weggenommen. Auch wenn diese Frauen eines Tages freikommen sollten, waren sie für ihr ganzes Leben gezeichnet. Wie sollten sie jemals wieder ein normales Leben führen? Sie taten uns schrecklich leid, als sie uns, immer wieder stockend, ihre Erlebnisse erzählten. Wir spürten, dass es ihnen gut tat, sich jemandem anzuvertrauen.

An Silvester suchten die deutschen Frauen Schutz bei uns, weil die Russen nach reichlichem Alkoholgenuss zum wiederholten Mal in ihr Lager einfielen. Für einige dieser Frauen war der Silvesterabend 1949 auf '50 der erste Jahreswechsel in Gefangenschaft, an dem sie nicht vergewaltigt wurden.

1950

Anfang Januar traf eine russische Kommission im Lager ein. Da sich niemand für uns interessierte, suchte ich mit Manfred die Herren der Kommission auf und sprach sie auf unsere Entlassung an. Wir bemerkten, dass sie über unsere Anwesenheit nicht informiert waren. Ein Offizier versprach uns, sich gleich mit Moskau in Verbindung zu setzen. Drei Tage hörten wir nichts und hatten die Hoffnung schon aufgegeben, als er unvermutet erschien. Wir mussten auf der Stelle unsere Sachen packen und der Offizier begleitete uns zum Bahnhof. In einem Personenzug, der nach Moskau fuhr, war ein Abteil eigens für uns reserviert. Wir machten es uns in dem geheizten Wagen bequem und genossen die Fahrt. In den frühen Morgenstunden des nächsten Tages erwachte ich, als wir gerade über einen breiten Fluss fuhren. Der russische Offizier zeigte stolz aus dem Fenster und sagte: »Das ist die Moskwa.« Wir waren in der Hauptstadt von Russland angekommen.

Vor dem Bahnhofsgebäude mussten wir auf ein Fahrzeug warten. Die Stadt bot ein uns völlig ungewohntes Bild. Prächtige Häuser säumten die Straßen. Es herrschte reger Autoverkehr. Modisch gekleidete Leute liefen geschäftig an uns vorbei, manche warfen uns neugierige Blicke zu. Ein Omnibus holte uns ab. Nun fuhren wir in Friedenszeiten durch die Straßen der Hauptstadt und kamen aus dem Staunen nicht heraus. Schon von weitem sahen wir die vergoldeten Zwiebeltürme und hohen Mauern des Kreml, des Sitzes der Regierung. Rote Fahnen leuchteten in der kalten Januarsonne. Alte Frauen waren mit Schneeräumen beschäftigt.

Sobald der Bus die breiten Hauptstraßen verließ und in Nebenstraßen einbog, war die Herrlichkeit zu Ende. Wir holperten über schadhaften

Straßenbelag und tiefe Löcher. Als wir vor einem düsteren Gebäude, das von hohen Mauern umgeben war, anhielten, konnten wir unschwer erraten, dass ein Gefängnis auf uns wartete. Zwei schwer bewaffnete Soldaten öffneten das Tor und der Bus fuhr in einen Hof. Beim Aussteigen blickte ich nach oben und sah rundherum kleine, quadratische Fenster, die mit Eisenstäben versehen waren. Oben entlang der Mauer verlief Stacheldraht. Manfred stieß mich an: »Ob wir hier jemals wieder rauskommen? Wenn sie uns vergessen, kräht kein Hahn mehr nach uns.«

Ich schluckte.

Nachdem man unsere Personalien aufgenommen hatte, wurden wir einzeln abgeführt. Eine Tür öffnete sich und eine Hand stieß mich in eine kalte Zelle. Ich setzte mich auf das rostige Eisenbett. Die Matratze war hart, die Wolldecke rau.

Neben dem Bett standen ein Tisch und ein Stuhl. In der Ecke konnte ich ein offenes schmutziges Klosett, daneben ein Waschbecken erkennen. Verzweifelt verbarg ich mein Gesicht in den Händen. Dass mir jetzt noch Einzelhaft bevorstünde, war nach allem, was ich erlebt hatte, zuviel für mich.

Kälte kroch an mir hoch. Ich legte die Wolldecke um meine Schultern. Sie war voller Flecken und stank nach Tabak. Jetzt bemerkte ich, dass ich doch nicht allein in meiner Zelle war. Meine kleinen Freunde, die Wanzen, krabbelten in Scharen die Wände hoch. Eine Klappe in der Tür öffnete sich. Eine Schale mit Suppe und ein Stück Brot wurden durch den Spalt geschoben. Die Suppe war dünn, aber heiß. Sie wärmte mich etwas auf.

Die nächsten Stunden lief ich unruhig hin und her. Von der Wand mit dem vergitterten Fenster hoch oben an der Decke bis zur Tür und zurück. Das Alleinsein machte mich verrückt. Als es dunkel wurde, wartete ich vergeblich auf Licht. Ich legte mich auf die Pritsche, konnte aber nicht einschlafen. Ich fror erbärmlich. Mit offenen Augen starrte ich in die schwarze Finsternis. Die langen Jahre meiner Gefangenschaft zogen an mir vorüber. Wieder war die Heimkehr in weite Ferne gerückt. Tränen liefen über meine Wangen. Ich wischte sie nicht weg.

In dieser Nacht kam mir der Gedanke, irgendwann einmal ein Buch über meine Erlebnisse zu schreiben, aber wie hatte Max immer gesagt: »Das, was hier erträglich und angenehm war, bleibt in deiner Erinnerung, aber das Grauenvolle, das du erlebt hast, wirst du verdrängen.« Vielleicht hatte er Recht. Wer sollte mein Buch lesen? Die, die nicht dabei waren, würden mir nicht glauben. Es genügte ja schon, wenn meine Frau oder meine Kinder eines Tages nachlesen könnten, was ich erlebt hatte. Um zu schreiben, musste ich jedoch erst einmal nach Hause kommen und damit sah es im Moment ganz beschissen aus. Ich kramte in meiner Tasche und zog das kleine Foto von Margot hervor. In der Dunkelheit konnte ich nichts erkennen, aber ihr Bild in meiner Hand gab mir Trost.

Nach Tagen, die mir endlos lang in ihrer Eintönigkeit erschienen waren, hörte ich Lärm vor meiner Zellentür und das Hantieren mit Schlüsseln. Die Tür wurde aufgerissen und jemand schrie: »Schnell, raus!«
Hastig sprang ich auf und folgte der Wache über den Gang in den Hof. Draußen standen meine Kameraden. Wir fielen uns in die Arme. Ich war froh, mit jemandem sprechen zu können. »Mein Gott, Manfred, was waren das für schlimme Tage. Lieber wieder für ein Jahr ins Lager als noch einmal für längere Zeit in diesem Loch zu leben.« Obwohl wir vor Kälte zitterten, zogen wir die frische Luft tief in unsere Lungen. Zwischen den düsteren Gebäuden schauten wir in ein Stück blassblauen Himmel.
Das schwere Tor öffnete sich, ein Lastwagen fuhr auf den Hof. Nur weg von hier, dachte ich, nirgends kann es schlimmer werden. Als wir aufgestiegen waren und der Lkw über die Einfahrt auf die Straße rumpelte, fragte ich den Begleitoffizier, wohin wir gebracht würden.
»In ein Lager hier in der Nähe«, antwortete er knapp.
Ich gab keine Ruhe: »In ein Sammellager?«

Er hob die Schultern: »Ein Lager, wo eure ganzen Generäle sind und viele Nazigrößen.«
Nun waren wir erst richtig neugierig geworden. Manfred sah mich fragend an: »Normalerweise kommen doch die ganz Großen zuerst dran, wieso hat man die noch nicht entlassen?«
Ich wusste keine Antwort.

Nach knapp einstündiger Fahrt lag das Lager vor uns. Es waren keine Wachtürme zu sehen. Alles wirkte ordentlich. Vor einigen Steinbaracken waren sogar kleine Gärtchen angelegt. Die Männer, die sich draußen vor den Häusern aufhielten, waren deutsche Gefangene. Wir wollten gleich wissen, wo wir gelandet waren. Es schien sich um ein Sammellager zu handeln. Einer der Männer deutete auf meine Mütze:
»Kommst du wirklich aus Trier?«
»Na klar.«
»Ich komm' aus Trier-Heiligkreuz.«
Er hieß Walter und hatte im Lazarett gelegen, als seine Kameraden entlassen wurden.
»Was glaubst du, werden wir von hier nach Hause kommen?«, fragte ich ihn.
»Aber sicher«, sagte er im Brustton der Überzeugung.
Uns interessierte noch, warum im Lager so viele Offiziere herumliefen.
»Ja, hier sind eine Menge Offiziere versammelt. Die haben zehn bis fünfzehn Jahre Knast gekriegt. Arbeiten brauchen die Herren nicht, sie haben sogar noch einen Putzer, der ihnen den Dreck wegmacht. Sie spielen den ganzen Tag Schach oder pflegen ihre Gärtchen. Viele sind allerdings krank und werden betreut.«
»Und was machst du für Arbeiten hier?«, fragte ich Walter.
»Nichts Besonderes. Mal fahren wir nach Moskau, um Brot oder Mehl zu holen, mal schaufeln wir Schnee oder reinigen das Lager.«
Das Zimmer, das wir zugewiesen bekamen, war geräumig und sauber. Jeder hatte sein Bett. Aus einem Lautsprecher an der Wand ertönte leise Musik.

Als ich hörte, dass man im Revier bei Schwester Tamara Karten bekäme, suchte ich sie sofort auf. Nachdem sie mir kommentarlos eine Rotkreuz-Karte in die Hand gedrückt hatte, setzte ich mich auf mein Bett und schrieb nach Hause.
Schon am nächsten Tag wurde ich ins Revier gerufen, um dort zu helfen. Wie ich erfuhr, hatte Tamara mich angefordert. Die Kameraden grinsten und zogen mich auf.
Walter hatte mir erzählt, Tamara sei ein Besen, aber ich kam gut mit ihr zurecht. Sie gab mir Anweisungen und ich führte sie aus. Bei meiner Arbeit hatte ich auch mit Generälen zu tun und musste feststellen, dass sie sich benahmen, als wären sie noch immer die großen Feldherren. Das einzig Gute war, dass ihr Essen besser war als unseres und mancher Bissen für mich abfiel.
Im Lager war ein Major namens Hartmann inhaftiert. Er war zu einer gewissen Berühmtheit geworden, weil er 126 Flugzeuge abgeschossen hatte. Immer, wenn ein Russe ihn fragte, wie er das denn fertiggebracht habe, gab er zur Antwort: »Gebt mir eine ME 109 und schickt eure Maschinen rauf, dann zeige ich es euch.«
Damit schockte er jedesmal die Russen.

Die Tage zogen vorbei, ohne dass von Entlassung gesprochen wurde. Immer wieder kamen neue Gefangene, aber es reichte anscheinend nicht für einen größeren Transport. Einige Male fuhr ich mit nach Moskau. Immer wieder beeindruckten mich die Prachtstraßen, aber sobald wir in die Nebenstraßen zu den Lagern abbogen, in denen wir Mehl abholten, war es mit dem Glanz zu Ende. Des öfteren blieb unser Wagen im Matsch stecken. Einige Straßen bestanden bei Tauwetter nur aus Pfützen.

Mitte März hieß es wieder einmal, dass unsere Entlassung bevorstünde. Von einer Verurteilung wegen der Ziehharmonika war keine Rede mehr und so hoffte ich, dass die Geschichte in Vergessenheit geraten war. Als eines Morgens ein Transport mit neuer Wäsche und fast neuen Uni-

formen eintraf, glaubte auch ich, dass es bald losgehe. Ich hatte inzwischen sechs Jahre Gefangenschaft hinter mir. Das reichte wohl als Wiedergutmachung. Tamara fing an zu klagen: »Du bald nach Hause, ich traurig, denn du gut arbeiten.«
Das war für mich kein Grund, länger hier bleiben zu wollen.

An einem frühlingshaften Morgen kamen Walter und Manfred ins Revier gestürzt: »Klaus, komm, die Russen suchen dich.«
Erst bekam ich einen Schreck und dachte an meine Verurteilung, aber dann sah ich drei Offiziere mit langen Listen dastehen, die Namen verlasen. Ringsum schaute ich in fröhliche Gesichter. Ein Offizier fragte mich: »Du heißt?«
»Jacobs«, antwortete ich schnell.
Er studierte seine Liste und kreuzte einen Namen an: »Du nach Hause.«
Ich schluckte und sagte: »Danke.«

Mit Manfred und Walter, die ebenfalls aufgerufen worden waren, ging ich in ein Nebengebäude, wo wir uns neue Klamotten aussuchen konnten. Nach langem Suchen fand ich endlich etwas Passendes und fühlte mich wie ein neuer Mensch. Ein letzter Zweifel blieb in mir, ob es nun wirklich heimwärts ginge. Freuen würde ich mich erst richtig, wenn die russische Grenze hinter mir läge.
Zwei Tage mussten wir uns noch gedulden, ehe wir mit Lastwagen zu einem Güterbahnhof gebracht wurden. Niemand brüllte uns mehr an. Es gab kaum noch Bewachung, nur Begleitpersonal, wie die Russen ausdrücklich betonten. Die Waggons, die zu unserer Abfahrt bereit standen, wurden durch einen kleinen Kanonenofen beheizt. Einen Wagen hatte man ausschließlich mit Holz beladen, damit das Heizmaterial für uns und die Küche nicht ausging. Am Ende des Zuges befanden sich der Küchenwagen, ein Verpflegungs- und ein Rotkreuz-Wagen.
Unsere Stimmung war prima, alle waren froh, nach Hause zu kommen. Endlich setzte sich der Zug gegen Abend in Bewegung. Wir atmeten auf, als er tatsächlich gen Westen rollte.

Die meiste Zeit fuhren wir auf Nebenstrecken. Oft machten wir stundenlang Halt, ehe die Strecke freigegeben wurde, aber wir störten uns nicht daran. Auf diese Fahrt hatten wir so lange warten müssen. Die Kameraden sangen Lieder, unterhielten sich oder schmiedeten Zukunftspläne. Dazwischen gab es Essen, bei dessen Zubereitung man sich Mühe gegeben hatte.

Es war noch früh am Morgen. Der Zug stand mal wieder. Es wurden Kaffee und Brot ausgegeben und anschließend Tabak. Ich saß mit Manfred auf dem Boden des Waggons. Wir ließen die Beine heraushängen. Die Sonne hatte schon etwas Kraft und da es windstill war, kam es uns fast warm vor. Scharenweise liefen die Kameraden am Zug entlang, um sich die Beine zu vertreten. Aus dem Nachbarwaggon hörten wir Gesang.
»Ich kann das ewige Westerwald-Gesinge nicht mehr hören«, bemerkte Manfred.
»Mir geht es genau so«, sagte ich, »ich singe erst, wenn wir in Westdeutschland sind.«
Manfred lachte: »Du bist aber wirklich ein schrecklicher Pessimist.«
Ich hatte einfach ein ungutes Gefühl.
Am Nachmittag hielten wir noch immer an der gleichen Stelle. Ein schrilles Pfeifen ertönte und gleichzeitig rollte auf dem Nebengleis ein Gefangenentransport ein. Wir winkten uns freudig zu. Die Wagen wurden an unseren Zug angekoppelt und nach langem Rangieren ging es schließlich weiter. Es dunkelte bereits und wir schlossen die Tür und zündeten eine Karbidlampe an. Auf unseren Pritschen liegend unterhielten wir uns noch eine Weile, bis auch der letzte eingeschlafen war. Ohne Aufenthalt fuhren wir die ganze Nacht durch. Als der Zug zum Frühstück hielt, sahen wir die ersten polnischen Schilder. Ringsherum jubelten die Kameraden: »Bald sind wir in Deutschland.« Aber es dauerte noch einen ganzen Tag, bis wir uns der ostdeutschen Grenze bis auf zwei Kilometer genähert hatten.
Gegen Abend hielt der Zug an einer Station vor der Grenze und wir mussten aussteigen. Es hieß, die Fahrt ginge erst am nächsten Tag weiter.

Auf einem großen Platz hatte man eine Leinwand aufgebaut. Wir sahen uns einen Film an. Anschließend wurde über Lautsprecher um unsere Aufmerksamkeit gebeten. Diejenigen, deren Namen aufgerufen würden, sollten sich vorne melden. Ich sah Manfred an und er mich. »Da sind wir dabei«, murmelte ich.
Walter wurde ärgerlich: »Warum sollt ausgerechnet ihr dabei sein? Hier sind doch mindestens zweitausend Leute.«
Wie wir schon befürchtet hatten, wurden sämtliche Namen der Männer vorgelesen, die in Moskau im Gefängnis gesessen hatten. Walter konnte es nicht fassen. Beim Abschied versprach er, meine Eltern zu benachrichtigen, sobald er zu Hause sei. Wir meldeten uns auf dem Sammelplatz. Mit der freundlichen Behandlung war es schlagartig vorbei. Die Russen schrieen herum und trieben uns – wir waren etwa hundert Mann – vorwärts. Mit hängenden Köpfen marschierten wir los. Wir konnten einfach nicht begreifen, so kurz vor der Grenze festgehalten zu werden.
Unser Ziel war ein Lager, eine ehemalige Kaserne, am Ende der Stadt. Dort stießen wir auf Gefangene, die ebenfalls aus Transporten herausgeholt worden waren. Keiner wusste, wie es nun weitergehen sollte. Sämtliche Russen, die wir fragten, antworteten uns immer dasselbe »Savtra Budit«, morgen wird es sein. Den ganzen Tag lungerten wir herum, saßen in der warmen Aprilsonne, arbeiteten nichts und harrten der Dinge, die da kommen sollten.

Drei lange, zermürbende Wochen dauerte diese Ungewissheit. Dann brachte uns ein Russe die erlösende Nachricht, dass wir am nächsten Tag entlassen würden. Ein Dolmetscher, der ebenfalls im Lager festgehalten wurde, wollte wissen, warum man uns aus dem Zug geholt und drei Wochen hier behalten habe. Der Russe lachte, der Transportbegleiter habe entdeckt, dass wir unsere fünfundzwanzig Jahre Strafe noch nicht abgesessen hätten, und so fragte er erst einmal in Moskau nach, ob wir tatsächlich nach Hause dürften. Jetzt sei der Bescheid eingetroffen, wir dürften. Uns fiel ein Stein vom Herzen.

Manfred schaute sich in der Runde um: »Unsere Leute zuhause glauben, wir kämen aus dem Urlaub, so braun gebrannt, wie wir aussehen.« Ein Kamerad stimmte ihm zu: »Die meinen doch wunders, wie gut wir es hier hatten.«
So kurz vor dem Nachhausekommen wurden einige der Kameraden von Zweifeln geplagt. Manch einer hatte Angst vor dem ersten Wiedersehen mit der Ehefrau. Freute sie sich überhaupt, wenn er zurückkam? War sie ihm in den langen Jahren treu geblieben? Saß womöglich ein anderer auf seinem Stuhl? War er den Kindern fremd geworden? Plötzlich ging alles zu schnell.
Ich dachte an Margot und stellte mir unser erstes Treffen vor. Ich durfte nicht zu viel erwarten. Vielleicht hatte ich Glück und konnte wieder in meiner alten Firma anfangen.

Am nächsten Tag wurden wir am Bahnhof in zwei Waggons verladen. Kaum dass der Zug abgefahren war, befanden wir uns bereits in Ostdeutschland. Zum ersten Mal winkten uns Leute zu.
In Frankfurt an der Oder ging unserer Lok das Wasser aus. Es war unser erster Aufenthalt in Deutschland. Wir versuchten, mit den Beschäftigten der Bahn in ein Gespräch zu kommen, aber die Leute wirkten gehemmt und wortkarg. Erst in Eisenach begrüßten uns die Leute freudig. Hier wurde unser Transport getrennt. Die Kameraden, die im Westen wohnten, wurden für eine Nacht in der Stadt untergebracht. Da erst Mittag war, schlenderten wir durch die Straßen. Wir waren sehr verwundert, als die Leute uns um Brot anbettelten. Es hieß, wir seien in Richtung Westen unterwegs, dort gebe es genug Brot. Auch hier gab es Brot, aber es war rationiert.

Am Nachmittag wurde für uns ein Theaterstück aufgeführt. Anschließend besuchten wir ein Lokal und tranken nach Jahren unser erstes Bier. Es schmeckte wunderbar. Frauen kamen an unseren Tisch und zeigten Fotos ihrer vermissten Männer. Andere wollten auch mehr und luden uns in ihre Wohnungen ein, aber die fünf Mark Ostgeld, die

wir bekommen hatten, reichten gerade für ein paar Bier. Von dem ungewohnten Alkohol wurden wir schnell betrunken. Als eine Kapelle zum Tanz aufspielte, legten wir eine flotte Sohle aufs Parkett. Immer mutiger geworden, waren sogar einige Kameraden mit den Frauen verschwunden. Manfred war plötzlich ebenfalls nicht mehr zu sehen.
Ich wartete bereits morgens am Zug, als Manfred noch immer nicht aufgetaucht war. Kurz vor unserer Abfahrt sah ich ihn mit drei Kameraden im Laufschritt um die Ecke biegen. Gemeinsam mit zwei Leuten aus meinem Abteil zogen wir Manfred in den fahrenden Wagen. Die beiden anderen schafften es nicht mehr und blieben auf dem Bahnsteig zurück. Manfred ließ sich völlig außer Atem auf den Sitz fallen: »Mensch, Klaus, das war knapp.«
»Darauf kannst du einen lassen.«
»Und was ist jetzt mit den anderen da draußen?«
»Die sind selber schuld, wenn sie nicht von den Weibern runterkommen. Wieso bist du so spät dran?«
Manfred japste: »Wir haben uns verschlafen, weil der Wecker nicht geklingelt hat, aber schön war es trotzdem nach so langer Zeit.«
Seine Augen glänzten.
Nachdem wir eine Weile durch Westdeutschland gefahren waren, befanden wir uns erneut im Osten. In Bebra fuhr der Zug ganz gemächlich über die Grenze und wir waren endlich im richtigen Westen. Im Abteil brach Jubel aus. Vor Freude fielen wir uns in die Arme. Der Zug hielt. Rotkreuz-Schwestern erwarteten uns am Bahnsteig. Wir schüttelten jedem, den wir trafen, die Hand. Wiederum sahen wir Frauen, die Transparente mit Fotos ihrer vermißten Männer oder Söhne hoch hielten.

Die Rotkreuz-Schwestern hüllten uns in Wolken von Entlausungsmitteln ein. Sie stäubten uns das weiße Pulver unter das Hemd und in die Hosen. Wir mussten unbändig lachen, weil wir wie Schneemänner auf dem Bahnsteig standen. Einige zogen sich die Klamotten aus und schüttelten das Zeug übermütig auf den Boden oder schlugen es sich gegenseitig um die Ohren. Zu meinem Entsetzen sah ich, dass ein paar Männer die Waggons mit Parolen wie »Iwan, wir kommen wieder!« beschmiert hatten. Ich schämte mich für sie. Die Bediensteten der Bahn wuschen die Sprüche ungerührt ab.

Nach der Entlausung wurden Kakao und Brötchen verteilt. Ich schickte ein Telegramm nach Hause und teilte mit, dass ich in Bebra sei und in den nächsten Tagen in Trier einträfe. An jeden von uns wurden zehn Mark ausgezahlt, dann ging die Fahrt weiter nach Tuttlingen. Unsere gute Stimmung wurde getrübt, als wir aus dem Fenster schauten. Beschädigte Häuser und Trümmergrundstücke lösten einander ab. In Tuttlingen hatten wir einige Stunden Aufenthalt und spazierten durch die Straßen. Staunend betrachteten wir die Auslagen in den Geschäften. Besonders beeindruckte uns das Angebot an Obst.

Bei der Neueinkleidung – wir bekamen alle einen Anzug verpasst – lernte ich einen Trierer kennen. Er hieß Richard und wohnte auf der Weismark, im Süden von Trier. Wir betrachteten uns gegenseitig. Uns war schon etwas komisch in den Zivilklamotten zumute.

3. Mai 1950

Sobald wir in einem Bahnhof hielten, verließen Kameraden den Zug. Wir standen an den Fenstern und beobachteten das Wiedersehen mit den Angehörigen. Frauen und Mütter brachen beim Anblick ihrer Männer und Söhne vor Aufregung und Freude zusammen. Kinder standen eng an ihre Mütter gepresst und schauten mit großen Augen auf die fremden Männer, die dem Zug entstiegen. Beim Gedanken an meine Mutter beschlich mich ein ungutes Gefühl. Wie würde sie reagieren nach so langer Zeit? Richard munterte mich auf: »Wir haben so viel überstanden. Jetzt werden wir das auch noch hinter uns bringen.«

Der Zug fuhr durch den Cochemer Tunnel. Jetzt war es nicht mehr weit. Hinter Wengerohr stellte ich mich ans Fenster und rauchte eine Zigarette. Als wir durch Trier-Ehrang fuhren, begann mein Herz zu klopfen. Der Zug verringerte kurz vor dem Hauptbahnhof sein Tempo. Langsam rollte er auf den überdachten Bahnsteig. Zwischen den Wartenden entdeckte ich meine Schwester und ihren Mann. Meine Mutter war nicht dabei. Ich holte tief Luft.

Der Zug hielt. Acht Jahre meines Lebens lagen hinter mir. Es hätte meine Jugend sein können.

Epilog

Klaus Jacobs heiratete seine Brieffreundin Margot. Aus der Ehe gingen zwei Kinder hervor. Nach seiner Heimkehr betrieb er in den frühen 50er Jahren eine Leihbücherei. Sie wurde durch das Aufkommen billiger Taschenbücher und des Fernsehens unrentabel.
Ab Mitte der fünfziger Jahre arbeitete er in einemTrierer Kaufhaus.
Über den Krieg hat er nie gesprochen.
Immer wieder plagten den gesundheitlich angeschlagenen Mann schwere Lähmungen im Arm. Schließlich konnte er nur noch seinen Aufgaben als Betriebsrat nachkommen.
Für die Lähmungserscheinungen konnten keine körperlichen Ursachen diagnostiziert werden. Als ein Arzt einmal den Krieg ansprach, machte Klaus Jacobs vage Andeutungen. Der Mediziner gab ihm den Rat, die Erlebnisse in Russland zu erzählen. Klaus Jacobs konnte immer noch nicht darüber sprechen. Er setzte sich an die Schreibmaschine und tippte sich seine Erlebnisse in Krieg und Gefangenschaft von der Seele. Nach und nach füllte er über 400 Seiten, die er in zwei rote Aktenordner abheftete. Die Kinder sollten sie einmal lesen Er starb im Alter von 63 Jahren…

Stationen

- Trier
- Dortmund (musste umsteigen – Fliegeralarm)
- Holland (Ausbildungsplatz) => Kloster
- Kaserne in Loven
- Eindhoven (umsteigen) – Köln
- Trier (14 Tage Urlaub)
- Osnabrück, Ostpreußen (Durchfahrt)
- Berlin (Jägerkaserne / kurzer Aufenthalt)
- Tilsit (Ostpreußen
- Riga (Lettland) => umsteigen
- Krasnaja 'selo'
- Leningrad (Russland) => Front, Lazarett
- Mitau
- Gefangenschaft in Russland